燕辽古道与部族方国研究

王绵厚 著

辽海出版社

图书在版编目（CIP）数据

燕辽古道与部族方国研究 / 王绵厚著 . -- 沈阳：辽海出版社 , 2024. 8. -- ISBN 978-7-5451-7062-7

Ⅰ. K928.78；K289

中国国家版本馆 CIP 数据核字第 2024AS6323 号

出 版 者：	北方联合出版传媒（集团）股份有限公司
	辽 海 出 版 社
	（地址：沈阳市和平区十一纬路 25 号　邮编：110003）
印 刷 者：	辽宁星海彩色印刷有限公司
发 行 者：	北方联合出版传媒（集团）股份有限公司
	辽 海 出 版 社
幅面尺寸：	170mm×240mm
印　　张：	18.25
字　　数：	260 千字
出版时间：	2024 年 8 月第 1 版
印刷时间：	2024 年 11 月第 1 次印刷
责任编辑：	郎晓川　张　越　翟　璇　吴若男　任伟娜
封面设计：	杜　江
责任校对：	张　柠
书　　号：	ISBN 978-7-5451-7062-7
定　　价：	130.00 元

联 系 电 话：（024）23284478　23267905
网　　　址：http://www.lhph.com.cn
版权所有，翻印必究
法律顾问：辽宁普凯律师事务所　王　伟
如有质量问题，请与印刷厂联系调换
印刷厂电话：（024）22744200
盗版举报电话：（024）23284481
盗版举报信箱：liaohaichubanshe@163.com

王绵厚，1945年生，字博文，号三古，辽宁海城人。1969年毕业于北京大学考古专业，1983年至1984年就读于吉林大学古文献研究班。历任辽宁省博物馆馆长、辽宁省博物馆学会理事长。曾兼任中国辽金契丹女真史学会副会长、辽宁社会科学院特邀研究员，东北师范大学、辽宁大学、渤海大学、燕山大学、大连大学等校客座教授，东北师范大学东北民族与疆域研究中心特聘专家委员会委员。现任辽宁省政协文史研究馆、沈阳市文史研究馆馆员，国家社会科学基金项目评审专家、国家社科基金重大项目"长白山区系考古与民族论纲"首席专家。

多年从事东北历史考古与古民族研究，尤致力于东北交通史和高句丽、夫余等长白山区系边疆民族考古和燕辽文化研究。半个世纪以来，已完成国家级课题规划十余项，出版个人专著专集20多部，发表论文180多篇，结集有《三古研究集林》（三卷）。其中《高句丽古城研究》被评为辽宁省首届哲学社会科学成果政府奖一等奖，《中国东北与东北亚古代交通史》获第七届中华优秀出版物奖图书奖。《辽宁省燕秦汉长城资源调查报告》被列为"十三五"中国考古学重要成果之一。

作者古稀之年登泰山

导　言

　　整理好《燕辽古道与部族方国研究》的书稿，已是癸卯年（2023年）劳动节以后。这是自《东北考古六十年》出版后，笔者历时一年又整理的一部关于东北古地理与考古文化、古民族文化的小书。其内容除少量修改补充已发表的论著外，大部分为过去从业几十年的调查笔记和新著之文。本书不是按纵向时间顺序写作，而是以燕辽文化区、燕辽古道和部族方国等横向叙述，故以"论燕辽文化区"为首篇，以"关于辽西红山古国与燕亳方国的文化反思"为结篇。这种"组合式结构"（如"论孤竹"即为一组），或便于读者对燕辽文化区相关山川地理、地域文化、考古文化、古民族文化有所了解。这是在考古践行基础上对燕辽地区上述内容表述疏见的一种尝试。

　　需要向读者介绍的另一个问题是撰写本书的远因和近缘。正如本书第一章"论燕辽文化区"中所说，其发端在20世纪60年代笔者初入北京大学考古专业时，彼时在业师苏秉琦、宿白、严文明、阎文儒等指导下，笔者开始对中国东北"三古"研究产生兴趣。到辽宁省博物馆后的半个多世纪以来，笔者对东北古地理、古民族、古文化（考古文化和地域文化）又有了渐进、渐深的了解。总的体悟是，这些工作重在文献资料的积累、考古调查和专项研究。在亲自经历了世纪之交的"东北边疆历史与现状系列研究工程"、第三次全国文物普查、长城资源调查等业务实践后，笔者逐渐在头脑中形成了中国东北"三大地域文化"及"长白山文化区""燕辽文化区"两大文化区的概念。其近缘，是从2018年承担国家社会科学基金重大项目"长白山区系考古与民族论纲"开始。特别是在2022年初课题的简本《长白山区系考古与民族要论》出版后，恰逢东北大学秦皇岛分校郝庆云教授来访，介绍近年河北卢龙等地古孤竹国相关重要考古发现，使笔者反思早年对辽西大凌河和老哈河等的考古调查，进一步思考和对比长白山区系和燕辽文化区这东西两翼的考古、古民族与文化问题。如同国家文物局《"十四五"考古工作专项规划》中所说的，"以黄河中下游、长江流域及西辽河流域地区的石峁、陶寺、二里头、殷墟、三星堆、良渚、牛河梁等核心遗址为工作重心，深入研究重点遗址所在流域及区域在文明演进中的形成过程"。本书涉及的燕辽文化区，正是以西辽河南北为中心区域的前沿文化区，并将其延伸到青铜文化和秦汉之后。从这个意义上说，这本《燕辽古道与部族方国研究》与两年前出版的《长白山区系考古与民族要论》可并称为笔者对中国东北与东北亚地区东西两翼、两大有代表性文化区多年考古拙思的姊妹篇。

还需要向读者交代的是，之前《长白山区系考古与民族要论》的前言重点按该书十二章内容作了点睛式导读，而本书由于组合式地记述燕辽，所以拟变换一个角度，从燕辽文化、燕辽古道、部族方国三个方面稍作介绍。

其一是燕辽文化。

燕辽文化区在本书第一章中有专论。这里先说明一点，这一命题的思考，涉及地域文化、考古文化和古民族文化。笔者早年受业师苏秉琦先生"区系类型说"的影响，特别是受严文明先生"燕辽文化区"的考古学理论启发。就个人的专业实践来说，1972年北票丰下和1973年喀左鸽子洞发掘，1975年在刘观民先生指导下调查敖汉旗大甸子聚落和墓地遗址，应属笔者对燕辽考古文化认识的启蒙期。而从20世纪80年代至第三次全国文物普查40年间对大凌河和老哈河流域的十余次考古调查，则应属深化认识和实践期。而此次《燕辽古道与部族方国研究》的编写，则是站在中国东北与东北亚大视域下，对其与长白山文化及中原文化的关系进行反思——尽管这种反思是疏浅的。还需要指出的是，对以燕山南北、上辽河（含大凌河、老哈河、滦河）以南为中心的燕辽文化区及其土著族群的认识，迄今在学术界尚处于边缘。仅以2022年3月27日中央电视台播放的中国人民大学"考古公开讲座"为例，该讲座在评价中华文化区时说"上古时期有过华夏、东夷和苗蛮三大集团"，这种看法无论从考古学还是民族学上看，都显然忽视了黄河中上游的西羌和本书论定的燕辽（燕亳与山戎）两大集团，也应有悖于夏商以来中华"五方土"格局（上举仅为三方），如《礼记·王制》说："中国戎夷，五方之民。"由此可见，我们对北土燕辽文化区的考古与古民族尚须进一步认识。

其二是燕辽古道。

这与山川地理一样，是本书记述考古文化和古民族文化的载体。所以继第一章"论燕辽文化区"之后，接续的第二章即为"古今燕辽出塞五道与'箕子东迁'"，这是驾驭全书时空的历史平台。因为从宏观地理上看，本书论述的燕辽文化区包括燕山南北和上辽河南北的长城内外。这五道交通地理实际上覆盖了燕辽地区几乎所有的山川地理和部族分布（包括历史时期的郡县），是本书之后各章记述考古文化、地域文化、古民族文化的分区廊道。从这个意义上说，本书关于燕辽考古和古民族考古有两个坐标：一是自然地理的山川坐标，二是人文地理的交通坐标。而后者更强调两个方面：第一个方面是交通文化与考古文化的关系，燕辽区经历了从5000年前的红山文化奠基期，到4000年前燕亳方国（夏家店下层文化）的开拓期，直至战国秦开却胡以后的真正确立期。第二个方面是如拙著《中国东北与东北亚古代交通史》强调的，交通地理研究应抓住两个要点：一是宏观视野中自然交通、部族交通和社会交通的不同历史阶段，二是微观视野中起止坐标、节点坐标和枢纽坐标的把握。本书在后者的分章记述时，在已有两部交通史的基础上，更深入涉论箕子和伯夷叔齐东迁、齐桓公伐山戎、燕王喜东逃路线、曹操北征乌桓等专题研究，针对中外学术界至今未有定论而或有通说（如大凌河古道青铜器西周埋藏说）进行了进一步探讨。如关于"箕子东迁"的路径，至今莫衷一是。本书对这一确有史实但至今未有确论的重要问题，提出了四点标志性交通地理坐标：一是商末殷墟（起点坐标）。二是与孤竹国（卢龙县南北岭）相邻的、1992年10月在卢龙西北今迁安境马哨村发现带有"箕"字铭文的青铜器及附近的石门镇商周遗址。本书分析，该商代礼器的所有者和孤竹国境内的大型商代遗址绝不是偶然巧合，而是"箕子东迁"曾驻地孤竹国的重要史迹（枢纽坐标）。三是辽西碣石宫遗址（今绥中县姜女石）的考古确认，为《尚书·禹贡》中"岛夷皮服，夹右碣石入于河"的交通地理找到了准确方位。联系上条箕子青铜器的出土，可证箕子东迁仍循《尚书》中的"碣石道"（节点坐标）。四则为本书第四章"辽西大凌河古道青铜器窖藏史因探析"中所考证，箕子东迁的"朝鲜"不可能在辽西、辽东，而始终在建置有序的朝鲜大同江流域，是为其"止点坐标"。以上略举的"箕子东迁"的交通地理坐标可能并不完备，但却是有考古发现、自然地理和文献记载的三方印证的，其准确性大大超出以往的世俗推测。而关系辽西大凌河古道青铜器的"战国燕王喜东逃埋藏说"，在本书中有比"箕子东迁"更多的证据，此不赘言。

其三是部族方国。

部族方国及其考古学文化既是本书论述的重点，又是学术界争论较大、至今缺少共识的燕辽文化区的核心问题之一。这里举2022年《中国文物报》刊发的《夏家店下层文化和上层文化命名六十周年专辑》为例，在汇集该领域几十位代表性专家的发言中，除对它们的发现、命名和时代基本形成共识外，对它们的族属和性质尚莫衷一是。特别是对这两个文化的分布和族系进行讨论时，无一人涉论"燕亳"这一燕辽地区的核心部族。有鉴于此，本书在2006年《燕亳、北戎与东胡》一文基础上，对重点讨论的"燕亳"和"孤竹"这两个燕辽地区部族方国设有专章。结合大凌河和滦河下游青铜器等考古发现，再作族属归向与深层次的简要分析，主要包括以下三点：

第一，本书在"辽西大凌河古道青铜器窖藏史因探析"和"卢龙古道与孤竹方国"两章中，重申了大凌河古道出土窖藏青铜器非"孤竹埋藏"而是"燕王喜埋藏"的充分史据。同时认为，卢龙县南近年发现的蔡家坟北岭遗址及商周遗物，方为孤竹国的考古学实证，将孤竹国比附在朝阳或"迁都"诸说无任何根据。

第二，在辽西大凌河流域的喀左县和滦河下游的卢龙县西北，都发现了带"箕侯"字样的青铜器。以往对其性质混淆不清，以至出现"箕子在朝阳"等臆说。本书指出，这两处同出"箕侯"的商代青铜器背景完全不同。大凌河出土青铜器同坑伴出大大晚于"箕子东迁"的西周成康以后的"燕侯器""伯矩器"和战国铜钵，证明其为战国末燕王喜携历代库府礼器东逃弃埋；而卢龙、迁安出土的"箕侯"商代器，与该遗址的共出陶器在同一时期（大凌河无一坑出商代陶片）。故可推断，后者乃当年"箕子东迁"曾驻留于孤竹国时的遗物。

第三，卢龙一县之境南北各有孤竹国和箕子相关遗址和文物发现的意义重大。如上所述，它既证明了孤竹国方位以往推证的可靠性（如1990年笔者在《东北古代交通》第一章推证孤竹在卢龙县南阳山），也证明了商末箕子东迁时确曾驻留过孤竹。或因孤竹仍为西周封国，为避周封乃短住便于东迁朝鲜方国之地，本书对相关问题提出节点坐标以为佐证，使得这一千古之谜终有确解。

在对本书的燕辽文化区、燕辽古道、部族方国（以燕亳和孤竹为主）进行了扼要题解后，现对全书的内容要点作如下说明。

一、认识燕辽文化区与长白山文化区的关系，有助于进一步理解笔者从21世纪初以来提出的"东北三大地域文化"与"东西两大文化区"的宏观意义，尽管这一疏见至今尚未形成共识。其中燕辽文化应是东北三大地域文化之一的辽河文明的先导和奠基；长白山区系文化应是东北亚土著独立文化区；西辽河以北至大兴安岭南北的草原文化区则是由西亚和北亚进入燕辽地区的又一独立文化区。本书有关"燕辽古道与部族方国"的"十论"，试图为上述中国东北"三大地域文化与东西两大文化区"命题，提供进一步完善和确认的学理依据。

二、业内人士悉知，笔者从20世纪80年代开始，就在考古调查和发掘实践基础上先后提出"辽西三大考古问题"，即夏家店下层文化"燕亳说"、大凌河窖藏青铜器"燕王喜弃埋说"和"大凌河古道与燕辽文化区"。这三个疏论，虽见仁见智，但笔者认为，它们是关系燕辽文化区的核心问题，所以在本书中均有专章论述，以供方家指正。

三、本书涉及燕辽地区的考古学文化甚多，但论述的核心是对夏家店下层文化（含燕北和燕南类型）、夏家店上层文化、魏营子文化、大坨头文化的考古学定位。其基本看法：夏家店下层文化应以七老图山为南北分界线。燕北类型以老哈河和大凌河为中心，为其土著燕亳方国的代表，并非传统的"先商说"，"商源辽河说"无考古和文献依据。燕南类型以大坨头等为代表，实际上与燕北差别较大，应定位为西周以前的山戎或北戎文化，与河套地区的有戎氏等渊源甚深。大凌河至滦河下游的魏营子类型，以往认识模糊，它应该是夏家店下层文化在西周初南下东渐后与山戎和燕文化交汇的产物，可称"燕戎文化"。后者如辽西建昌东大杖子早期和卢龙等地的孤竹、肥如、令支等青铜文化，均应属燕戎文化系列。而所谓与魏营子类型几乎同时并存的夏家店上层文化，以往对其分布和族系的认识分歧较大。本书定位其南不过七老图山（滦河上游），族系则为进入燕亳故地的东胡。

四、本书涉论燕辽地区交通地理甚多，但可以基本定位的有箕子东迁孤竹、碣石道，齐桓公伐山戎傍海卢龙道，燕王喜败逃辽东道，卢龙出塞三道，曹操北征乌桓古道。这数条古道，均见于正史，但以往无确指。本书各章属首发拙见，也请同道斧正。

五、本书所涉燕辽地区的部族方国可与考古文化在文化地理、民族地理布局上对应的，主要包括：七老图山以北的夏家店下层文化主体为燕亳；山南大坨头、围坊三期等主体为山戎；夏家店上层文化北系的主体为东胡；魏营子（含后期凌河类型）文化主体为燕戎。由于这一区系考古发现尚有缺环，斯论尚需补充和修正。

需要简要回顾的是，本书的写作基础，除了笔者20世纪的考古践行外，在很大程度上受益于21世纪以来参与几项国家文化遗产保护工程及课题研究实践，主要有"东北边疆历史与现状系列研究工程"、第三次全国文物普查、长城资源调查和长白山区系考古与民族论纲。在个人的有限经历中，笔者常常带着问题和思考去履职实践，常有所获。但毕竟多为感性调查，亲自发掘很少。所以本书对燕辽地区考古学文化性质的理解，比如认为红山文化可能为"有熊氏古国"的观点很可能是肤浅的，尚祈方家指正。

在结束这篇导言时，笔者想简要告诉读者的是，本书关于"燕辽古道"和"燕辽文化"的构想，源于21世纪初"东北三大地域文化"的拙思，而基本形成于2018年"长白山区系考古与民族论纲"立项以后，前后经历了近20年。如果以这本小书的出版为最后标志，那么笔者可将这些不尽成熟的看法总结为燕辽地区"五大廊道和三大考古问题"。"五大廊道"即本书第二章中记述的"古今燕辽出塞五道"；而"辽西（燕辽）三大考古问题"，业内人士悉知，主要是指大凌河古道与燕辽文化区、夏家店下层文化为燕亳、大凌河窖藏青铜器为"燕王喜埋藏"。这三个疏见的后两个，从2017年《东北亚走廊考古民族与文化八讲》出版后已有专论，唯须对本书重述的燕辽文化区的"部族方国"等概念作一解读，也可概括为两大文化和五大部族方国。

两大文化，指公认的红山古国和燕亳方国。与传统或主流的看法不同，本书认为红山古国非"五帝（颛顼）之墟"或"先商之源"，而可能是与五帝同时的北方"有熊氏古国"。而夏家店下层文化更不是"先商文化"，而属燕亳方国的土著中心。与此相关的五大部族方国，即书中各章涉论的燕亳、孤竹、山戎、屠何、东胡等青铜时代燕辽地区有代表性的部族。

另需要说明的是，近年来国内行政区划变更情况复杂，尤其是更名的情况很常见，如蓟县原属河北省，后划归天津市，近年又改名为蓟州区等。为与相关考古资料对应，本书在行文时常采用旧地名，请读者理解。

以上作为这篇导论的疏浅小结，供博雅方家指正。

目录
Contents

导言 ———————————————————————— 001

第一章 论燕辽文化区 ———————————————— 001

第一节 笔者在燕辽地区考古践行的简要回顾 ———————— 004
第二节 边疆与边域考古和古民族研究中山川地理坐标的
　　　 重要性 ———————————————————— 006
第三节 燕辽文化区依托的自然地理基础是"三山四水" ——— 009
第四节 燕辽文化区青铜时代至秦汉诸考古学文化类型解读 — 012
第五节 燕辽地区青铜时代的部族与方国分布 ——————— 016
第六节 立足燕辽文化，重新讨论东北文化区 ——————— 020

第二章 古今燕辽出塞五道与"箕子东迁" ————————— 027

第一节 傍海卢龙道 ———————————————————— 029
第二节 卢龙中道 ————————————————————— 032
第三节 喜峰口路 ————————————————————— 034
第四节 古北口路 ————————————————————— 036

第五节　居庸关路 ———————————————————— 038
第六节　"箕子东迁"交通地理史迹钩沉 ————————— 041

第三章　燕辽地区夏家店下层文化与上层文化的族属分区与时代 —— 049

第一节　对夏家店下层文化南、北不同区系类型的划分和
　　　　族系再探析 ———————————————————— 053
第二节　对夏家店下层文化的分布范围和南、北不同区系
　　　　类型的再解析 ——————————————————— 056
第三节　夏家店下层文化的北系与文献中的"燕亳"诸文化
　　　　合理因素再举证 —————————————————— 062
第四节　夏家店下层文化南系的燕山腹地大坨头类型
　　　　为夏商之际的北戎的文化讨论 ———————————— 070
第五节　对七老图山南北夏家店上层文化分区与类型的
　　　　探讨 ———————————————————————— 072
第六节　努鲁儿虎山以西、七老图山以北夏家店上层文化的
　　　　北系"南山根"与"龙头山"类型为文献中的"东
　　　　胡"考辨 ————————————————————— 076
第七节　夏家店上层文化的南系即七老图山以南的燕蓟
　　　　地区为山戎文化区再探索 ——————————————— 078
第八节　对夏家店上层文化晚期凌河类型多元文化特
　　　　征的分析 ————————————————————— 081

第四章　辽西大凌河古道青铜器窖藏史因探析 ————————— 085

第一节　辽西大凌河古道青铜器窖藏发现的基本情况 ————— 088

第二节　大凌河古道青铜器与北京琉璃河等西周燕国青铜器的
　　　　时代和特征比较 —————————————— 091
第三节　对大凌河古道窖藏青铜器所有者身份和埋藏原因的分析 —— 095
第四节　文献记载中对大凌河流域青铜器窖藏埋藏史因的印证 ———— 101
第五节　与大凌河古道窖藏铜器铭文相关的"箕子"和箕子方国
　　　　再考辨 —————————————————— 103

第五章　《水经注》中的燕辽"四大水系"与大凌河历史地理疏证 ———— 109

第一节　重读《水经注》对辽水、白狼水、濡水（含永定河）的
　　　　新感悟 —————————————————— 112
第二节　《水经注》记燕辽四大水系在燕辽部族方国文化分区上的
　　　　意义 ——————————————————— 115
第三节　对《水经注》中白狼水自然与人文地理的疏证 ———— 118
第四节　结语 ——————————————————— 126
附：大凌河水系历史地理考辨 ————————————— 128

第六章　辽西大凌河古道与燕亳、龙城的历史追溯 —————— 137

第一节　辽西"大凌河古道"命名的正式提出 ——————— 139
第二节　大凌河古道形成的历史基础——从"红山古国"到"燕
　　　　亳方国" ————————————————— 141
第三节　对大凌河古道上夏家店下层文化为燕亳方国的再
　　　　讨论 ——————————————————— 144
第四节　战国秦汉以后以龙城为中心的大凌河南北古道的
　　　　交通与史迹再考察 —————————————— 156

第七章　卢龙古道与孤竹方国 —— 165

第一节　笔者与孤竹国和辽西走廊古交通研究的因缘 —— 168
第二节　有关孤竹的早期历史文献钩沉 —— 170
第三节　文献记载的古孤竹国与考古发现可靠性的解读 —— 172
第四节　《水经注》为孤竹、令支、卢龙等提供的准确历史信息 —— 176

第八章　齐桓公伐山戎与燕王喜败逃辽东交通史迹追踪 —— 185

第一节　对燕辽古道早期交通地理的两次专题调查 —— 187
第二节　对齐桓公北伐山戎经孤竹国史迹等当代考古确认 —— 189
第三节　对大凌河古道和燕王喜败逃辽东的史迹追踪 —— 192

第九章　曹操北征"三郡乌桓"的燕辽交通地理考察 —— 201

第一节　曹操北征乌桓的历史背景 —— 203
第二节　曹操北征"三郡乌桓"的辽西古廊道和交通史迹考实 —— 207
第三节　曹操征乌桓的历史追思 —— 217

第十章　关于辽西红山古国与燕亳方国的文化反思 —— 219

第一节　五帝时代的红山古国文明在中华文明起源中的先导意义 —— 221
第二节　以夏家店下层文化为代表的辽西燕亳文化，是夏商北土燕山以北燕辽地区早期土著方国文明的重要代表 —— 225

第三节 对辽河义明的"红山古国"和"燕亳方国"在中华早期
　　　文明形成中历史地位的理性思考 —————— 230

附录 ——————————————————— 233

附录一：河北省卢龙县孤竹历史文化遗存考察报告 —————— 233
附录二：再辨孤竹国与"西周祭祀埋藏说"
　　　　——从辽西大凌河古道窖藏青铜器说起 —————— 241
附录三：辽西三大考古问题刍论
　　　　——敬答北京大学刘绪先生 —————————— 249
附录四：东北地域文化研究中的"三足鼎立"
　　　　——刍论长白山文化、燕辽文化与秦汉东北史 ——— 259
附录五：谈文化地理学的人文价值
　　　　——写在《燕辽古道与部族方国研究》一书后 ——— 266

后　记 ——————————————————— 272

第一章

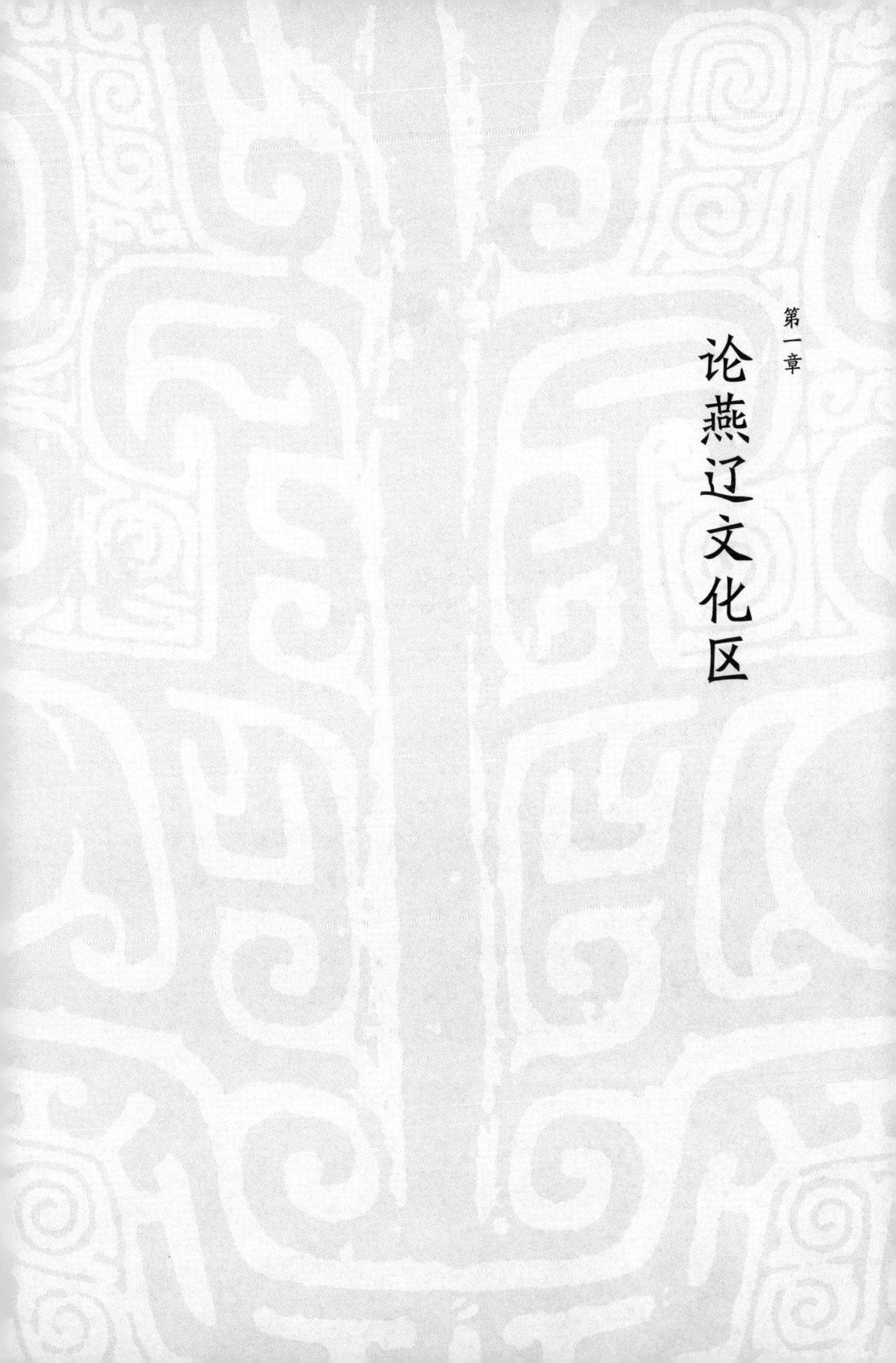

论燕辽文化区

把燕辽文化区纳入研究视野，有远因也有近缘。正如笔者在《东北考古六十年》中所追忆的，其远因是从20世纪80年代初开始对辽西大凌河和老哈河古道的十余次考古调查[①]，其近缘是2021年应中央文史研究馆之邀撰写的文章《西有敦煌、东有朝阳——余考古生涯亲临最多的朝阳古城》，以及同年东北大学秦皇岛分校郝庆云教授来舍，介绍近年河北省卢龙县蔡家坟北岭孤竹遗址的重要考古发现。特别是后者，使笔者回忆起近半个世纪，在燕辽（当时称辽西）地区大凌河、老哈河、滦河、永定河等水系古道考古的经历，包括在朝阳、北票、喀左、建平、凌源、赤峰、宁城、抚宁、秦皇岛、张北、承德一带的考古践行岁月，及对这一地区相关山川地理、古民族地理和考古学文化关系渐进渐深的思考等。由此，笔者萌生了撰写《燕辽古道与部族方国研究》一书"十论"的想法。这"十论"涉及夏、商、周至两汉间"燕辽文化区""燕辽古

[①] 王绵厚：《东北考古六十年》，辽海出版社2022年版，第78-102页。

道""燕辽考古文化""燕辽部族方国"等问题,其中"燕辽部族方国"的点睛处在"燕亳"与"孤竹";而地域文化的核心在重新认识东北文化区。又鉴于命题在内容上的统一性,本书主述的时段在夏商(公元前2000年)至汉末。对夏商以前该地区氏族部落阶段的内容,除第十一章涉红山文化外,不作讨论。从宏观上对燕辽文化区进行解读,则为是书的开端。

第一节
笔者在燕辽地区考古践行的简要回顾

　　如开篇引《东北考古六十年》所言，广义的辽西（本书谓燕辽）地区是笔者从业初期（1972年）进行考古发掘和调查的启蒙地之一。这里留下的不仅是专业实践的足迹，还有更多文化上的体悟和思考。这一地区的从业实践，主要涉及开篇所讲的大凌河、老哈河、滦河及永定河等燕辽文化区的主要水系与山系，即本章第三节提到的"三山四水"。这里先以时间为序，简要回顾笔者20世纪70年代以来的主要考古行迹：

　　1972年和1973年，笔者先后在北票丰下和喀左鸽子洞进行发掘。1975年赴敖汉旗大甸子，在刘观民先生指导下，首次调查夏家店下层文化遗址和墓地。前两次是在大凌河北源（含第二牤牛河）和南源，最后一次是在上辽河流域。

　　1976年和1977年，笔者又先后与姜念思、冯永谦先生调查建平、朝阳、喀左三县和赤峰地区（当时称昭乌达盟）的宁城、喀喇沁旗、翁牛特旗、阿鲁科尔沁旗、林西、克什克腾旗、巴林左旗等老哈河流域文物史迹。

　　1982至1985年，即启动《东北古代交通》编写初期，笔者又先后与朝阳市博物馆邓宝学、锦州市博物馆刘谦等先生，重点调查了大凌河古道南北的朝阳十二台营子、喀左北洞、喀左黄道营子、凌源安杖子、建平水泉、凌源三十家子，以及义县、锦西（今葫芦岛）、绥中（碣石）、山海关、抚宁等滦河下游辽西走廊交通古道。对大凌河、老哈河古道和辽西走廊的考古及文化有了渐深了解。

1984年和1998年，笔者又分别会同吉林大学古文献研究生班师生和北方卜省区博物馆同仁，赴承德、张家口、元上都、正蓝旗等地考察闪电河、桑干河上游史迹。

进入21世纪后，在参与国家文物局和辽宁省第三次文物普查项目组及全国长城资源调查项目组工作期间，笔者又先后调查北京密云（古北口）、承德、易县、朝阳、宁城、赤峰与山西、河北等地相关史迹。特别是在2008年至2011年间，先后三次与东北师大师生、辽金史学会、长城项目组同仁重新勘查大凌河与老哈河交通史迹。还调查过赤峰红山后、朝阳、敖汉、宁城、辽中京、辽上京等地遗址。

以上尚不包括几十年来多次驱车经燕辽、京蓟地区亲历但未实地踏察的践行。可以说，对于燕辽地区的"三山四水"之地，笔者均有不同程度的考古踏勘，这为笔者从事相关研究提供了实践基础。

第二节
边疆与边域考古和古民族研究中
山川地理坐标的重要性

在经历了近半个世纪的考古实践并潜心研读了《汉书·地理志》和《水经注》的记载后，笔者逐渐形成一种观念，即与人文地理（郡县、交通）相比，山川自然地理更有独特的文化坐标意义。这种观念在20世纪80年代末萌发，形成于90年代初，最初受《东北历史地理》总顾问谭其骧先生早年关注《水经注》和《汉书·地理志》的启发，可以笔者初论"辽东二江、二河上游青铜文化与高句丽起源"[①]为代表。在燕辽地区，则以业内熟知的"大凌河水系历史地理考辨"[②]为发端。其中一个渐进渐深的认识是，传统的舆地学派多注重建置和人文地理，如历代正史《地理志》实际上是郡县州府建置志，偶涉山川也只是作为行政建置的定位"符号"，很少作为本体坐标。笔者在对长白山区系和燕辽文化区的考古和古民族考察中渐悟，历史上的人文地理特别是建置，其地理重叠和变数太多，而相对来说，山川等自然地理尽管也有局部变

---

① 详王绵厚：《高句丽古城研究》第二章，文物出版社2002年版。

② 王绵厚：《大凌河水系历史地理考辨——兼与张博泉同志商榷》，《社会科学战线》1982年第1期。

化，如河流改道，但轨迹范围可循。特别是山系，几千年内除植被外变化很小。因此，进入21世纪，从《中国长白山文化（考古编）》的编写，到《长白山区系考古与民族要论》的出版，笔者都从自然山川地理文化坐标的角度提出：辽东"二江与二河上游"为高句丽起源的核心地区；"濊水"（松花江）在确认"濊城"（夫余王城）时具有重要意义；"忽汗水"（牡丹江）及上游"奥娄河"（泥河）在确认渤海旧国（敦化石湖古城）及"东牟山""阻奥娄河，树壁自固"时具有重要价值（因至今有人定在图们江），以及"三纵三横"等长白山区系"山系分区"在考古与古民族分区具有重要意义等。以本书为证，诸如下一节的"燕辽地区三山四水"、箕子东迁和齐桓公北征的"傍海碣石"、曹操征乌桓的"卢龙""清陉""白狼山"以及本书引证《水经注》等文献，对诸山川地理和古民族均可考证。如燕亳的中心，应在燕山以北和"紫蒙川"（老哈河）与白狼水（大凌河）之间；"山戎"之山，应以燕山与七老图山之间的燕山腹地为中心。这不仅与文献记载堪合，而且与当代河北、北京等地的考古发现相符。有识者可鉴以往论著和本书有关章节所引证的郑绍宗、韩嘉谷、靳枫毅诸先生的确论俾证之[①]。

质言之，山川地理文化坐标的意义，是一本可以潜读的"大书"。举如本书下一章拟介绍的"燕辽地区三山四水"中的"卢龙山""白狼山"和"紫蒙川""濡水、玄水"的确认，对定位该区的考古与古民族（方国）意义重大。再如本书定《水经注》中的"卢龙山"应指燕山北支七老图山，而"白狼山"为喀左大阳山。前者在燕南与燕北分界的文化意义久被忽视，2006年笔者在《燕亳、北戎与东胡》一文中，首次提出应是燕亳与山戎（即夏家店下层文化燕南类型与燕北类型）的文化分

---

① 王绵厚：《长白山区系考古与民族要论》，辽宁人民出版社2022年版，第1—11页。

界带。而《水经注》卷十四记载："玄水又西南迳孤竹城北，西入濡水。"①由于可定玄水为今青龙河、濡水为今滦河，则千古寻觅的孤竹必在滦河与青龙河交汇之南的今卢龙县南。这一方位，已为本书记述的卢龙县南蔡家坟北岭商周城址的考古发现所印证（见本书附录一）。这是笔者几十年来习读汉志、《山海经》《水经注》和谭其骧先生关于《山经》《水经》等论著后，结合自己有限的考古调查，对燕辽文化产生的浅思。总之，领悟山川地理文化坐标意义的这本"大书"，在审视燕辽文化区的考古与古民族时尚有巨大的研读潜力，有待博雅之士深探之。本书初探之疏见则为铺路石。

---

① 《水经注》卷十四"濡水"条，陈桥驿《水经注校证》本，中华书局2007年版，第346页。本书所引《水经注》，除单独注明外，均出自此本。

第三节
燕辽文化区依托的自然地理基础是"三山四水"

如本书导言中所说,"燕辽文化区"这一命题最早是业师严文明先生在20世纪末对考古学文化分区时提出的,该命题侧重于考古学文化类型。本书在这一基础上引出的"燕辽古道与部族方国",则是从文化视角上着眼,更偏重交通地理和古民族(部族方国)分布的历史考古学定位。因此,自然山川地理成为本书一切交通地理、文化地理、民族地理的基础。本书各专题所讨论的文化地理区域,总体上也没有脱离燕辽地区的"三山四水"范围。正如笔者在《长白山区系考古与民族要论》的"总论"中所说的,从宏观的山系文化区系看,中国东北地区主要有三大山系:西南为燕山山脉(含七老图山、努鲁儿虎山、医巫闾山),东北为长白山脉(含千山),西北为大、小兴安岭[1]。本节所说的燕辽文化区实际是上述燕山南北(上辽河以南)区域。所以燕山及各支脉与源出的大凌河、老哈河、滦河、永定河等四大独立水系,共同构成本区的自然地理平台。在近代行政区划上,实际上是以旧热河省为中心,包括辽西和蒙东、冀北部分地区。所以本节解读燕辽文化区时先从"三山

---

[1] 王绵厚:《长白山区系考古与民族要论》,辽宁人民出版社2022年版,第5页。

四水"论起。

　　这里的"三山"实际上主脉为一个燕山系，为了关联南北源出"四水"（大凌河、老哈河、滦河、永定河），而将七老图山和努鲁儿虎山（实际含大马群山）一并列为山系坐标。

　　从上述山系坐标角度看，燕山主脉为腹地。北麓七老图山，西北起河北围场坝上山地草原，东南经平泉延向青龙河与大凌河分水岭——平顶山（海拔1056米）和都山（古无终山，海拔1846米），是大凌河、滦河（青龙河、瀑河）和老哈河三河的分水岭。另一条与七老图山呈西南—东北走向的努鲁儿虎山，东北延向朝阳北大黑山（古青山），是大凌河与老哈河（西辽河）的分水岭。而燕山西北延出的大马群山，出河北沽源、张家口、怀来一线，为永定河（上游桑干河）发源地。源出上述诸山的"四水"，既是古代文化通道又是部族迁徙廊道，自然也形成考古学文化的线形遗产密布区。由它们构成下列各文化水系。

　　其一，大凌河水系。大凌河有南北二源，而以南源为主。南源又有南、西两支，南支出建昌喇嘛洞接青龙河，西支出努鲁儿虎山即凌源与平泉交界处，两支均位于七老图山之北[①]。笔者在多部论著中述及的大凌河古道，是辽西连接冀北和晋北的重要廊道。特别是文化走廊上的枢纽朝阳（古龙城），为西连大同、敦煌的古代北方丝绸之路上的重要节点。

　　其二，老哈河。老哈河主源出七老图山北、努鲁儿虎山西麓的河北省平泉市马盂山。上游与大凌河西源交汇，其上游干流锡伯河为重要的文化廊道。老哈河北支过赤峰入西辽河，而西支通围场桑干河与晋北大同相接，是连接燕辽与河套地区即辽河文明与黄河文明的黄金通道。早在红山文化和夏家店下层文化（笔者考证为燕亳）时代，其文化廊道

---

① 王绵厚：《大凌河水系历史地理考辨——兼与张博泉同志商榷》，《社会科学战线》1982年第1期。

轨迹就已十分突出。

其三，滦河。滦河主源闪电河出坝上而与桑干河相接，其两条主干支流青龙河和瀑河均出七老图山以南并与大凌河相邻。滦河下游入渤海处属辽西傍海走廊的咽喉。夏商时代北方封国如孤竹、令支、无终等，均设于滦河下游。滦河下游地区也是夏商周文化北渐幽州的真正廊道。纵贯燕山主脉与七老图山之间的滦河流域，还是古代山戎（北戎）部族的中心区。

其四，永定河。永定河上游为桑干河，主源亦有二支：东支与潮河俱源出张家口以北，两河以大马群山为分水岭；西支桑干河则源出山西北部，《水经注》中称"桑干枝水"[①]。永定河下游为中国七大水系之一的海河，其所在的京冀廊道是限隔燕山与太行山的南北通途。所以永定河文化区自古便是燕辽文化区与河套文化区的过渡桥梁与中转纽带，同时也是中原文化与长城地带草原文化碰撞交汇的门户。

本节以上简述的燕辽文化区"三山四水"，是构成下文将要讨论的考古学文化和部族分布的自然基础与资源条件，也是形成燕辽文化区这一多元、动态文化区系的客观因素。其中"四大水系"实际上形成了四大文化带，而这四大文化带共同构成了燕山—上辽河流域的燕辽文化区。依托这一文化区，本书各章先后以专题形式重点记述了大凌河古道（水系）、箕子东迁、齐桓公伐山戎、燕王喜败辽东、曹操北征乌桓等燕辽古道的千古路径和节点坐标。而这一文化区与上辽河（西拉木伦河）尤其是位于洮儿河以北的大兴安岭南北的草原文化[②]，具有显著的地域文化差别，这在本书下节所要叙述的考古学文化中表现得最为突出。

[①] 《水经注》卷十三"瀑水"条，第311页。
[②] 王绵厚：《中国东北地区的"三大地域文化"》，《地域文化研究》2017年第1期。

第四节
燕辽文化区青铜时代至秦汉
诸考古学文化类型解读

本节意在对燕辽地区夏商（距今约4000年）至战国秦汉时期的各考古学文化类型进行释读。因本书其他章节对相关考古学文化（如夏家店下层、夏家店上层）已有具体介绍和分析，故本节在宏观分析燕辽文化区时，只对有代表性的考古学文化作布局和时代性质的概述。

迄今被考古学基本公认的燕辽青铜时代文化区考古学文化成果，主要见于《中国文物报》为"纪念夏家店下层文化与夏家店上层文化命名六十周年"而刊登的几十位考古学家的文章[1]。可分三个时段简列如下：

其一，夏商时期。这一时期主要指公元前21世纪至公元前11世纪（商末周初），以夏商周断代工程公布的公元前1046年为下限。对于这一时期燕辽地区的考古学文化，考古学界主流意见是统归于夏家店下层文化。尽管其中按地区不同，学者又提出"围坊三期""壶流河类型"

---

[1] 如朱延平、陶建英：《辽西区青铜时代考古研究的回顾与展望》，《中国文物报》2022年1月28日，第6—7版；王巍、徐光冀、郭大顺等：《纪念夏家店下层文化与夏家店上层文化命名六十周年文选》，《中国文物报》2022年1月28日，第7版。

或"大坨头类型"等观点①，但直至上述"纪念夏家店下层文化与夏家店上层文化命名六十周年"汇集的全国多数专家，仍把燕山南北这一时期的早期青铜文化统命以"夏家店下层文化"。笔者在2006年的《燕亳、北戎与东胡——夏家店下层文化与上层文化的区系类型与族属论析》（下文简称《燕亳、北戎与东胡》）一文中提出，应以七老图山为南北分界，将山北的夏家店下层文化定名为"燕亳文化"，而将山南的大坨头类型等归于"山戎（北戎）文化"②。尽管这一问题至今尚无定论，但在讨论这一问题时不能不提到两位有独到见解且与笔者兼有师友之情的考古学家：一位是笔者在北大的业师之一李伯谦先生，他早在20世纪80年代就撰文指出："（夏家店下层文化）不是商文化的自然北延或商文化在北方的来源之一。"③这也是笔者在20世纪末提出"夏家店下层文化燕亳论"的重要启示之一。另一位是原河北省文物考古研究所所长郑绍宗先生。他早年在东北博物馆（今辽宁省博物馆）工作，热河撤省后入河北省博物馆工作，与笔者亦有几十年交往。1984年我们在黑龙江参加完辽金史会议后共同调查宾县庆华古城，1992年又共同参加石家庄环渤海考古国际学术讨论会。他还特意将笔者的会上论文《关于汉以前东北"貊"族考古学文化的考察——兼论大石棚和石棺墓文化的族属与时代》发表在当时他主持的《文物春秋》上④。郑先生也是20世纪

---

① 张忠培：《夏家店下层文化研究》，张忠培：《中国北方考古文集》，文物出版社1990年版，第187-206页。

② 王绵厚：《燕亳、北戎与东胡——夏家店下层文化与上层文化的区系类型与族属论析》，中国社会科学院考古研究所编：《二十一世纪的中国考古学——庆祝佟柱臣先生八十五华诞学术文集》，文物出版社2006年版，第431-447页。

③ 李伯谦：《论夏家店下层文化》，北京大学考古系编：《纪念北京大学考古专业三十周年论文集（1952—1982）》，文物出版社1990年版，第167页。

④ 王绵厚：《关于汉以前东北"貊"族考古学文化的考察——兼论大石棚和石棺墓文化的族属与时代》，《文物春秋》1994年第1期。

90年代初期最早支持笔者"高句丽起源辽东貊族"观点的为数不多的考古学家之一。对于夏家店下层文化和夏家店上层文化的时代和关系，郑绍宗先生认为，夏家店下层文化属于夏文化北支，而夏家店上层文化为山戎系。这里想重点指出的是，以往学界忽视燕山山脉在燕辽地区文化分区上的意义，实则应格外关注，即燕山以北总体上为燕亳（下层）文化区，燕山腹地及南麓为燕戎（先燕）文化区，而拒马河以南至漳河流域为燕辽文化区的南缘，方进入真正的先商文化区。也就是说，先商文化不过燕山以北，这是本文对燕辽文化区有别于传统主流看法的疏见拙识之一。

其二，西周初到燕昭王秦开却胡（公元前11世纪至公元前3世纪）。从21世纪初以来的主流意见看，燕辽地区这一时段的考古学文化主要为燕山以北的东胡文化和燕山以南的山戎文化[①]。笔者在《燕亳、北戎与东胡》一文中，将这一时段燕辽地区青铜文化分为三区：①七老图山以北和努鲁儿虎山以西的南山根类型应属东胡系统；②七老图山以南的大坨头类型和围坊三期等为山戎系统；③努鲁儿虎山以东大凌河流域的魏营子类型，包括滦河中下游的东南沟类型和近年确认的卢龙、迁安境内的蔡家坟类型（孤竹国）文化，应是西周封燕前后的燕戎文化（现仍持此论）。其中核心问题是，夏家店上层文化并没有继承"下层传统"，而其南界不过七老图山（滦河）。

其三，秦开却胡以后至秦统一。这一个多世纪应当是燕秦文化北进的过渡期。由于时间短、发现分散，过去缺乏关注又少有确认，"纪念夏家店下层文化与夏家店上层文化命名六十周年"的专家讨论也莫衷一

---

① 朱延平、陶建英：《辽西区青铜时代考古研究的回顾与展望》，《中国文物报》2022年1月28日，第6—7版；王巍、徐光冀、郭大顺等：《纪念夏家店下层文化与夏家店上层文化命名六十周年文选》，《中国文物报》2022年1月28日，第7版。

是①。本书认为，对燕辽地区这一晚段青铜文化的研究，要充分认识燕文化北进东传的深刻影响。如燕山以南滦河下游的"后孤竹国时代"（灭国后），包括葫芦岛乌金塘铜器、燕山以北建昌东大杖子重要战国墓地以及林西等地战国晚期青铜短剑墓等，都存在先燕文化的突出影响。至战国以后，燕山南之山戎与山北的东胡退出历史舞台，让位于匈奴和早期鲜卑。断代史进入了秦汉，方形成了以后新的燕辽地区文化格局东北史时代（见下节）。

---

① 朱延平、陶建英：《辽西区青铜时代考古研究的回顾与展望》，《中国文物报》2022年1月28日，第6-7版。

第五节
燕辽地区青铜时代的部族与方国分布

这一问题与上节考古学文化同样复杂，而争议尤多。因在后面对燕亳、山戎、孤竹有专门论述，本节只对燕辽地区主要部族方国作宏观布局和族属分析。为了对应考古学文化区系，本节仍按上节三个大的时段讨论。

其一，早期（夏至商末）。这一时段的燕辽地区青铜文化被统称为夏家店下层文化的不同类型区。在族属上虽有龙山北支、夏文化、先商诸说，但并无确指[1]。而笔者在2006年《燕亳、北戎与东胡》一文中明确提出夏家店下层文化北系为"燕亳"，并在文中指出，韩嘉谷先生提出的"夏家店下层文化燕南类型（大坨头文化等）应是从夏家店下层文化分离出来的"一说具有合理性，即下层的燕南类型（大坨头文化等，包括围坊二期），实际上为山戎（先燕）文化。

另外需特殊指出，七老图山以南、以滦河下游为中心的环渤海北岸地区，考古学上相当于夏商和西周早期的迁安小山东庄、卢龙东阚各庄等遗址，在文化性质上应与蔡家坟一样，归于燕戎系统的孤竹方国遗

---

[1] 朱延平、陶建英：《辽西区青铜时代考古研究的回顾与展望》，《中国文物报》2022年1月28日，第6-7版。

存。即笔者认为，山戎系统，在本质上属于与河套地区西戎文化联系更多的部族。而燕亳乃燕辽地区本土上，真正接受"石峁"等"有戎氏"影响、代表燕辽地区土著主体文化的部族。

其二，西周初至战国中期（秦开却胡前）。这一时段燕辽青铜文化族系的推断与前期相似，集中争论在是山戎还是东胡。如同对夏家店下层文化的认识一样，此段时空被公认为夏家店上层文化几无异议，但对族系、分区却莫衷一是。笔者在已有研究者所认为的夏家店下层文化北系南不过滦河的基础上，将夏家店上层文化分为三大区：七老图山以北以老哈河为中心的东胡系、七老图山以南的山戎系和努鲁儿虎山以东的燕戎系。其中对以老哈河为中心的北系，著名考古学家、夏家店下层文化与夏家店上层文化命名者之一的徐光冀先生在2022年1月28日《中国文物报》上有一段精准概括："老哈河是其中心地区……今后，田野工作的重点应是寻找发掘两种文化的核心区，这方面的线索有：赤峰阴河流域夏家店下层文化石城址呈组群分布，其中迟家营子、尹家店为中心的20座石城址群，还有敖汉旗城子山等遗址；宁城南山根、小黑石沟发现夏家店上层文化高等级贵族墓葬，应在八里罕地区勘查大型居址。"[1]笔者赞同徐先生的说法。徐先生所说的几处遗址是曾属辽宁辖境的夏家店下层文化石城，在20世纪笔者均亲自调查过，至今印象深刻。

其三，战国后期至秦汉之初。这一时段如上节考古学文化一样，族系变徙较大，但燕文化北进的强势凸显，如滦河中游江南沟、大凌河上游建昌东大杖子等。总体上可将这一时段视为燕戎文化与燕秦汉五郡文化的互动交融期，在本书数篇中已有论及，恕不赘言。

---

[1] 王巍、徐光冀、郭大顺等：《纪念夏家店下层文化与夏家店上层文化命名六十周年文选》，《中国文物报》2022年1月28日，第7版。

综上，本节从山川地理、考古学文化类型、民族（部族）分布格局等三个宏观方面概论了燕辽文化区，并可归纳为以下要点：

1. 本文主述的"三山四水"区域，代表着古今燕辽文化区距今5000—4000年间从"古国"到"方国"阶段的基本地理规范，是今后持续考察该区自然和人文历史的基础（山、水在本书中都备有专论）。

2. 本区青铜文化早期的夏家店下层文化，应以七老图山为界而分为南、北两大区系。其南系为山戎系，应属西戎系统。该区的滦河下游孤竹等方国是代表夏商周文化北部封国的前沿文化区。而燕北以老哈河为中心，应是夏商北土燕亳方国的中心。后者（燕亳）代表燕辽地区的主体文化。

3. 继夏家店下层文化后进入本区的夏家店上层文化，除部分地域重合外，二者并无先后继承关系。前者夏家店下层文化是燕亳接受永定河以西河套地区石峁、陶寺等影响，在本土发展起来的华夏文化北支的土著文化。后者夏家店上层文化（东胡等）则是西周初进入燕辽地区的草原民族，其属北亚草原系统民族（发展至后来的鲜卑、契丹）。

4. 西周以后的燕辽地区地域文化可分三区：七老图山南为山戎、山北为东胡，大凌河流域为燕戎混居区。夏家店上层文化南不过七老图山（滦河），为本书所指出的考古学实证。

5. 战国中期秦开却胡后开五郡，是燕辽文化区文化转型和民族分布重新组合的开始。自此，传统意义的燕辽文化区不复存在，而代之以燕秦以后的汉郡时代。

6. 综观燕辽文化区，它是中国北方以燕山和上辽河为中心的最早文明策源地。进入夏商时期以后，则是北土燕亳、山戎和孤竹等方国中心。在中华文明的早期形成中，它与黄河流域地缘相接，因而也是构成北方文明的中心之一。如果从地缘文化上看，本文涉论的燕辽"三山四水"文化区并不是并列的，其核心区域在燕山主脉和以老哈河（含大凌河上游）为中心的西拉木伦河以南。在这一区域内，以燕山为基本文化界标，实际上形成了三个大的文化区：燕山以南（拒马河至漳河）为先商和先燕交错的文化区；燕山腹地及南麓为"燕戎"故地，即先燕文化区；燕山以北的"二河"（老哈河和大凌河）地区，则是"燕亳方国"的中心区。本书记述的主要是后两个中心文化区。目前学术界的共识是，"辽西走廊作为一个文明交汇的地带，构建出以燕山南北、长城地带为重心的北方和以晋南、关中、豫西为中心的中原两大文化区系的连接点"[①]。本书将辽西走廊扩大为燕辽文化区这一更准确的地域，即认为，从中国东北与东北亚大区域的范畴看，在考古学和民族谱系上应存在"三大地域文化"（辽河文明、长白山文化、草原文化）和东、西两大文化区（长白山文化区和燕辽文化区）。燕辽文化区既是辽河文明的北方中心，又是中原晋陕一线连接东北文化区的中转和枢纽地区。而学界对后者的重要性至今尚缺乏认同。本书的十章"散论"则从自然地理和人文领域逐渐强调它的特殊性和重要性。

---

① 祁美琴、王苏佳：《解构"攀附"：民族起源的多源性与族源记忆中的华夏叙事根由》，《中国边疆史地研究》第31卷第4期。

第六节
立足燕辽文化，重新讨论东北文化区

从20世纪下半叶开始，随着东北地区历史考古研究的发展，特别是80年代后由苏秉琦、严文明先生等著名考古学家提出中华古代文化"满天星斗"的"六大板块"和"八大文化区"后，学术界对东北地域文化和考古学文化分区格局也相继出现了不同看法。在东北三省就这一问题有一定影响的、有代表性的观点，包括辽海文化、辽河文化、长白山文化、关东文化、东北文化、黑龙江文化等。进入世纪之交，从正式发表的论著看，专门从地域文化和考古学文化结合角度提出对东北文化相关看法的，按时间顺序主要有王禹浪的"五大流域文明说"、笔者的"三大地域文化说"和长白山文化与燕辽文化的"两大文化区说"、赵宾福的"长白山—千山文化带和燕山—大兴安岭文化带说"、郭大顺的"东北文化区说"等。

上述略举的几种看法，显然不是所有的学术观点。但除了郭大顺先生从考古学上力主"东北文化区说"外，对"东北文化区"的看法仍存在较大分歧。如单就考古学的意义看，赵宾福先生的"长白山—千山文化带和燕山—大兴安岭文化带说"就至少认为在中国东北存在"两大文化带（区）"。对于这样一个复杂的问题，显然不是短时间和少数论著可解决的。作为个人的初步看法，笔者在本书中重申"东北三大地域文化"和"长白山文化与燕辽文化"这"两大原生型文化区"的拘虚之见，并首先提出东北地区无论是从地域文化、考古学文化还是民族文化方面看，都不存在"单一东北文化区"的意见。

鉴于这一问题的复杂性和多元性，在讨论这一问题时，拟将文化视角放宽一些，从山川自然地理、基本民族谱系布局和考古学文化三方面分别解读。

其一，山川自然地理。这一文化地理的分区具有自然属性，分区相对明显。如笔者在《长白山区系考古与民族要论》的"总论"中说，宏观的东北自然山川分布，从山系看主要有东部的长白山区系、西南的燕山山脉和西北的大小兴安岭。与山系相关的水系有长白山南系的鸭绿江汇入黄海，东辽河（含浑河、太子河）汇入渤海。而燕山山脉的"四水"（老哈河、大凌河、滦河、永定河）统汇入渤海。至于大、小兴安岭，总体水系属黑龙江中上游，连同松、嫩二江，最终汇入鞑靼海峡。这样分布于整个东北区三大独立山系的主干水系，从古今自然地理上来看分区亦属明确。

其二，民族谱系的分区。这一民族分区由于民族迁徙等动态性原因，不如自然山川地理具有直观性。但迄今为止已为学界共识的是，在中国东北以医巫闾山为基本分界，有东、西两个文化区（本书细分三区）：其东长白山区系，公认为濊、貊和肃慎族系文化区；其西虽尚有争议，但总归已公认为东胡、山戎、鲜卑文化区。这东西两大族团的宏观分布，可与下节要说的考古学文化对应比较。

其三，考古学文化区系。在地域文化的分区研究中，考古学文化和民族文化分布向来是世界性学术关注的焦点。但考古发现的时限性和偶然性（包括区域局限）使其既有实证价值，又带来某些不确定因素。东北文化区的研究同样如此。所以为了集中讨论东北文化区的问题，本节省去前已讨论过的"长白山区系"和"燕辽文化区"问题，从原生型文化区的地理学、民族学、考古学角度出发，专就"燕辽文化区"和其北临的"草原文化区"（笔者命名）作比较分析。

众所周知，自20世纪初辽西赤峰"红山后"和药王庙夏家店上、下层文化发现以来，对其文化的时代、性质、族属的讨论一直是热点。但诸多问题如文化分区与族系源流，学术界至今没有取得共识。世纪之交，关于夏家店上层文化和下层文化研究，经历了两次较以往更大范围的调查研究，这就是1999年至2001年北京大学中美联合考古队和2002年以后吉林大学的考古调查，并由李水城、朱永刚先生等发表了调查报告和专题论文。这两次调查，由于课题目标明确、操作系统并参考总结了以往经验成果，对燕辽地区这一重要文化的认识有了层级式的深化。因为在2005年笔者发表《燕亳、北戎与东胡》时，正在北京文物普查项目组，未能参见两次调查资料。以下据两次调查和介绍文章，按笔者的认识（非原调查者观点，均属个人认知），将进一步分析梳理的意见归纳如下。

一、对夏家店下层文化与上层文化相互关系和分布范围的认识

对二者关系的认识做了进一步明确。如朱永刚先生在《夏家店上层文化向南的分布态势与地域文化变迁》中指出："夏家店上层文化是在夏家店下层文化结束后兴起的。"[①]这一在总结前期研究成果基础上公认的结论，对厘定两种考古学文化关系极其重要，也反证了了"上层文化"并不是在本土"下层文化"（燕亳）基础上形成的外来文化。

至于该文化的分布范围，尽管朱永刚先生原文中"上层文化"的分布仍包括西拉木伦河、老哈河、大凌河甚至平泉东南沟等地，囿于传统的"一系说"，但文中注意到了"在夏家店上层文化研究初期，已有研究者（笔者按：指靳枫毅先生）注意到上述广大区域内文化面貌

[①] 朱永刚：《夏家店上层文化向南的分布态势与地域文化变迁》，载吉林大学边疆考古研究中心编：《庆祝张忠培先生七十岁论文集》，科学出版社2004年版，第429页。

不尽相同",同时提及林沄所说的"夏家店上层文化主要分布的热河山地（努鲁儿虎山以西地区）"。需要指出的是，上述二位先生的卓识，迄今尚被忽视，而这也关系到本书指出的对夏家店上、下层文化历史定位的关键问题。

二、关于夏家店上、下层文化与燕山南大坨头文化等的关系

这一问题在上举朱永刚文章以及前引2022年《中国文物报》诸家讨论文章中，尚未明确定位。但朱文中引了"上层文化"的"东部以努鲁儿虎山包括大凌河上游为界"，并引证郑绍宗等先生的"上层文化南不到滦河"（山戎）看法，认为"燕山以南军都山类型，与夏家店上层文化有很大区别"。这一结论与2005年笔者所撰《燕亳、北戎与东胡》一文中所认为的夏家店文化（上、下层皆同）南以"七老图山与大坨头文化（山戎）为界"的观点，可谓不谋而合，在燕辽文化区的考古与地域文化研究中，亦有举足轻重的重要性，即燕山南北为不同系文化说。

三、夏家店上、下层文化与西拉木伦河以北草原文化的关系

在讨论燕辽地区青铜时代的考古学文化与其北邻西拉木伦河，特别是洮儿河以北大兴安岭草原山地同期文化的关系时，长期困惑考古学界的一个问题是二者是否属于同一文化区带。因为直至2009年吉林大学赵宾福先生在其有影响的《中国东北地区夏至战国时期的考古学文化研究》中，仍明确认定辽西为"燕山—大兴安岭文化带"。由于笔者2005年撰写《燕亳、北戎与东胡》时，赵著尚未出版，所以并未涉论夏家店上、下层文化与洮儿河以北文化的关系。但在21世纪初以来，笔者连续完成《中国长白山文化·考古编》《长白山区系考古与民族要论》及本书《燕辽古道与部族方国研究》，特别是本书所涉燕辽文化区与"大兴安岭文化区"（个人初定）的关系，遂形成了自己的疏见：在东北地域文化的总体分布格局中，二者应属不同文化区。现在总结学界

同仁已涉论述的同时，拟将这一至今有争议的问题，分析归纳为以下三点：

其一，从上世纪末至今，除上引赵宾福先生的论著外，已有更多学者注意到这一问题。上引2004年朱永刚先生在《庆祝张忠培先生七十岁论文集》中的论文，笔者认为是进入21世纪系统讨论夏家店上层文化（涉下层文化）的有代表性论述。该文不止一处提到老哈河流域"上层文化"的核心区与西拉木伦河及其以北的地区文化关系。如文中指出："自翁牛特大泡子出土的一组陶器发表之后，人们已注意到夏家店上层文化与松嫩平原青铜文化的联系。"①作者用考古学惯用的"联系"术语，并未点明关系实质。但在另一处又提到"检视辽西新石器时代多种考古学文化分布的格局，西拉木伦河以北的古文化一直存在着自身发展线索"。当年（2008年）笔者在《燕亳、北戎与东胡》一文刊出后，拜读朱文，启发极大。因为"一直存在自身发展线索"的松嫩平原和大兴安岭文化带，正是本文强调的"北亚草原文化区"。

其二，与上举朱永刚先生的文章有关联的，是夏家店下层文化与上层文化关系中的两个关键问题：一是二者虽地域有交叉重合（下层范围大于上层），但并无前后继承关系。如朱文中明确指出："夏家店上层文化是在夏家店下层文化结束后兴起的。"这一结论已是学术界的共识。应当补充的是，夏家店上层文化不仅是"夏家店下层文化结束后兴起"，而且是由上举"大兴安岭草原文化区"当商末周初之际，南下进入辽西的，这也是笔者立论的基点之一。朱文中举出的克什克腾旗龙头山夏家店上层文化（偏北支）具有更多"北亚草原文化"的特征，是需要考古界继续关注和深入扩展的问题。

---

① 朱永刚：《夏家店上层文化向南的分布态势与地域文化变迁》，载吉林大学边疆考古研究中心编：《庆祝张忠培先生七十岁论文集》，科学出版社2004年版，第430页。

其三，在结束这篇疏论前，需要指出的是，本文论证的"燕辽文化区"与"大兴安岭草原文化区"在地域上应予分野，这不仅有越来越多的考古学证据，而且有体质人类学的支持。仅举朱永刚先生在《东北青铜文化的发展阶段与文化区系》中指出的，夏家店上层文化"地理位置偏北的龙头山组混有更为显著的北亚人种因素"[1]。由于这一问题涉及更多的学科领域，恕不赘言。

综上，本文概述的东北地域文化、考古学文化、民族文化的诸多问题，许多尚属讨论中的仁智之见、拘虚之言，请方家指正。

总结从20世纪末至2022年《夏家店下层文化与上层文化命名六十周年文选》的研究成果，笔者将本书对辽西燕辽文化区迄今趋于共识的进展归纳如下：

其一，在20世纪夏家店上、下层文化发现的前40年，各家包括苏秉琦先生的"八大板块"和严文明先生的"八大文化区"，涉及夏家店文化（含上、下层）区域时，不论表述为"燕山以北长城地带"，还是燕辽文化区，都未及医巫闾山以东，所以并不是指后来意义的整个东北文化区。

其二，从20世纪学界对夏家店上、下层文化的认知来看，尽管认识到二者性质不同、时代不同，但对各自的分布地域及二者之间的关系认识模糊。比如普遍将"下层文化"作为一种类型包括在燕山南北的大区域内，虽有个别异议但非占主流。

其三，进入21世纪的重大进展，是对这一文化的分区依据和族属提出新的看法，并有渐趋认同之势。其核心即本书重申的夏家店下层文化应以七老图山分为二区，其南大坨头文化等为山戎系，其北以老哈河为中心是燕亳系。后续的大凌河流域魏营子类型，则有燕亳后续的山戎与

---

[1] 朱永刚：《东北青铜文化的发展阶段与文化区系》，《考古学报》1998年第2期。

东部高台山文化等综合因素。

其四，对夏家店上层文化的南北二区亦从一系中分开。其燕南一开始即属山戎（七老图山南），其北系（南山根类型）则为东胡。"夏家店上层文化南不过七老图山、东不过努鲁儿虎山"是世纪之交燕辽文化区认识的突破。

其五，对燕辽文化区的夏家店下层文化（燕亳）与西拉木伦河以北草原文化的不同分区认识，是本节的重点之一。即如上述，从考古学、民族学、人类学角度综合来看，洮儿河以北的大兴安岭草原文化区（含松嫩以西草原）都应属与燕辽文化区不同的独立文化区。至此，综合地域文化、考古文化、民族文化，本文刍议的"东北地区不存在单一文化区"的疏论似可告一段落。

第二章 古今燕辽出塞五道与『箕子东迁』

本章依托燕辽地区——"燕山南北和上辽河（含大凌河）流域"的自然地理并特冠以"燕辽文化区"，以古道交通和山川地理为主，着重从地域文化、民族文化和考古文化等三方面考察新石器时代晚期到整个青铜时代（夏商周），下延至汉魏，兼及从先秦诸部族方国到秦汉郡县属国的史迹变迁。其记述的主线是以燕辽古道为历史轴线，以山川地理为依据（如文中多篇引证《水经注》），以文献印证当代考古发现，进行该区系人文地理和部族方国的考察（如多篇论及燕辽和孤竹等）。基于此，以"燕辽出塞五道地理"开题，主要关涉由古代"幽燕"向北方和东北蓟辽方向的交通和山川地理。并按傍海卢龙道、卢龙中道、喜峰口路、古北口路、居庸关路，分别记述之——这五条山川古道实际上覆盖了本书所涉的全部燕辽文化区。最后兼论与东北燕辽古道相关的"箕子东迁"。

第一节
傍海卢龙道

　　此道的基本交通路径和地貌特征，由笔者两部交通史可知[1]，其冠名有两大要素：傍海和卢龙。前者指本书"燕辽文化区"所依临的"渤海文化圈"的西岸，后者指卢龙古道的枢纽坐标今滦河下游古卢龙县（平州、永平府）。这一古道依其贯通辽西山海之间的区位优势，自古是燕辽之间的最早拓行古道之一，尤以最早见于《尚书·禹贡》中"岛夷皮服，夹右碣石入于河"而著名。笔者早在1990年所著的《东北古代交通》中，已考所谓"夹右碣石"即指今山海关外绥中县"姜女石"，是以背坐渤海之阳称之，进而证明卢龙道为先秦古道无疑。《史记·伯夷列传》记载，商末时，孤竹国君之二子伯夷、叔齐仗义让贤，又以耻食周粟而饿死于首阳山。这三千多年前的孤竹方国史迹，近年明确发现在河北卢龙县南蔡家坟北岭（参见本书附录一）。这一重要燕辽古道上孤竹国史迹的发现，印证了春秋时（公元前663年）齐桓公伐山戎"刜令支、斩孤竹"的古道，亦确是经今卢龙县傍海入辽西的准确方位。而孤竹方国和古卢龙县的地理确认，关联着一系列辽西古燕辽门户的史

---

[1] 王绵厚、李健才：《东北古代交通》，沈阳出版社1990年版；王绵厚、朴文英：《中国东北与东北亚古代交通史》，辽宁人民出版社2016年版。

迹，可勘定齐桓公伐山戎的准确路径、战国末燕王喜取卢龙塞东逃所经地、东汉建安十二年（207年）曹操北征乌桓并在辽西"临碣石观沧海"的路径等。

按照郦道元《水经注》记载，东汉末筑卢龙城[①]。而在《史记正义》所引《括地志》等方志中记载，"孤竹古城在卢龙县南十二里，殷时诸侯孤竹国也"[②]。当代考古证明，《括地志》是准确的，孤竹城遗址的发现与千年史志记载堪合。于是观之，其后历代经卢龙县出古渝关（今山海关）的古道，都可以斑斑索证。它同时提供了重要历史信息：这条傍海卢龙古道，至少开拓于夏商分封部落方国的初期。从现存孤竹国的史迹看，当从商周到战国末，近1300年。21世纪初（2011年）全国第三次文物普查后，河北卢龙县南蔡家坟孤竹国遗址出土了诸多文物证明，孤竹、令支、无终、肥如诸商周之际的部族方国（封国），均分布在今滦河（古濡水）下游的傍海卢龙道上。这是沿渤海（古称北海）文化带上，由幽燕通向中国东北和东北亚开发最早的文化廊道。其所在地区也是燕辽地区除公元前10世纪召公封燕以外，最早接受夏商文化的燕戎部族封国地区，它与燕山和七老图山以北的燕亳真正构成了华夏北系的燕辽地区土著文化。但是由于缺乏古文献记载，直至20世纪初，学术界对燕辽地区的本土文化或视其荒远，或多附会于"尧舜颛顼"，并无准确的把握。近20年，卢龙孤竹史迹被确认为燕亳方国的正确解谜（见本书），使包括对傍海卢龙道在内的燕辽文化区的历史地位的认识进一步提升。从古道变迁史看，这条最早拓行的古道在中古前期——按《三国志》记录至少在东汉建安年间，有"垂二百载"的傍海泥泞阻隔。即大致从西汉末以后，此道由于海浸等出现交通阻碍，而建安年间曹操回

---

① 《水经注》卷十四"濡水"条，第346页。
② 《史记》卷六十一《伯夷列传》，中华书局标点本，1963年版，第2123页。

师又重筑卢龙经古孤竹道，说明自东汉末三国以后，此道渐次恢复交通，至隋唐后复为傍海通途。《燕行录》等记载的辽金至明清的"辽西傍海道"可证其大观。

第二节
卢龙中道

此卢龙中道对应上节之傍海卢龙道，主要指由古幽燕东北出发，以滦河汇青龙河后的"卢龙塞"而得名。如以古今相沿的交通地理方向，该交通道应始于古幽州潞县（今北京通州东），东行经燕郊先至河北三河，然后经天津市蓟县（今蓟州区）南卢辛庄而东指向河北玉田到卢龙，由此进入卢龙塞。这条塞道也是古代幽蓟之郡县和戍边道。如唐代诗人崔颢有戍边诗《辽西作》云："燕郊芳岁晚，残雪冻边城。四月青草合，辽阳春水生。"说的就是出燕郊的卢龙塞戍边道。玉田是古卢龙塞道的重要节点坐标，古称"无终国"，汉代以后属右北平郡无终县境。东汉建安十二年（207年）曹操北征乌桓，"夏五月至无终，秋七月大水，傍海道不通。……引军出卢龙塞，塞外道绝不通，乃堑山堙谷五百余里，经白檀，历平冈，涉鲜卑庭，东指柳城。"[1]在《汉书·地理志》中无终县境重要的水道有灅水。郦道元《水经注》卷十四"鲍丘水"条记："灅水又东南流，……又西南迳无终山。"[2]笔者在《中国东北与东北亚古代交通史》第四章中考证，按《水经注》的山水方位排

---

[1] 《三国志》卷一《魏书·武帝纪》，中华书局标点本，1959年版，第29页。
[2] 《水经注》卷十四"鲍丘水"条，第342页。

定，此条"灅水"应即今遵化市境内的黎河，无终山应指今玉田西北之凤凰顶[①]。可见今玉田古时属"无终"之地，由幽燕山戎东北过通州、迁安，为进入卢龙道北行大凌河的出塞必经之地。春秋时期齐桓公伐山戎救燕、战国秦开北伐却胡、燕王喜东逃，都经过此地。参证上条《三国志》的记载，曹操建安十二年五月，先至无终（今玉田一带），而后七月"出卢龙塞"，即至今河北滦河下游的卢龙县境。由于当时"塞外道绝不通"，所以在汉魏晋时，方有沿滦河、青龙河等出"卢龙塞三道"东北行的又一"堑山堙谷"的路线。史上有"卢龙三道"，其一东道即上节所说的傍海道，又称"徒河东道"，上文说过今出山海关（古榆关），通辽西徒河（今葫芦岛—锦州一线），再过医巫闾山南（无虑县），是通向辽东的古今干道，也是最早见于古文献中的辽西走廊主干道。而西临的第二条道卢龙西道和第三条道卢龙中道，则沿青龙河和瀑河出塞外，与喜峰口路交会，可进至今辽西大凌河上游的古右北平郡境并可进转古辽东郡（见下节）。

[①] 王绵厚、朴文英：《中国东北与东北亚古代交通史》第三章，辽宁人民出版社2016年版。

第三节
喜峰口路

喜峰口路的命名与"卢龙三道"相比，出现较晚，在元明以后。

此路以明长城的喜峰口命名，在元明以前，是沿滦河北出塞外古"卢龙三道"中的"卢龙西道"。其在宋元以前又多称"渔阳—右北平路"或"石门—松亭关路"。"渔阳—右北平路"指隋唐以前出塞路，"石门—松亭关路"则多指辽金以后，由燕京北通辽中京之道。

前者"渔阳—右北平路"，指隋唐以前的塞外戍边道，主要由渔阳郡沿今滦河支流瀑河北上，连接西源大凌河和老哈河，进入右北平边塞。"平刚"是汉代早期右北平郡治，在今宁城西南"大明城"（黑城子）。后者"石门—松亭关路"主要是宋辽以后，连接南京（今北京）至中京（今宁城南）的草原北行陆路。这条陆路的实际走向是，与上条卢龙塞二道均发轫于幽州以东的通州（今北京通州区），向东亦先至今三河，然后东北转入滦河下游古道，过古渔阳郡县（今天津市蓟州区），经石门、遵化，北出长城喜峰口。此道过喜峰口后的著名古关隘为松亭关。宋代著名学者沈括在《熙宁使虏图抄》中说："自幽州由歧路出松亭关，走中京五百里。"指的正是这条"松亭关路"。宋使刘敞出使契丹，途中作诗亦云："稍出卢龙塞，……别道入松亭。"也指这条路是出古卢龙塞、经松亭关北行的要道。其北出卢龙塞、松亭关以后所经，主要在今河北省宽城县、平泉境内，汉为右北平郡，辽为中京奚人部落。而其连接老哈河上游宁城等地后，再转赤峰以北草原，则进入辽西北和大兴安岭以南的古草原之道——古代由幽州北出东胡、匈奴左部之道，也是由燕辽地区北通大兴安岭和呼伦贝尔草原的千年古道。进入洮儿河以北，已不属本章记述的燕辽文化区，而进入北亚草原文化区，详见第一章第六节。

第四节
古北口路

古北口为京北门户。古北口路位于喜峰口路和居庸关路之间，汉代该路亦由幽州（今北京）东北出发，首先经顺义，北上直指密云。当时今北京东北的密云曾属渔阳郡密云县辖境，所以明顾炎武在《昌平山水记》中记云："（密云）县南一十五里为密云山，一名横山，（渔阳）郡所以名也。"由此密云古北口长城出塞，再北亦主要通向当时的右北平郡地。当年飞将军李广等北征匈奴征发渔阳、右北平之兵，即多由此道出塞。至宋、元、明以后的蓟镇长城之"古北口"者，乃汉唐之渔阳—右北平之戍边古道之俗称。这一古道在燕辽之间素称枢要。北宋著名学者沈括在出使契丹的《熙宁使虏图抄》中记载，由金沟馆济栾水，通三十余里至古北口。金沟馆在今密云东北金沟屯，栾水即今潮河，可知此道为沿河溯流而上。《契丹国志》记，古北口"两旁峻崖，中有路，仅容车轨"。2006年，笔者在国家文物局第三次全国文物普查项目组工作时，曾亲勘古北口段长城。其北出和西边，有三大要途。由此道东北行，过卢龙中道而至辽西和医巫闾山，可至辽海腹地。由此道北出长城过得胜、松亭关至辽中京的老哈河、西拉木伦河、洮儿河，可达大兴安岭草原部落。由此路西出，则与永定河上游接，可连接上谷郡地；永定河上游浑河和桑干河一直可通往晋北云州和河套地区。故古北口为古今坝上要塞。

右北平郡境在战国燕昭王和后来汉武帝所设的北方"五郡"中。古北口所背之右北平郡和上谷郡地是真正的北边门户。前者郡治设于老哈河上源，后者郡治设于永定河上源（见下节），均是经三河（老哈河、滦河、永定河）古道戍边的古今塞北要隘。

前已指出，在宋辽时代出古北口，北至辽代中京（今宁城西南大明城）。当年沈括在《熙宁使虏图抄》中记载，从燕京（今北京）出发，第一站到京东北30余里的"望京馆"（今北京市朝阳区孙河镇），又"自馆东行少北十余里，出古长城"。《辽史·地理志》转引王曾《上契丹事》同样记载这一行程："出燕京北门，至望京馆。五十里至顺州。"[1]顺州即今顺义，由此可知顺义东北密云境的这段古长城，不是指更北的古燕秦汉长城，也不是后来的明"九边"之蓟镇长城，而是北宋以前的北齐长城。2006年笔者在国家文物局第三次文物普查项目组工作时，曾与同仁专赴京北密云一线考察明长城。在密云境内明长城以南数里，见横亘在山上尚有一段石筑长城残迹，盘旋山间，其位置正是当年沈括出望京馆，过顺义，东北行十余里的北齐古长城处。考核宋、辽地理可知，出古北口长城东北行，到达今河北省平泉的"路口村"，与喜峰口路交会再北行可至宁城等草原地带。这是燕山以北真正的"草原丝路"，再向东北过老哈河、西辽河、洮儿河，到达嫩江流域和大兴安岭南北，在汉魏时为通向鲜卑、乌洛侯的古道，至隋唐后则为通向契丹、室韦、蒙古等的草原古道。

---

[1] 《辽史·地理志》，中华书局标点本，1974年版，第485页。

第五节
居庸关路

居庸关路是燕辽文化区中最近长城和坝上草原的重要塞道。从昌平"南口"出发,北出居庸关而达古上谷郡地。北魏郦道元《水经注》卷十二"圣水"条载:"圣水出上谷(郡),故燕地,秦始皇二十三年置上谷郡。王隐《晋书·地道志》曰:郡在谷之头,故因以上谷名焉。"[1]《水经注》的记载需要考辨如下几点:

其一,《水经注》中的"圣水",古今确指较少。直至21世纪初陈桥驿先生校《水经注》时,也未确认"圣水"是哪条河。笔者认为从上谷郡怀来大古城子方位来定,"圣水"实应指永定河上游洋河或桑干河。该水的上游在今河北宣化北,在秦汉之际地属上谷郡。

其二,确认圣水流向的地理坐标为上谷郡地。关于上谷郡治,经历年河北省考古工作者郑绍宗先生等调查认定,在今怀来县永定河上游大古城子。这与《水经注》引王隐《晋书》所载"郡在谷(永定河)之头"的方位相合。

其三,秦汉时出居庸关西北指,正经由今北京永定河上游的怀来、宣化、张北的古道,这条古道在汉时为上谷郡北击匈奴的草原古

---

[1]《水经注》卷十二"圣水"条,第299页。

道。在郦道元的《水经注》中，上游有"桑干水"，即今永定河上游桑干河。这是元时沿桑干河而上，由元上都进入北亚草原的通道，通过它，燕辽文化区与传统草原文化区实现了真正的"文化接触"。在元代，这条道路通向元上都和岭北行省的草原——笔者也将其称作连接东北亚草原丝绸之路与晋陕北部传统丝绸之路的文化廊道。此道历经先秦汉魏到隋唐的"匈奴、柔然、突厥古道"。元时张德辉在《岭北纪行》中记载，由居庸关出北口至上都的行程，先后经由宣德州（今张家口市宣化区）、宣平驿（今张家口西北宣平堡）、扼胡岭（今张家口西北15公里翠屏山关隘）。由扼胡岭北出山口，则进入张北草原的元上都闪电河流域（古称金莲川，今正蓝旗）。在元代，这条北上漠北草原的古道，在过元上都开平府以后，还经抚州（今张北县）、昌州（今内蒙古太仆寺旗九连城）、鱼儿泊（今克什克腾旗西达里诺尔），然后过沙陀驿等，出金边墙，经辽代西北边防城防州等，西北直趋蒙古始兴之地和林（今蒙古国哈拉和林）。这一草原之路过和林西延，可通往中亚和欧洲。这一路北行也应是汉代苏武牧羊所至丁零等的草原古道，古属于"草原丝绸之路"北路的经由区。

1998年秋，笔者参加北方十省区博物馆馆长业务会期间，曾与北方十省区博物馆馆长同仁驱车经此。当与会上同仁驱车沿京北和张北古道造访元上都开平府时在秋风瑟瑟中惊见元上都遗址，仍有皇都紫墟之气。故曾驻足咏叹作《观元上都》：

荒城大漠驻雕鞍，古垒依稀傍金川。

北渐朔风侵草木，南归雁阵恋排班。

龙冈远眺风云暗，虎骑遥思岁月还。

世祖弯弓今安在，长臂一挽定江山。

驻足金莲川坝上草原，观此条元上都古道，将燕辽文化与北方草原文化连接在一起，从"细石器文化传统""草原丝路"到"捺钵文化"，承载着多少文脉。

上述燕辽北出边塞的五条通道，历时几千年。这五条重要通道贯通燕山南北的滦河、永定河、大凌河、老哈河、西拉木伦河，实际上覆盖了整个燕辽文化区的民族地区。它们也是本书"燕辽""古道"与"方国"三个中心命题在人文地理方面的重要组成部分。

第六节
"箕子东迁"交通地理史迹钩沉

史籍记载的燕辽史实中,商末重臣"箕子东迁"是悬疑最多的谜团,特别是"箕子东迁"的路径至今没有确解。现根据历年考古发现、文献史料和对燕辽地区交通史迹的考察,先对这一尚无定论的问题察迹探幽,再作史事钩沉。

一、关于"箕子东迁"的信史记载及解读

历史上关于"箕子"或"箕侯"的传说很多,但笔者认为,在唐代以前真正有权威意义的史料应属《史记》和《水经注》的记述。至20世纪几处有明确地点的"箕侯"铭文青铜器的发现,方与信史相证,这也是本文论证的基点。故本文先引证《史记》和《水经注》中确载"箕子"三条。

(一)《史记·殷本纪》:"箕子惧,乃详狂为奴,纣又囚之。……(周武王)释箕子之囚。"[1]

(二)《史记·宋微子世家》:"于是武王乃封箕子于朝鲜而不臣也。其后箕子朝周,过故殷虚,感宫室毁坏,生禾黍,箕子伤之,欲

---

[1] 《史记》卷三《殷本纪》,中华书局标点本,1963年版,第108页。

哭则不可，欲泣为其近妇人，乃作《麦秀》之诗以歌咏之。"①

上述《史记》中的两段记载，具实而真切，可证箕子本商纣之要臣，与比干、伯夷、微子等俱为商末诸贤，因之被囚禁。而武王克商封之以朝鲜之地，则他与伯夷、叔齐一样，不愿为周臣，所以获释后率众"东走朝鲜"，武王乃追封之。就此可知，周武王释箕子之囚和追封其于"朝鲜"方国，必都在武王克商后的二年之内，因为武王在克商二年后即驾崩②。这对以下考证"箕侯"铜器与晚于他的"燕侯"铜器的背景十分重要。而《宋微子世家》记箕子朝周路过"殷虚"（今安阳），感慨为诗，不仅记述真切，而且对索证其往返路径，具有坐标意义（详见下节）。

（三）在司马迁《史记》之后500年准确追记箕子行迹的，当属北魏郦道元之《水经注》卷十四："朝鲜，故箕子国也。箕子教民以义，田织信厚，约以八法，而下知禁，遂成礼俗。战国时，满乃王之，都王险城，地方数千里，至其孙右渠。汉武帝元封二年，……破渠于浿水，遂灭之。"

上引郦注可与《史》《汉》等信史相证，而且郦道元接下来明确说"其地今高句丽之国治，余访蕃使，言城在浿水之阳"③。

此段郦注的重要性在于，明确肯定了箕子东迁之"朝鲜"，与战国后卫满之"朝鲜"，都是设都于王险城（今平壤南），即与汉武帝时之乐浪郡和高句丽后期都城同地。而且至少在北魏时，当时来自高句丽之都的"蕃使"当面对郦道元肯定从箕子朝鲜、卫氏朝鲜、汉乐浪郡、高句丽平壤都城的先后继承关系。这就排除了近人所谓"箕子

---

① 《史记》卷三十八《宋微子世家》，中华书局标点本，1963年版，第1620-1621页。
② 钱穆：《国史大纲》上册，商务印书馆2010年版，第40页。
③ 《水经注》卷十四"浿水"条，第352页。

朝鲜"在辽西或辽东的种种臆测比附，也是本文以下考察箕子东迁真实路径的信史基础。

（四）除上述三条外，可以奉为"箕子东迁"明确史证的还有《史记·周本纪》和《尚书大传》等。前者记曰："（武王克商）命召公释箕子之囚。命毕公释百姓之囚。"[①]后者记曰："武王胜殷，继公子禄父，释箕子之囚。箕子不忍周之释，走之朝鲜。武王闻之，因以朝鲜封之。"[②]将《史记·周本记》和《尚书大传》二书对照，相关史实就更可明确。《史记》中司马迁记武王克商，命召公释"箕子之囚"，而"不忍周之释"的箕子又先走之"朝鲜"，故武王"因以封之"。这一过程汉初两位大家司马迁和伏生写得非常清楚，证明箕子东迁朝鲜，必在武王灭商后的二年之内。后世不谙信史者，妄断箕子迁辽西、辽东者，尽属推想，违反了基本的历史真实。而且在历史上，"辽西""辽东"和"朝鲜"三地方位泾渭分明，在先秦两汉从来都是不可混淆的三个地域。

二、当代考古发现有明确地点的"箕侯"铭文青铜器的背景分析

在进一步考察与"箕子东迁"史迹有关的考古发现时，燕辽地区有两处出土有明确带"箕"字铭文的商代青铜器尤为重要。但是至今学术界对这两处出土青铜器的时代、背景、史因分歧较大，甚至带有更多的猜疑色彩，因此有必要在本文中辨析如下。

第一个地点，是1973年5月28日辽西喀左县北洞第二号窖藏坑，出土了六件青铜器[③]。其中方鼎一、圆鼎二、簋一、罍一、钵形器一。对

---

① 《史记》卷四《周本纪》，中华书局标点本，1963年版，第126页。

② 《尚书大传》卷五《洪范》，商务印书馆1937年版，第34页。

③ 王绵厚：《东北亚走廊考古民族与文化八讲》，黑龙江人民出版社2017年版，第29页。

于这些青铜器，原发掘报告人都定为商周时期，唯认为那件钵"不像商周"，却解释为"来源于陶器形制"。笔者在1984年后，与同道曾亲赴北洞调查，并实际对比同坑出土的方鼎和钵形器，认为这两件同出的铜器反差最大①。那件带"箕"字铭文的方鼎，已被学界公认为商末器，并与"箕子"时代堪合。而那件被发掘者勉强列入"西周器"的钵形器，则疑点众多。因为按照发掘者"西周祭祀埋藏"的说法或"箕子、孤竹埋藏"的推论，并按二者埋藏时间推定，不应晚于武王在世时。如果是箕子携品，其时代应与方鼎一致属商末器，而业内多数专家认定，那件铜钵到不了西周初，更到不了商代（笔者前考为战国器）。这样就提出了一个不可回避的问题：窖藏坑同出铜器根本不属于同一时代。显然无论是"箕子说"还是"孤竹说"，在实证面前都失去了基本学理依据，很难自圆其说。

  第二个地点，是1992年10月河北省卢龙县西北、今迁安境内的青龙河下游马哨村，出土了带"箕"字铭文的商代铜簋②。这处发现与北洞发现的不同之处是，还出土了一件蝉纹商代铜鼎和陶片等（大凌河所有铜器坑无一伴出商代陶片）。显然这是一处与"箕子东迁"有关的重要遗址，因为经近年考古发现证明，卢龙县南蔡家坟北岭遗址基本可确认为孤竹国都③，则今卢龙、迁安当为商周孤竹国属地无疑。在这一封国境内发现明确的"箕子"遗迹，与上条大凌河窖藏青铜器的背景不可同日而语。笔者认为卢龙、迁安境内的"箕子之墟"，应是其东迁时的驻留史迹（详见下条续证）。

---

① 王绵厚：《东北亚走廊考古民族与文化八讲》，黑龙江人民出版社2017年版，第29-30页。
② 《中国文物报》，1993年5月30日，第4版。
③ 河北省卢龙县文联编：《孤竹史稿》，1997年内刊本，第33页。

三、关于"箕子东迁"当代考古发现的沿途史迹钩沉

本节第三条，拟在以上两条基础上，就20世纪以来国内外的考古发现可以与箕子东迁路径比证的确切史迹作逐一钩沉。鉴于这一考察具有线形遗产的交通地理性质，所以本节笔者按通常交通史研究的起点、节点、终点三坐标分别进行考述。

其一是起点坐标。

这一坐标从上两条引证文献看，对应考古发现比较明确。当年箕子被囚和获释，都应在今河南安阳殷墟。按照《史记·宋微子世家》的记载，箕子封朝鲜后，还曾朝周过"殷虚"[1]，可证其对故国的情思，所以今殷墟当是其东迁起点。2007年5月，笔者时在国家文物局第三次文物普查项目组任职，于郑州为全国文物干部讲课后，与北大同窗魏正瑾兄曾驱车去殷墟参观。专程由河南到北京，其一路所经，大体当为当年箕子由商都北行幽燕的路径。

其二是节点坐标。

如果由殷墟北行河北易县和北京琉璃河两处燕都遗址，沿东北行的傍海卢龙道出京东通州后，明确有史迹可证的节点有如下六处。

1. 卢龙西北马哨村商代遗址。上条已考述，因其有明确"箕子"铭器而不可怀疑。

2. 卢龙县南孤竹国遗址。该遗址明确发现于2011年文物普查以后，经当地考古工作者调查和2013年中国人民大学师生发掘，可确认为商周都邑。从其地与同县域出土的"箕子"铜器看，箕子当年途经孤竹，孤竹君应以礼相待。但以箕子去周封已决的心态，方短驻孤竹而有下站之行。

---

[1] 《史记》卷三十八《宋微子世家》，中华书局标点本，1963年版，第1620页。

3. 辽西絫县。

之所以把辽西絫县作为箕子东迁的推考经地，缘于1984年秋笔者与王明琦、刘谦先生的考古调查。当年为修《东北交通史》调查史书记载的"碣石"所在辽西"絫县"，笔者曾到山海关内抚宁县（主要属秦皇岛市抚宁区）调查。在刘谦和当地乡民引领下，于城西真的发现了古城遗迹[①]，从调查现场看，该遗址有早期遗物。因其位于卢龙之东百里，为山海襟要，故推定为箕子经地。

4. 辽西碣石

辽西碣石蜚声古今，但久无确指。20世纪80年代以后，绥中县姜女石秦汉大型行宫遗址的发现，印证了《汉书·地理志》絫县有碣石的准确性。这一地点也可以印证秦皇、汉武东巡碣石和《尚书·禹贡》中"岛夷（朝鲜）皮服，夹右碣石入于河"的可靠性。与《禹贡》成书几乎同时的"箕子东迁"，亦经此"傍海碣石道"，殆确凿可证并与下条辽西发现相吻合。

5. 绥中高岭出土商周青铜环首刀和鱼尾鞘

这一发现遗址的地层关系不清，但该器工艺精湛且可早到商末。如此精品非辽西同时同地夏家店下层文化或魏营子类型早期所见，其主人亦非君侯一级顶级人物可有。结合1984年实地调查"高岭驿"，推断时代和路径应与箕子随行有关，此条亦可与下条同时期贵族墓地勘证。

6. 凌海市水手营子墓地出土连柄铜戈

这一发现的重要性和性质至今悬议，直至2021年出版的官方刊物《今日辽宁》，介绍者仍以"屠何方国"[②]猜度之。因笔者早年（1984年）针对屠何方国做过专门调查并有初论发表，故本文对这一发现只赘

[①] 王绵厚、朴文英：《中国东北与东北亚古代交通史》，辽宁人民出版社2016年版，第80页。

[②] 《今日辽宁》2021年第5期，第12页。

考数言。

其一，凌海（原锦县）水手营子之地，与上条所说之绥中高岭，地处辽西走廊交通的要途，从先秦到明清均为重要节点，在交通地理上古今传续轨迹清晰。特别在借助山海关之道出幽燕后至医巫闾山和辽东、朝鲜时，凌海为必经之地。前有箕子行迹数地，故出今锦州凌海为必经辽西要途。

其二，该铜戈在东北地区迄今罕见的商周兵器中工艺最高。其嵌绿松石等工艺，非辽海边地商代部族可为。但它却发现在居民院内极简陋的土坑墓内，棺椁遗迹均无。而且从随葬陶器看，应属当地土著类型，与铜戈差异悬殊。这种巨大反差，反映了死者生前虽具有显赫身份，却没有高规格礼葬的条件或死于仓促间。这种情况符合当时箕子东迁的特殊环境，推断死者为箕子随行贵族而途中身殉，故匆忙埋葬。

其三，墓地非屠何方国地。坊传死者为孤竹国君等，实属不实假想。笔者上已指出，四十年前考察辽西走廊交通古道，亲在锦西（今葫芦岛）台集屯发现战国以前的小荒地古城[①]，曾在《社会科学战线》1990年著文考为屠何方国。此虽有异议，但该城所在的女儿河或小凌河为古徒河为多数史家共识，也可与《汉书·地理志》勘证。而屠何与徒河应具有渊源关系。即使屠何方国故城不遽定，今大凌河下游古白狼水或渝水之东的凌海之水手营子，也绝非古屠何之地，况且该地从无任何商代古城遗迹发现，无据和悖理想象是治史的大忌。质言之，个人认为，凌海水手营子墓地应是商末箕子东迁的经地之一。高等级的、中原而非当地部族可能有的兵器或权杖，是箕子随行贵族的坚实可据的考古学实证。

---

① 王绵厚：《关于锦西台集屯三座古城的历史考察——兼论先秦"屠何"与"汉徒河"》，《社会科学战线》1990年第3期。

其四，终点坐标。从考古发现来说，在大凌河以东至朝鲜平壤（王险城）的千余里间，至今未有准确商周遗址发现。迄今对"箕子东迁"路径，大约尚有一半行迹的交通地理坐标仍待探寻。从实证科学交通地理学角度出发，笔者还是遵循先贤"有多少证据说多少话"，将其留给后学去探讨。上述举证和分析，不敢自诩确论，但自谓却是在文献记载、考古遗存、交通路径的合理上具有实据的考论。而最后箕子东迁的终点之"朝鲜方国"，在第一节中已据《尚书》《史记》《水经注》等信史考索。可以作证"箕侯"封地"朝鲜"之地的，还有《三国志》注引东汉时的重要史书《魏略》："昔箕子之后朝鲜侯，见周衰，燕自尊为王，欲东略地。朝鲜侯亦自称为王，欲兴兵逆击燕，以尊周室。"这是明确讲战国燕称王前"箕子朝鲜侯"仍封域"朝鲜"的不争史实，却为臆断者漠然。这些追述，亦可与百年以来朝鲜半岛考古发现相证，并为中外严肃的史家共识，自不待赘言。其千古之谜，殆已破解！

第三章 燕辽地区夏家店下层文化与上层文化的族属分区与时代

2005年，为庆祝著名考古学家佟柱臣先生85岁华诞，笔者应邀撰有《燕亳、北戎与东胡》一文①。该文在总结自20世纪70年代初（1972年）首次参与北票丰下夏家店下层遗址发掘，以及从1975年首次调查刘观民先生主持发掘的敖汉旗大甸子墓地和城子山城址（遗址）开始，先后调查赤峰尹家店、建平水泉、北票康家屯、凌源盖子山等多处夏家店下层文化遗址和城址后，提出与学术界对夏家店下层文化（文中或简称"下层文化"）的主流看法"先商论"不同的"燕亳方国说"。在该文发表后的2014年9月，笔者又会同凌源当地"红山"和"下层文化"研究者孟觅东及辽宁省博物馆杨靖天先生，应邀考察"红山玉料"产地，参观孟觅东在当地收采的数百件玉器和石器，又专程赴凌源盖子山等地红山文化和夏家店下层文化遗址调查，萌生红山文化以"玉熊龙"祭祀为代表的"有熊氏

---

① 王绵厚：《燕亳、北戎与东胡——夏家店下层文化与上层文化的区系类型与族属论析》，中国社会科学院考古研究所编：《二十一世纪的中国考古学——庆祝佟柱臣先生八十五华诞学术文集》，文物出版社2006年版。

古国"构想。以上至今集40余年间对夏家店下层文化遗存的了解，逐渐从早期盲从"先商说"和"龙山北系说"等到产生反思，并结合21世纪初，在国家文物局第三次文物普查项目组任职并考察豫晋陕地区的登封、郑州、新郑、襄汾陶寺等遗址的经历，对这一燕山以北、以老哈河和大凌河为中心的"下层文化"和"上层文化"，在认识上有所深化。但这一文化从20世纪上半叶发现以来，直至2021年中国考古百年之际，包括2022年1月28日《中国文物报》以"纪念夏家店下层文化与夏家店上层文化命名六十周年文选"为题材，集数十位有专门研究的专家，依然对这两种文化的族属、性质、关系等未形成共识。对考古学文化层面的族系分析持谨慎态度，是一种考古学术传统，但即使在一般地域史研究中，对与"下层文化"和"上层文化"的族属认定等仍是一个悬而未解的问题。20世纪末吉林大学张博泉、魏存成先生主编的《东北古代民族·考古与疆域》中则认为"山戎是古燕亳地区的重要土著民族之一"，更把辽西山戎与燕亳等混同。直至20世纪90年代以前，对以上三大部族集团的研究，特别对先秦文献中记载的"燕亳"的族系渊源、地理分布和考古学文化类型的定位，一直是一个牵涉极广、悬而未决的重要问题，特别对本文再次重点考证的燕辽地区的燕亳，从未有明确考古学定位。只有1994年，林沄先生在《"燕亳"和"燕亳邦"小议》一文中，最先提出"燕亳"和"燕亳邦"即"燕貊之国"。这一见解，是对燕亳（貊）的族系、地望及其相关的考古学文化的探索，也为笔者的早年困惑开启了新的视野，使笔者开始把燕亳与貊系文化联系起来思考。所以自20世纪90年代初笔者开始编撰《高句丽古城研究》时，即联系到辽西夏家店下层文化的"高山型石城"与高句丽早期山城起源的关系。同时在此基础上，于《高句丽古城研究》出版后的21世纪初，进一步思考并发表了《先秦时期中国东北三大土著族系及考古遗存新论》[①]，在更深层次的理论探讨中，正式提出辽西之燕亳应早于燕山以北的东胡和山戎部族，它是在与夏商文化并行、交融中形成的中国东北地区南部最早的华夏系统的主体土著文化，并把这一土著文化的早期代表性考古学文化，推定为夏家店下层文化在七老图山以北西拉木伦河和老哈河的北系。但由于20年前上述文章主要谈到的是东北先秦土著的"三大族系"，限于主题内容和篇幅，不可能专对燕亳部族集团及其与"上层文化"的山戎、东胡等考古学文化的关系深入展开讨论。本章则结合整个燕辽文化区的部族方国布局分区，在旧论基础上，对燕亳方国诸问题再作深入疏证，以就正方家。

---

① 王绵厚：《先秦时期中国东北三大土著族系及考古遗存新论》，《东北史地》2004年第5期。

第一节
对夏家店下层文化南、北不同区系类型的划分和族系再探析

众所周知，发现于20世纪30年代、从60年代开始被确认的著名的夏家店下层文化，主要是分布于燕山南北、上辽河流域（含医巫闾山以西大凌河和老哈河流域）的一支重要的早期青铜文化。这种文化，从被发现和确认至20世纪末，学术界对其性质的认识，主要有三种意见：

其一，认为是中原龙山文化的一种变种，首见于夏鼐先生《我国近五年来的考古新收获》，是为"龙山文化北系说"[①]。

其二，认为是"殷文化"的北延一支，首见于河北郑绍宗先生的《有关河北长城区域原始文化类型的讨论》，是为"下层文化殷商说"[②]。

其三，认为是商文化在中国北方发展的前身"先商"，首见于辽宁省博物馆文物工作队的《辽宁北票县丰下遗址1972年春发掘简报》

---

① 夏鼐：《我国近五年来的考古新收获》，《考古》1964年第10期。
② 郑绍宗：《有关河北长城区域原始文化类型的讨论》，《考古》1962年第12期。

等，是为"商源辽西说"①。

最后一说被通称为"先商说"，是20世纪80年代前后至今关于夏家店下层文化的性质流行最广的一种主流说法。有的学者甚至将"下层文化"等同和直接归于"以黄河流域为中心的中原文化系统"，所以亦可称为"商源辽河说"。这一"先商论"的前提，首先需要明确"先商"的时空概念。因为按照《史记》的记载，尧舜时代，虞夏居河、洛、汾（王城岗、二里头、陶寺）；商之先居偏东的冀南、豫北、漳河南北；周之先则居"西戎"之地。这三大族团的分布，不仅有信史可据，而且有当代考古发现佐证。而所谓"商源北说或东北说"，只是近人（傅斯年等）的一种推论，至今论者难以有确凿的文献和考古学确证（见下文）。

应当指出，上述三种意见，虽然对于夏家店下层文化的性质和类型的认识略有不同，但有三点基本是相同的：一是都承认夏家店下层文化是中国北方从属于夏商系统的一种青铜文化。二是把燕山南北的夏家店下层文化都看作仅有地域差别的同一类型青铜文化。尽管有的研究者后来注意到，"下层文化"以燕山为界，"可初步分为燕山以南和燕山以北二个类型"②。三是对这一文化的时间界限基本明确。按照李伯谦先生在《论夏家店上层文化》一文的提法，"（下层文化）从龙山文化之后开始，到商代晚期之前结束，大体经过了六七百年的时间"，本文将魏营子接续至西周初。但考古学界至今很少从南北不同的族系文化根源中，深入探索燕山南、北"下层文化"差异的内因，也没有就"下层文化"中的七老图山南、北不同区系类型，与夏商之际

---

① 辽宁省文物干部培训班：《辽宁北票县丰下遗址1972年春发掘简报》，《考古》1976年第3期；蔺新建：《先商文化探源》，《北方文物》1985年第1期。
② 天津市文物管理处考古队：《天津蓟县围坊遗址发掘报告》，《考古》1983年第10期。

的北土燕亳和北戎等，在文化和族系渊源上深入进行具体对比研究，更极少论及燕亳，而这正是本章以下在燕辽这一时空中拟重点考察的几个方面。

第三章 燕辽地区夏家店下层文化与上层文化的族属分区与时代

第二节
对夏家店下层文化的分布范围和
南、北不同区系类型的再解析

关于夏家店下层文化的总体分布范围,考古学界的看法趋于一致,普遍认为其北起西拉木伦河南北,南至燕山南北,东至医巫闾山西,西到桑干河流域及张北一带。如李伯谦先生则从"水系"上加以界定:"夏家店下层文化遗存分布于北起西拉木伦河,南至海河,西起桑干河上游,东至辽河左近的广大地区。"其分布范围"超过了二里头文化,几乎与商文化不相上下"①。李先生的分区,实际涉及本文提到的燕辽文化区的永定河、滦河、老哈河、大凌河四水系。

而该文化的分区类型,在基本确认该文化总体范围后,总的划分主要有燕南类型和燕北类型。燕南类型又称为"大坨头类型",燕北类型以西拉木伦河、老哈河、大凌河为中心区域,有的被称为赤峰药王庙类型。20世纪80年代以后,著名考古学家张忠培、李伯谦先生等,又在"药王庙"和"大坨头"两类型基础上,提出张北地区的"壶流河类型"。而综观整个燕山南北的"下层文化"的分区类型,所谓河北桑干

---

① 李伯谦:《论夏家店下层文化》,北京大学考古系:《纪念北京大学考古专业三十周年论文集(1952—1982)》,文物出版社1990年版,第151—152页。

河流域的壶流河类型与七老图山以南的大坨头类型的共同因素，远远大于差异性，可为一系。所以原发掘者在报告中已提出，所谓壶流河类型的"下层文化"，它的主体成分与"海河水系地区目前称之为夏家店下层文化的遗存同属于一系统文化"[①]。而该文化的"海河北系区"，主要指燕山东北支余脉七老图山以南和燕山以北地区。据此，本文与以往认定不同：夏家店下层文化的南、北不同区系（简称南系、北系），从文化和民族区系地理上看，应是以七老图山为界形成的南北不同族系。这两种文化区，即以往所说的燕南类型和燕北类型，实际上应是以燕山余脉七老图山为界，故本文将燕辽文化不同族系者进行区分，称燕南为燕戎，燕北为燕亳，即把燕辽地区传统的夏家店下层文化燕山南北"同系同族论"改为以七老图山为界分成南北二支。

（一）"下层文化"南、北不同区系类型的异同及其文化内涵分析

如果将"下层文化"的北系药王庙类型和南系大坨头类型作为代表性的两个主要类型区，那么两者的异同及其主要考古学文化内涵可归纳为以下几个方面。

其一，两者的共同点或相近因素。

1. 整个"下层文化"，如果包括其晚期分支魏营子类型，在燕山南北的存续和分布时间均与夏商到西周初年相当，并有从北向南发展、演变的现象。但必须指出，七老图山以北的燕亳应为原生区。这是该文化的总趋势，即渐南渐晚。

2. 南北二系都具有以夹砂红褐陶、灰褐陶为主的传统陶艺特征，这也是该文化区别于典型夏、商、周中原文化的区域特征。从其族系文化的内涵分析，或许反映了北方燕亳地区的青铜文化土著特征，即"下层文化"与中原夏商文化族系上有别。

[①] 张家口考古队：《蔚县夏商时期考古的主要收获》，《考古与文物》1984年第1期。

3."下层文化"南、北二系的墓葬都以石棺墓为主。从北向南，类型逐渐变化。除了在南系中的燕蓟地区后期出现单纯土坑墓以外（燕文化），后来的土圹"石椁"应是北戎土著特征，亦应看作北方山地民族的固有葬俗。

4.南北二系受夏商文化的影响都特别明显。这种影响，在燕山以北"下层文化"的早期更加突出，诸如陶器造型以三足绳纹鬲、束腰式袋足鬲、绳纹加断弦纹鼓腹罐为共同组合[①]。特别是彩绘陶、磨光黑陶和平底盘形器、浅盘高足豆、簋形器等，在燕山以北的辽河、大凌河的"下层文化"和燕山以南的大坨头类型中，均有遗存。

笔者认为，这类陶器类型在黄河流域的河南二里头、二里岗和山西夏县东下冯、陶寺等"夏墟"和"早商"遗址墓葬中均有发现，反映了华夏系统文化在该文化区特别是北系中的传播深度。因此，根据"下层文化"陶器的组合，可以在总体上把夏家店下层文化与上层文化分开，即夏家店下层文化与夏家店上层文化二者并无直接继承关系。而"上层文化"作为华夏系青铜文化在北方西周以后的一个类型，在性质上应与后来的东胡文化相当。而整个"下层文化"以老哈河、大凌河为中心，代表上辽河流域的"北系"青铜器文化早期，它与夏商文化有互渗趋同发展的倾向，但以土著为主。而总的趋势是，在二者互动中，山西与河套地区的陶寺、石峁等文化（遗民）更多影响了"下层文化"，而不是相反。

其二，燕山南北"下层文化"的不同点，体现在其内在族属文化内涵差别较大。

1.北系（燕山、七老图山以北，上辽河流域）的"下层文化"，文

---

① 《辽宁建平县水泉遗址首次发现夏家店下层文化防洪护堤设施》，《中国文物报》2022年7月29日，第8版。

化堆积一般比南系文化层丰厚而且延续时间更长。如北票丰下遗址，文化堆积在3~6米；经调查建平水泉遗址，文化堆积也多在2~4米及以上，而且遗址分布密集。这反映了北系中"下层文化"的燕亳民族，以定居农业兼畜牧和渔猎为主，是生产力水平和文化形态比七老图山以南燕山山脉的北戎系统山地部族（即"燕戎"部族）较为进步的一种文化形态。

2. 北系"下层文化"中的典型"尊形鬲"（筒式鬲）、磨光折腹盆和筒式绳纹直腹罐等，所占比例比南系大，成为燕亳土著代表性器类。这说明北系"下层文化"受本地新石器时代以来的北方式"夹砂褐陶筒形器"的传统影响更直接，应为原生类型。而且北系（燕亳）从永定河上游，直接越过燕山山脉与太行山脉，和汾河流域陶寺等互动的文化因素也更突出，"虞夏因素"明显。

3. "高山型石器"和石构墓葬应当是北系燕亳土著文化的主要特点之一。特别是前者，在燕山以北的长城地带普遍发现，而在燕山和七老图山以南则极少发现。这应是东北夷亳（貊）系北方民族独具特色的早期山城聚落形式。它与燕山以南夏商系统的早期夯筑土城，应是同属华夏文化的南北两种不同类型方国文明的城邑建筑形态，也应成为"下层文化"燕北类型和燕南类型的区别之一。

4. "北方式青铜器"在七老图山以北发源较早。在赤峰四分地和翁牛特旗敖包山等地，出土有以石质合范和内范结合的铸造小型青铜器的遗存，说明起源于北系的"北方式青铜器"是"下层文化"青铜器的土著类型。这种"燕亳式"北方青铜器，从考古发现看，还远达不到制作礼器水平，其文化主要是受西部河套等山地草原民族铜器工艺的影响和传布。而七老图山以南的北方式青铜器，只是它的续生型或燕亳形制在北戎地区的传播而已，进而出现有代表性的山戎"匕首式短剑"类型，其源在西戎。

5. 在南系中有代表性的大坨头文化中，有龙山文化晚期的"敛口鼓腹鬲"、折腹盆，同时又有在时间上可以衔接张家园文化中出现的花边鬲、矮足鬲、联裆鬲等。这些显然具有后来燕山以南的中州先燕（燕戎）文化特征。

除折腹盆外，在"下层文化"的北系中基本上不见上述器类，说明北系与南系在族系渊源上应是有区别的。其中北系中的燕亳土著特征是该文化的基础，而南系（以大坨头文化代表）中的某些"先燕"特征，则是该文化在七老图山以南与夏商文化结合后的一种新的变异类型[①]。

上文以分布地域为基础，概要地梳理了夏家店下层文化南北以燕山北支七老图山为分界的不同特点的区系类型。笔者认为，燕山和七老图山以北的药王庙文化类型，应是继承了当地新石器时代文化（主要是小河沿文化）以后，在吸收夏商早期文化的基础上形成的以定居农业为主、兼营渔猎的华夏系统青铜文化在北方的重要一支，可称华夏系青铜文化的北系。从与文献印证的角度看，这一文化应属夏商至西周初北土的燕亳集团。这一早期青铜时代的燕亳文化，应是后来西周北燕文化的重要来源之一。举证近年发掘的、经笔者1982年与邓宝学、李大军调查过的建平水泉遗址为例，就存在夏家店下层文化、魏营子类型、夏家店上层文化和战国燕文化叠压的地层关系[②]。对此笔者详细咨询了水泉遗址考古领队张星德教授，她指出，近年发掘的是早在半个世纪以前就发现的遗址。多种文化层的发现，特别是"下层文化"层存在兼有防洪堤功能的宽十五米、基本为方形布局的"土城"，与燕辽区夏家店下层文化多见不规则石城的聚落遗存相比，具有新的启示意义和独特的土著文化内涵。水泉遗址是大凌河古道（大凌河支流老虎山河）上四种"燕辽

---

① 赵福生、刘绪：《试论西周燕文化与张家园上层类型》，《北京文博》1998年第1期。

② 《辽宁建平县水泉遗址首次发现夏家店下层文化防洪护堤设施》，《中国文物报》2022年7月29日，第8版。

文化区"前后衔接的燕亳考古文化，是与族系对应的典型代表性区域之一。进入21世纪第三个十年，笔者因水泉遗址而对"燕辽文化"的认识升华。而七老图山以南"下层文化"的大坨头类型，应是该文化与中原夏商文化直接衔接后，结合燕山山脉固有的土著文化而形成的北戎文化。尽管二者存在着某些共同因素，但南北的差异是明显的，而以往对二者关系的认识存在不确定性。正如韩嘉谷等先生指出，遍布在燕山南系的同期以大坨头文化为代表的考古学文化，不宜归入夏家店下层文化，应属大坨头文化[①]。分布于七老图山以南的"下层文化"（大坨头类型）与燕山、七老图山以北"下层文化"具有差别，除了地理和周边不同文化的影响因素，分析其深层次的社会原因，应反映了以七老图山为界，燕辽文化区南、北不同民族文化传统（燕戎与燕亳）的差别。这正是本章以下诸节将继续讨论的重点问题。

---

① 详韩嘉谷：《大坨头文化陶器群浅析》，《中国考古学会第七次年会论文集》，文物出版社1992年版。

第三节
夏家店下层文化的北系与文献中的"燕亳"诸文化合理因素再举证

从族源上考察以燕山北支七老图山以北、医巫闾山以西为中心的"下层文化"的北系（一般称药王庙类型），与夏商北土燕亳的关系，笔者在20年前的相关论文中就已做过。这里从燕辽地区南北不同考古学文化的诸因素角度再作进一步考察，尚可归纳出如下几个方面。

一、夏家店下层文化与文献中记载的夏商北土之燕亳，在燕山以北分布地域上具有一致性和可比性

前已指出，将"下层文化"的北系与夏商周北土的燕亳文化相联系，始于笔者20世纪90年代初的相关研究。这项研究源于对"高山型石城"与辽东"石垣聚落"（早期山城）的比较，以及将"下层文化"的北系与燕亳所处的地域范围互相印证。前者详见拙著《高句丽古城研究》，本文不拟赘述。至于后者，从燕亳的地望考察，联系与"下层文化"的关系时，首先应当辨明作为"商周北土"境内的燕亳族团在先秦时中国东北三大土著族系中的位置及其文化地理。迄今为止，历史与考古学界已经公认，除中原移民外，先秦时东北存在着三大土著族系，即辽西的燕亳—东胡族系、长白山南系的濊貊族系和长白山北系的肃慎族系。以往通常都把辽西（长城地带）的最早土著民族确定为东胡—山戎系统，笔者在2004年的《先秦时期中国东北三大土著族系及考古遗存新论》中认为，燕山南北的东胡和山戎两支，都是商周以后才迁徙至辽西燕亳故地的山地草原民族，而夏商时期的本土燕亳才应是辽西最早的土著民族和文化主体。这种认识在考古学上，已被早于东胡和山戎族系的燕亳文化——夏家店下层文化在辽西的广泛分布所证明。如果从上述东北"三大土著民族"的宏观分布看，濊貊集团应分布在长白山南系和西南系的辽东地区鸭绿江西岸和松花江中上游，西不过医巫闾山，而东北可及日本海西岸。肃慎集团主要分布在长白山北系的第二松花江和牡丹江流域，西至松嫩平原，东至俄罗斯滨海边疆区的南部。而最靠近夏商本土北部的另一支辽西燕亳集团，应在医巫闾山以西、燕山以北和松嫩平原西南的大兴安岭以南地区的上辽河流域。这正是《左传·昭公九年》所说"肃慎、燕亳，吾北土也"的"燕亳"所处的大致地域范围。而这一可以确认的文化地理区系，恰与以下要逐一考察的夏家店下层文化的中心区、北系的范围和区系类型完全吻合，即燕亳应在燕山以北。这是对燕辽文化区中最核心部族文化定位的重中之重，在以往的本区考古文化和民族文化研究中易被忽视。

二、夏家店下层文化的北系与文献中记载的辽西燕亳存在的时间断限亦基本可以吻合

说"下层文化"的北系药王庙类型存在的时间断限与文献中记载的燕亳存在的时限基本吻合，应当是相对的。从"下层文化"的考古学编年看，以笔者亲自调查的北票丰下遗址、建平水泉遗址和敖汉旗大甸子墓葬等三处有代表性的考古遗存，对照整合器物编年，其上限距今4200~4000年，其下限应距今3500~3200年。而从前节已引证的《左传·昭公九年》记载"肃慎、燕亳，吾北土也"来看，周初北土上的燕亳，其民族绝不是西周建立后才出现的，而是早已存在于夏商"北土"的重要部族方国，如商王武丁时期的甲骨卜辞中已有"□□卜贞……在

炎、竹"①。说明本书所述"燕亳"与"孤竹"部族名称，均产生于西周以前的夏商时代。

学术界普遍认定，卜辞的"炎"即"燕（匽）"，可称"先燕"，而"竹"应即后来的"竹侯"或"孤竹"。至于《左传》中记载的武王时的"燕亳"，有的专家已指出是先于西周的"燕貊之国"②，那么结合卜辞的"炎（燕）"族来看，至少在西周以前的商王武庚时代，"先燕""燕亳"就已是存在于夏商王朝北土的重要部族，而这一切恰与我们以上举证的燕山南北夏家店下层文化的地域分布和存在的时空范围相吻合。三者的互证说明，在公元前11世纪西周武王封召公奭于燕地以前的夏商之际，在燕山和七老图山以北的上辽河流域和大凌河流域，即"燕辽地区"后来的"长城地带"，确实早已活动和分布着一支北方华夏系统的土著青铜文化部族。这支夏商北土的早期青铜文化部族，应是本文考述的燕亳系青铜文化——夏家店下层文化北系的核心部族。它是燕辽地区的重要土著方国，并为后来周封国燕之文化奠定了先基。

三、"下层文化"的北系药王庙类型具有辽西亳系土著文化与夏商青铜文化的双重内涵特征

"下层文化"北系具有辽西燕亳的土著文化与中原夏商青铜文化的双重考古学文化内涵，主要反映在以下几方面：

其一，"下层文化"北系中，普遍具有受中原后岗二期文化影响的无腰鬲甗、深弧腹盆、深腹罐等，特别是绳纹加弦纹或抹平式粗绳纹装饰。这种特征在河南二里岗和山西东下冯的"夏墟"文化中都有反

---

① 王襄：《簠室殷契类纂》，天津博物院1920年版，第47页。
② 林沄：《"燕亳"和"燕亳邦"小议》，《史学集刊》1994年第2期。

映，具有夏商时期的典型特征。而这种绳纹加弦纹的灰褐陶文化，在北方地区如当地的红山文化（有熊氏）、小河沿文化的早期序列中，均缺少渊源关系，而与笔者考察的山西东下冯、陶寺等陶艺相近，应视为受早期夏商文化的影响所致，而在时代上又相当于西周建国前的夏商或"先燕"时期。

其二，"下层文化"北系中的泥质磨光灰陶或灰褐陶的"尊形鬲""钵形鼎"及其三扁舌状足等，在总体造型上都应属夏商时或先燕的"三足器"传统。鬲的上部直筒式、三鼎足造型及其胎质方面，又明显有别于典型商周三足器形。如"尊形鬲"（有的称为"燕式鬲"）的上部造型有典型的北方民族特色，被认为具有辽河中上游北方系统的燕亳族团土著特征等。

其三，有迹象表明，"下层文化"北系的彩绘陶和尊、甗、簋等器形，在辽西一方面继承了红山文化和小河沿文化，同时又具有山东半岛从大汶口文化到岳石文化等早期东夷文化的某些共同传统。说明辽西燕亳部族在大的文化谱系中，仍具有东夷某些影响的早期文化的地域标志。而彩绘陶工艺，应来源于晋南陶寺。

其四，将"下层文化"北系有代表性的横耳直筒鬲分解来看，上部具有北方"夹砂褐陶筒形罐"特征，下部具有商周之三足、袋足相结合的特征，在胎质上则属典型北方土著的夹砂红褐陶系统。这种典型陶器，整体上与商周中原器与北方的筒形陶器都不完全相同，但却具有胎质为北方陶艺、造型多源自夏商器物的"复合式"特征。这种陶器应当视为辽西燕亳集团吸收整合了南北区系文化的标志性器物之一。而独有这种"燕亳式"的上辽河流域的青铜时代陶艺，在当时东北亚地区最发达，它比笔者在《长白山区系考古与民族要论》一书指出的医巫闾山以东的同期"长白山文化"更先进。

其五，众所周知的"下层文化"北系中的围壕聚落、山上石城和土坯墙等，在七老图山以南很少发现。这类建筑显然也有别于中原龙山文化和夏商时代的夯筑土城。对于这种"北方式石城"传统包括带早期"马面"或石构城垣的源头，笔者在20世纪调查赤峰、水泉、康家屯"下层"城址时一直困惑。直到21世纪石峁古城被发现方窥其真源，可将其视为上辽河流域以农业与渔猎、畜牧经济并存为基础的青铜时代中国北方燕亳（貊）族系独特的聚落传统。从带有石垣围壕的聚落，向山上或高台地上的"石城"的过渡，对其后青铜时代辽东貊系的石垣聚落和高句丽早期山城均有深远的影响。这在中国东北东夷民族构建华夏文化的青铜文明过程中，显然也具有特殊的区域文化特征。这种聚落形式，既不同于先商，也区别于先周，应属于当地夏家店下层文化的北系燕亳的土著类型。

其六，夏家店下层文化中的"北方式青铜器"和"高山型石城"，亦应是早期夏商北土燕辽地区燕亳土著文化的独特地域内涵。

将夏家店下层文化推定为夏商之际的燕亳文化，还有两项重要的考古文化遗存可引为特征，这就是"下层文化"中特有的"北方式青铜器"和"高山型石城"。

对于前者，以往的研究者如林沄先生，将其与内蒙古草原上早期相当于夏代的朱开沟文化青铜器和燕山南北大坨头类型的早期青铜器等进行过比较研究，但其重点没有着眼于三者的区别。笔者认为，"下层文化"的"北方式青铜器"，不仅时代发生较早，与燕亳存在的夏商时间相合，而且与朱开沟和大坨头类型相比，有两点突出进步：一是全部为青铜质；二是早在相当于夏商的时代，已出现使用复合范，而同期甚至稍晚的朱开沟和大坨头类型只有小件装饰品和铜刀、镞等。这种"北方式青铜器"上限正与北土燕亳相当。至于"高山型石城"本身，无法从文献上追寻其族系，但有三点考古学特征值得注意：

1. "下层文化"的石城和石垣聚落，显然与夏商同时期的夯筑土城是两种文化系统。而在夏商时期中国北方的时空框架内，北土的石城只能属于燕亳集团。如上述，可将其列入河套以北的"石峁式"石城文化系列。

2."下层文化"的石城和石垣聚落，在燕山南北和长城地带，与同时或稍晚的北戎（山戎）、东胡（狯狁）和北狄等聚落和城邑均不相同。在燕山南北同期略晚的大坨头类型青铜文化中，现今不仅没有发现"高山型石城"，甚至连高山上的规范居住遗址也没有发现。这说明北方"石城"应是进入方国时代上辽河流域燕亳的文化遗存，它的根系在晋陕北部山地石峁类型。

3.从中国北方民族的聚落形态看，辽西的石城和石围墙村落和辽东貊系的石垣聚落，均具有貊系的共同特征。联系到燕亳如林沄所说即古燕貊之国，将辽西的"下层文化"石城与燕亳联系也是合理的。

其七，夏家店下层文化北系的燕亳文化是形成华夏系统北方西周前"先燕"文化的重要基础。

以往论证夏家店下层文化的来源，无论是"龙山文化说""殷文化的北支说"还是"先商文化说"，其立论的基点都是把"下层文化"的源头，归于来自中原的新石器时代和夏商文化系统，是所谓"南来说"。而"先商说"的实质也是"中州一元说"。这种观点认为青铜时代早期燕山以北上辽河流域的文化应当是由中原地区发源或北传而来的，而不是本土产生的。这同以往考古学界新石器时代文明起源的"黄河中心说"一样，显然是一种传统思维的定式。而近几十年的各地考古发现证明，不仅新石器时代文化及其以前的中华文明在中华大地上是多元不平衡发展的，而且到了青铜时代早期的"方国文明"时代，其青铜文明的发生也具有不同的多元地域性，如四川广汉三星堆青铜器的发现，改变了人们对巴蜀青铜文化文明的认识。而燕山以北辽河流域夏家店下层文化，从中华青铜文化多元向心组合的逆向思维看，长城以北的这支早期青铜文化除具有夏商文化某些因素，更多有其自身的区域类型特征。正如著名考古学家李伯谦先生早在20世纪80年代所说："（夏家店下层文化）与商文化并无直接承袭演化关系，它不是商文化的自然北延或商文化在北方的来源之一。"①林沄先生也认为:"该地区('下层文化'区)的已确认的考古学文化一直是不同于先商—商文化的它系文化。"②李、林二位先生见解独到,唯在当时没有纳入燕亳视野,但这一见解改变了一种必"挂靠五帝"或"以夏商自诩"的传统定式。

近年考古发现也进一步证明,这种有别于"先商文化"系统的燕山和七老图山以北的夏家店下层文化的北系,不仅自成体系,而且与七老图山以南、燕山山脉地区的"下层文化"(大坨头类型)亦有明显差别。前者(北系)发生较早并且土著特点显明,深深影响着燕山以南的早期青铜文化。从这个意义上说,燕北地区的夏家店下层文化应是构成七老图山以南和燕山山脉地区"先燕"文化的基础。其最典型的考古学遗存特征,如韩嘉谷等先生认为的,从燕山南北已知的夏商之际至西周早期的上述青铜文化的分布看,燕南地区含有夏家店下层文化因素的诸遗存,其时代大都晚于辽西地区("下层文化")晚期遗存,个别的或许与晚期相当。这证明了后者(燕南地区)主要受前者(北系)的文化类型影响。

综合分析七老图山以南的"下层"考古文化(近年多被称为"大坨头类型"),显然具有南、北两种文化的整合影响因素。南部影响主要体现为中原龙山晚期到二里头、东下冯等夏商文化因素,表现为绳纹加弦纹灰褐陶高裆鬲、袋足甗、窄平沿鼓腹罐、灰陶绳纹陶罐、陶簋和镂孔器等,并伴随着少量出现的竖穴土坑墓。北部影响,则表现在普遍存在的夹砂素面褐陶系统、磨光褐陶"尊形鬲"或"筒式鬲"的造型以

---

① 李伯谦:《论夏家店下层文化》,北京大学考古系:《纪念北京大学考古专业三十周年论文集(1952—1982)》,文物出版社1990年版,第167页。

② 林沄:《"燕亳"和"燕亳邦"小议》,《史学集刊》1994年第2期。

及磨光折腹盆、筒腹甗，葬具上石棺墓的盛行和夹砂红褐陶壶的出现等。后者在"先燕"和后来的山戎文化，如唐山大城山和小官庄青铜文化石棺墓中，仍普遍存在。所以说，七老图山以北的燕亳与山南燕戎存在共同文化因素。但总体看，七老图山以北的夏家店下层文化在燕山南北的早期青铜文化中一直占有主导地位，可称为该文化的原生类型，即燕亳方国应当是构成西周以后长城地带（燕辽）燕文化的重要基础。

第四节
夏家店下层文化南系的燕山腹地
大坨头类型为夏商之际的北戎的文化讨论

与七老图山和燕山山脉以北地区夏家店下层文化的北系相比，被称为大坨头类型的南系青铜文化，则具有"下层文化"南北两种文化类型交汇混合的特征，而以南系为主。如七老图山以南被称为大坨头文化代表类型的河北大坨头，天津张家园、围坊，唐山小官庄及北京昌平雪山等地，都出土了早期青铜时代的铜刀、喇叭口式铜耳杯等北方常有的小件青铜器，而后来燕山山脉山戎（北戎）典型特征的喇叭口式耳杯、匕首式直刃剑、直刃铜刀和土坑墓等，在七老图山以南的燕山南北大坨头文化晚期中也多有发现。这些器型在北系则很少发现。这些发现证明，在七老图山以南的燕山南北，以往认定同属于夏家店下层文化的南系大坨头类型，与七老图山以北、医巫闾山以西的上辽河流域和大凌河流域的北系药王庙类型的夏家店下层文化，在族系上应有实质区别。联系到大坨头文化与张家园上层等较晚时商周之际青铜器具有的先后演化关系，是否可以这样初步论断，分布于七老图山以南、燕山南北（含滦河流域）的夏家店下层文化的南支大坨头文化，在本质上应是受到北系夏家店下层文化晚期另一他系山戎文化的影响①。这一文化的性质，如果考虑到其地域和文化脉络，与后来平谷山戎墓地和天津张家园上层文化、滦州陈山头、卢龙东阚各庄、迁安小山东和天津邦均等同区域商周青铜文化的关系②，可称为七老图山以南、燕山山脉地区山戎族系的先世北戎文化。将上述夏家店下层文化南系的大坨头类型推定为夏商之际的早期北戎文化，以往由于其内涵的多元性和文献记载的缺乏，很少被认可，至今也没有对该文化作族系认定。但有两点值得注意：其一，夏家店下层文化的南系与同区夏家店上层文化的关系，比北系中夏家店下层与上层文化的关系连续性显然强得多。其二，在南系的大坨头类型中，有相当一部分早期青铜文化因素，被后来属于"上层文化"范畴的蓟县张家园上层、滦州陈山头、卢龙东阚各庄和唐山小官庄等典型山戎文化所继承。众所周知，夏家店下层文化的北系药王庙类型中，与后来同区"上层文化"范畴的南山根类型和龙头山类型，几乎没有任何继承性，而是出现了巨大反差。这证明七老图山以南的早期"下层文化"与同区属山戎系统的"上层文化"在族属上可能有更多继承关系，而北系则应属燕亳。

综合上引杜预注《左传》和杜佑《通典》更可明确说明，"古北戎"应是早于后来的山戎，或应是山戎部族以前的通称。如是，则可以与上述燕南地区的考古遗存相印证，将夏家店下层文化的南系大坨头类型推定为早于西周以后文献中的"山戎"或"北戎"，两者在地缘、族源和文化传统上都应当是有联系的，即以往所谓的"下层文化"的燕南类型在本质上属于山戎或燕戎。它与河套地区的有娀氏古国文化渊源更深，在夏商以后进入燕山南北。

---

① 《左传·庄公三十年》"山戎"条杜预注："山戎，北狄。"
② 靳枫毅、王继红：《山戎文化所含燕与中原文化因素之分析》，《考古学报》2001年第1期；又杨建华：《燕山南北商周之际青铜器遗存的分群研究》，《考古学报》2002年第2期。

第五节
对七老图山南北夏家店上层文化
分区与类型的探讨

同上节论述的夏家店下层文化应具有燕山南北不同的区系类型一样，继"下层文化"之后的夏家店上层文化（简称"上层文化"），在与"下层文化"大体相同稍有北缩的分布范围内，其族属和区系类型比"下层文化"更趋复杂。迄今为止，人们对"上层文化"如同对"下层文化"一样，并没有在区系和族属上进行明确的划分，而在总体上主要有东胡和山戎两说。

持"上层文化"为东胡说者，以20世纪60年代宁城南山根墓葬的发现者朱贵先生和日本学者秋山进午等人为代表[①]。而"上层文化"为山戎说，是自20世纪80年代以来的主流看法，如林沄、郑绍宗、韩嘉谷、靳枫毅等都先后提出这种见解。近年也有研究者提出，以"曲刃青铜短剑"文化为代表的夏家店上层文化，包括辽宁西部的大、小凌河流域类型的族属为同一部族，"即春秋时期的山戎、战国时

---

① ［日］秋山进午：《中国東北地方の初期金属文化の様相——考古資料、とくに青銅短剣を中心として》，《考古学雑誌》，第53卷第4號，第54卷第1號、第4號，1968—1969年。

的东胡。……赤峰地区夏家店上层文化的族属亦当属山戎"①。这实际上是把整个"上层文化"又看作山戎或东胡的同一文化，两者只有时代先后，而无族属区别，这实是一种误导。

分析上述"东胡说"或"山戎说"，有几点是应注意的。

其一，以往对"上层文化"的宏观研究，基本上是将"上层文化"看作一个统一的文化类型，只不过在比"下层文化"缩小的地域范围内，各家争论的焦点是其为东胡文化还是山戎文化，与本文的南北不同族系有根本区别。

其二，无论持"东胡说"还是"山戎说"，都承认"上层文化"与"下层文化"存在较大差异，两者在文化类型和文化性质上并没有直接继承关系。

其三，20世纪80年代以后，有关"上层文化"的区系类型，出现了东西或南北不同类型说。如朱永刚先生指出，在已确认的"上层文化"范围内"自商末周初起，就以努鲁儿虎山为界，并存着东西两个发展系统"②，并认为"以往的研究成果中，多认为夏家店上层文化属于东胡族。我们认为所谓'东胡'一词，并非某一族的专有名词。把夏家店上层文化与东胡联系起来考虑显然是不合适的"③。该文在否认"上层文化"北戎存在东胡族系的同时，最终赞同了"山戎说"。

乌恩先生在总结20世纪90年代以前对"上层文化"研究的同时，对"上层文化"归纳出三点：第一，"上层文化"的主体，应限定在西拉

---

① 王成生：《东北亚地区短铤曲刃青铜短剑的年代与族属》，辽宁省文物考古研究所编：《辽宁考古文集》，辽宁民族出版社2003年版，第210页。

② 朱永刚：《大小凌河流域含曲刃短剑遗存的考古学文化及相关问题》，《内蒙古文物考古文集》第二辑，中国大百科全书出版社1997年版，第371页。

③ 朱永刚：《夏家店上层文化的初步研究》，苏秉琦主编：《考古学文化论集1》，文物出版社1987年版，第124-125页。

木伦河和老哈河流域，并划分为龙头山类型和南山根类型，年代为西周早期至春秋中期。第二，将"上层文化"族属推定为山戎，与林沄、朱永刚等一致。第三，从西周晚期到春秋早期，即从公元前9世纪至公元前8世纪，是"上层文化"的繁荣期①。从以上分析可知，持"上层文化"为"山戎说"者，显然提出了一些具有启迪性的看法。但同样存在一个问题：如果说"东胡"并非一个专有名词，那么，"山戎"何以是一个专有名词？因为文献中也不止一次地出现"戎"或"北戎"的泛称。

总结上述对"上层文化"研究的历程和基本看法时，需要重申的是，"上层文化"中的南山根类型或龙头山类型，正是乌恩先生划定的以西拉木伦河和老哈河为中心的努鲁儿虎山以西的核心文化区，即"上层文化"的主体文化区。本文认为，这一被称为"上层文化"的主流文化区，与朱永刚先生所指的努鲁儿虎山以东的大、小凌河流域的"上层文化区"，应属两个不同文化区。近年杨建华先生将"燕山南北商周之际青铜器群"中的七老图山以南的"A、B"两群，作为又一个独立文化区，其中包括燕山以北的张家口地区。如其言，这实际上构成了"上层文化"分布的三个区系类型。即如"下层文化"有南北之别一样，"上层文化"实际也应存在不同族系。

这样看来，如果将乌恩先生等确定的努鲁儿虎山以西和七老图山以北的西拉木伦河、老哈河流域的"上层文化"中的南山根类型区和龙头山类型区，作为夏家店上层文化的"主体文化区"，那么与之相邻的七老图山以南的燕蓟地区和努鲁儿虎山以东的大、小凌河的凌河类型区，则应是形成三者鼎足之势的夏家店上层文化的三个类型区。在此认

---

① 乌恩：《论夏家店上层文化在欧亚大陆草原古代文化中的重要地位》，《边疆考古研究》第1辑，2002年。

识基础上，本文与以往诸家对"上层文化"在族系渊源和文化谱系上认识的区别是，不仅七老图山和燕山以北的"上层文化"北系西拉木伦河、老哈河流域，与南系以滦河和海河流域为中心的"上层文化"有族系区别，就是以努鲁儿虎山为界的东西两区——南山根类型和凌河类型，也应有族系差别。这正是本文以下拟重点讨论的夏家店上层文化的南、北、东三个主要类型区及其族系渊源的重点所在，其核心观点是，"上层文化"与"下层文化"相比，缩小在了燕山以北，而其族属含山戎和东胡南北两个文化区。

第六节
努鲁儿虎山以西、七老图山以北夏家店上层文化的北系"南山根"与"龙头山"类型为文献中的"东胡"考辨

西拉木伦河和老哈河流域的"上层文化"中的"南山根"和"龙头山"类型，结合文献记载和考古学文化特征来看，应属七老图山以北、努鲁儿虎山以西的东胡范畴，而不应是近年有的学者提出的统归于七老图山以南的山戎系统。这是与"下层文化"为燕亳同时产生的新认识。可举其主要理由如下。

1. "上层文化"的分布以西拉木伦河和老哈河流域为中心，与文献中东胡的地望相合。

文献中说明东胡地望的，主要有三条：其一，《山海经·海内西经》："东胡在大泽东，夷人在东胡东。"①其二，《史记·匈奴列传》："燕北有东胡、山戎。"②其三，《史记正义》："营州之境即东胡、乌丸之地。"③

---

① 《山海经》卷十一《海内西经》。
② 《史记》卷一一〇《匈奴列传》，中华书局标点本，1963年版，第2883页。
③ 《史记》卷四十三《赵世家》，中华书局标点本，1963年版，第1806页。

将以上三条比较看，有三点是明确的。第一，东胡和山戎，都在燕之北，这与燕山（或燕国）以北的老哈河和西拉木伦河流域相合。第二，"东胡"之名，如取自"大泽之东"（亦有称"匈奴之东"），则此"大泽"当为今克什克腾旗"达里诺尔"。第三，《史记正义》进一步为上述两条作了注脚。所谓"营州之境"，正是以今辽西朝阳（古营州）为中心的大凌河、老哈河和西拉木伦河流域，这正与古东胡所在的地域相合。而这两个流域之间，正是"下层"和"上层"两文化中心区。

2. 从考古学文化看，努鲁儿虎山以西、老哈河和西拉木伦河流域的"上层文化区"具有较明显的东胡系草原民族的文化特征，如在南山根和龙头山的石椁墓中发现的骑马人像、奔兔纹铜饰件、生动的射猎图案及草原牧猎活动的狗、鹿等形象。而且在这一文化类型的墓葬中，牛、马、羊等动物骨骼随葬多，并有大量铜车马具、铜制工具、弓箭等草原骑射工具随葬。与以定居农业为主的"下层文化"相比，"上层文化"的草原牧猎文化传统突出，可作为其族属是东胡草原族系的间接证明。

3. 南山根和龙头山类型的"上层文化"中，与普遍的东胡系石椁墓和连柄"曲刃青铜剑"共存的还有典型东胡民俗特点的文物。如在敖汉旗周家地墓地M45中，发现有髡发和着皮服的人物形象。而在南山根M102的上层文化墓葬中，也发现刻在骨片上的持弓辫发者形象。这些典型民俗特征，应与《后汉书》记载的东胡乌桓有辫发和髡发的习俗相合，为其文化的族属特征提供了生动证据。

总结上述努鲁儿虎山以西、七老图山以北老哈河和西拉木伦河流域的"上层文化"的北系特征，将其推定为东胡文化是有根据的。它与努鲁儿虎山以东的凌河类型和七老图山以南的山戎文化都应有族系区别，即山南为山戎系，山北为东胡系。

第七节
夏家店上层文化的南系
即七老图山以南的燕蓟地区为山戎文化区再探索

在七老图山以南的燕蓟地区的"上层文化",在文化地理方面有两个较突出的特点。

其一,与同区夏家店下层文化相比,这一夏家店上层文化的南界大大向北退缩。如靳枫毅先生指出:"夏家店上层文化……南限在北纬40°以北,未过滦河和燕山山脉,比较夏家店下层文化分布范围之南限,明显北缩。"[1]笔者赞成"上层文化"的南限不入滦河上游的观点,即在燕辽地区,除"下层文化"(燕亳)影响到燕山南北外,后来进入辽西的"上层文化"范围只在燕山以北,该说指出的"上层文化"的北缩是明确的。强调山戎文化的区别,划定"上层文化"的南界"未过滦河",这里应补充的重要一点是,如笔者在第一章"论燕辽文化区"中指出的,东胡的文化南界在七老图山以北,不到滦河流域。

其二,与靳枫毅先生的认识相近,郑绍宗先生在《山戎民族及其

---

[1] 靳枫毅:《夏家店上层文化及其族属问题》,《考古学报》1987年第2期。

文化考》一文中更明确地说："这种文化类型（笔者按：指七老图山以南的山戎文化）分布的中心区域是燕山到七老图山之间的老哈河、滦河、潮白河流域的赤峰、承德、张家口、唐山一部分市县。"[①]该文明确地界定了燕蓟地区的山戎文化区在七老图山和燕山山脉之间。这正是本文所论述的"上层文化"的南系，并以此区别于七老图山以北的北系南山根、龙头山类型和东系凌河类型。其中南山根类型的连柄式曲刃剑和凌河类型的丁字柄曲刃剑也有类型差异，前者为东胡特点，后者则为燕亳后续。

上述"上层文化"南系的青铜文化属于山戎系统，近年来已基本为学术界公认。杨建华先生将其列为"燕山南北商周之际的青铜器遗存分群"中的"B群"和"C群"，即"天津张家园、滦州陈山头、卢龙东阚各庄、迁安小山东，马哨村和天津邦均等青铜器墓"。靳枫毅先生则认为，冀北山地和燕山山脉周围地区的山戎文化"其文化内涵别具特征，既与燕和中原文化迥异，又与同时期并存的辽西地区夏家店上层文化（东胡文化）和略晚分布于今内蒙古和蒙古国的匈奴文化判然有别"。他列举出山戎文化的四个主要特征：（1）清一色的直刃匕首式青铜短剑；（2）有演变序列可循的青铜削刀；（3）写实动物纹青铜带钩、带扣、牌饰；（4）大量的特色鲜明的手制夹砂红褐陶器群。应当说，上述对山戎文化界定的四条，除了后两条应含有中国北方山地、草原民族青铜文化的共性外，基本抓住了燕北地区山戎文化的真谛[②]。此"山戎说"因已有诸多学者深入论证，此不赘述。但是按前述作者的区系划分，显然包括辽西老哈河和大、小凌河流域在内的

---

① 郑绍宗：《山戎民族及其文化考——关于夏家店上层文化社会性质的研究》，河北省文物研究所编：《环渤海考古国际学术讨论会论文集》，知识出版社1996年版，第188页。

② 靳枫毅、王继红：《山戎文化所含燕与中原文化因素之分析》，《考古学报》2001年第1期。

"上层文化"亦同属于东胡文化类型的系列,而这正是本文有不同看法并将在下节专门进行探讨的一个问题。应当指出,近年有人把张家口地区的"上层文化"归于白狄,实际上它亦同属北戎系统,白狄只应在河套以北。

第八节
对夏家店上层文化晚期
凌河类型多元文化特征的分析

"上层文化"晚期凌河类型是20世纪80年代被提出的，至今已为多数学者认同。它的主要分布区，大体西起努鲁儿虎山，东至医巫闾山，北起细河上游的阜新以南，西南可沿燕山余脉到达山海关外滦河以东。笔者认为它是在"下层文化"退出大、小凌河后，燕亳遗民与山戎杂处而成。而其中心区域，应以辽西大、小凌河为中心，故称"凌河类型"。有的研究者已经充分注意到，"大、小凌河流域含短茎曲刃短剑遗存与夏家店上层文化有明显区别，所以很难把这一区域纳入上层文化的分布范围。含这种短剑的遗存应为另外系统的青铜文化"[1]。这应指区别于辽西"东胡式短剑"，多来自辽东双房类型的影响，如辽宁喀左后坟发掘的"上层文化"墓葬中，以粗绳纹为主的陶器占67%。[2]

笔者认为这种认识是有独到见解的。但是如同"下层文化"中南北区分的大坨头类型和药王庙类型一样，本文仍把大、小凌河流域的这

---

[1] 朱永刚：《夏家店上层文化的初步研究》，苏秉琦主编：《考古学文化论集（一）》，文物出版社1987年版，第112页。

[2] 见喀左县文化馆：《记辽宁喀左县后坟村发现的一组陶器》，《考古》1982年第1期。

一文化，称为夏家店上层范畴的晚期凌河类型，并将其与七老图山以南的燕蓟类型和努鲁儿虎山以西的南山根、龙头山类型（东胡）作为"上层文化"三种不同区系的文化类型，进行族别比较研究。

从考古学文化上分析凌河类型的文化特征，它与夏家店上层文化的南系与北系（南山根）相比，更有自身特点，笔者姑且称之为"燕亳后续燕戎型"。

第一，由于地接幽燕，所以其文化中西周燕文化的影响更显著。如这一文化本身就接受了本地早期魏营子类型西周青铜文化的诸多因素。其后燕南张家园上层文化等西周燕文化更持久地影响这一地区。其集中表现为，建昌东大杖子等地墓葬中"燕式"青铜礼器鼎、簋、壶的大量存在，饰有"燕器"粗绳纹特征的泥质灰陶、灰褐陶器，燕国系统的瓦当和"尖首刀"的发现等。特别是凌河类型发展到战国前后的特征，如在建昌东大杖子等近年发掘的战国早期木椁墓中，出土了典型"燕式"青铜盖鼎、泥质灰黑陶大陶壶和盖鼎、青铜戈[1]等，都反映了该地区青铜文化中燕文化和山戎的影响显著。

2008年，笔者在辽宁省第三次全省文物普查工作期间，曾调查过东大杖子遗址，认为该处很可能是齐桓公伐山戎后，山戎北退至七老图山以北、大凌河上游后的一处重要都邑遗址。

第二，凌河类型受七老图山以南的山戎青铜文化的影响也很突出，如上举山戎特点的"匕首式青铜剑"的发现、土坑竖穴墓的存在、墓葬中的殉牲现象和覆面葬俗，特别是出现以夹砂红陶板耳鬲等为代表的"山戎式"陶器随葬的文化习俗。正如韩嘉谷先生指出："在蓟县刘家坟遗址张家园上层文化的西周早期地层中，即发现有山戎遗存夏家

---

[1] 所举建昌东大杖子青铜器，以笔者亲见的辽宁省文物考古研究所藏的为主。

店上层文化的陶片，有红陶素面扳耳鬲等。"[1]凌河类型墓葬中发现的"山戎式"陶器等，应直接是张家园上层的山戎文化与燕文化相结合的产物。

第三，凌河类型靠近辽东貊系青铜文化区，所以该文化中受辽东典型貊系青铜文化的影响比努鲁儿虎山西南山根类型中的更明显。如凌河类型中的典型丁字柄把手"曲刃青铜短剑"应源于辽东南貊系，而凌河类型中的夹砂红褐陶高领壶、叠唇双耳深腹罐、红褐陶钵亦应多源自辽东貊系夹砂褐陶系统（包括本书第二章考证过的今凌海水手营子"连柄铜戈"大墓中的土著红陶器）。特别是该文化晚期建昌东大杖子墓葬的手制双竖环耳夹砂红褐陶筒式罐文化，其陶艺与早于辽西的辽东青铜时代早期貊系文化更应有直接关系。

第四，毋庸讳言，在凌河类型中也存在着某些努鲁儿虎山以西的东胡文化因素，如以素面夹砂红褐陶、泥条盘筑法为主的北方式陶艺传统，喇叭口式耳杯、青铜刀等"北方式青铜器"和"细石器"。特别是绳纹加划弦纹的灰褐陶器等，在西拉木伦河和老哈河流域东胡文化传统中的器物，都给其东部凌河类型的夏家店上层文化居民以多方面影响，反映出努鲁儿虎山东西两个"上层文化区"在地缘和文化上的密切关系。但燕北的"上层文化"中的东胡，向东仍到不了大凌河下游。

总之，夏家店上层文化后期的辽西凌河类型是继魏营子后战国以后的地域文化，其内涵复杂且有别于单一草原青铜文化，需进一步取证研究。

综上八节对燕辽文化区夏家店上、下层文化的讨论，拟总结要点如下。

一、燕辽地区青铜时代的部族方国主要可分为三支：燕亳、山戎

---

[1] 韩嘉谷：《论山戎病燕》，《首都博物馆丛刊》第18期，2004年。

与东胡。他们可与当代考古发现对应：夏家店下层文化的北系药王庙类型为"燕亳"方国；七老图山以南以往认定的大坨头文化应为"山戎"；夏家店上层文化主体为"东胡"。

二、夏家店下层文化（燕亳）应以老哈河和大凌河为中心，为燕辽的青铜时代方国中心。其文化波及整个燕北地区，但以七老图山以北为其核心区。七老图山至燕山之间，则为山戎的原生文化区。

三、流行的夏家店下层文化"先商说"，不具备信史依据和考古学实证基础。从考古学内涵、文献记载和"燕貉之国"铜器铭文看，夏家店下层文化是以燕北为核心地域的燕亳方国的依据较充足。它的文化内涵与同期稍早的陶寺、石峁等交流关系密切，是燕辽方国与晋南、河套方国文明互渗的北方文明代表。

四、继"下层文化"及以后的七老图山以南地区与其同期的燕山仍属山戎系列，大坨头文化为其代表。

五、燕辽文化区东缘大、小凌河下游至山海关内外的青铜文化晚期的凌河类型，其性质既不同于夏家店上层文化的东胡，也有别于七老图山以南的典型山戎（一色直刃短剑文化）。它与滦河下游孤竹方国中晚期的红褐陶等，都应属具有多元因素的"燕戎文化"。

本章以上疏见，祈方家斧正。

第四章

辽西大凌河古道青铜器窖藏史因探析

2015年初，笔者应《渤海大学学报》"东北边疆·民族与社会"专栏主持人崔向东教授之邀，在该刊第2期发表了《辽西傍海道和大凌河古道交通地理与相关史迹考察——兼论大凌河古道上商周青铜器窖藏的史因》。这是21世纪初重新启动国家东北交通史课题中的一节，因该文主要是谈大凌河廊道的交通地理问题，而对于大凌河流域青铜器窖藏的史因，仅归结为战国末燕王喜败逃辽东经大凌河古道途中埋藏，而对其他详辨的理由所涉很少。但在写作该文前，笔者曾重新通盘思考大凌河古道上的相关史迹，深感自20世纪50年代以来与大凌河古道关系尤重者，除该流域的诸多古遗址和古城址外，尤以上述几批商周青铜器窖藏具有代表性而又谜团最多。但半个多世纪中，涉论这批青铜器者甚多，深论其史因者甚少。早期著名的看法是1986年出版的《中国大百科全书·考古学》"喀左铜器窖藏"条中说，这批青铜器为"西周初年燕国祭祀山川时埋藏的青铜礼器"①。这条引自原发掘报告短短的18个字，为大凌河流域商周青铜器窖藏定性了三条：其一，其时代为西周初年；其二，青铜器属于燕国；其三，埋藏性质为祭祀山川。早年辽宁的几批清理报告或简报的观点基本与此相同。《中国大百科全书》采报告语如《考古》1974年第6期《辽宁喀左县北洞村出土的殷周青铜器》说："两个窖藏坑的铜器虽略有早晚，但都在商末周初这一段时间。"因此，确认这批青铜器窖藏的埋藏时间，显然是分析其埋藏性质的关键问题。笔者认为，除了上述燕国框架基本可靠外，其他诸条包括青铜器的时代跨度、真正所有者、埋藏时间特别是埋藏原因等，都应当重新思考和讨论。因为如按《中国大百科全书·考古学》等的结论，无疑尚有以下问题需要回答：这批窖藏青铜器的整体时代，窖藏铜器的所有者和真正主人，铜器埋藏的性质，埋藏这批铜器的历史背景与原因，该窖藏与大凌河古道的关系，诸如此类。这些问题关系到燕辽地区乃至东北考古的重要问题。故笔者从2008年重新启动《中国东北与东北亚古代交通史》编写以来，已有多年思考。今从燕辽古道交通和部族分布格局的角度，再分述考辨如下。

---

① 中国大百科全书总编辑委员会、中国大百科全书考古学编辑委员会编：《中国大百科全书·考古学》，中国大百科全书出版社2002年版，第248页。

第一节
辽西大凌河古道青铜器窖藏发现的基本情况

辽西大凌河古道的这批青铜器窖藏，是20世纪燕山以北、长城地带青铜器群的集中发现之一，其数量之多、品级之高，可与中原先秦列国相比。耐人寻味的是，窖藏沿今喀左县境内的大凌河古道集中分布。这批集中的青铜器窖藏按发现时间顺序可分记如下。

第一批：1955年5月12日，在喀左县海岛营子乡马厂沟小转山子，一次发现铜器窖藏共有16件。主要包括鼎一、盂一、簋二、甗二、卣二、罍一、壶一、鸭形尊一、盘一等。这批铜器的时代跨越商、周两代。其中最具纪年和时代标识的是"匽侯作馈盂"，它对确认此批窖藏铜器的主人地位（所有者）至关重要。此次窖藏青铜器经有关专家研究，时代基本确定在西周初[①]。

第二批：1973年3月6日和5月28日，先后在喀左县平房子乡北洞村南孤山西山坡笔架山顶上相距4米处发现有相邻的两处窖藏，称为北洞一号和北洞二号。其中北洞一号出土铜器6件：罍五、瓿一；北洞二号亦出土6件：方鼎一、圆鼎二、罍一、簋一、带嘴钵形器一（形同

[①] 晏琬：《北京、辽宁出土铜器与周初的燕》，《考古》1975年第5期。

匜）①。从这两处窖藏的埋藏形式和相邻位置来看，应为同时埋藏。其中一号坑的五件罍，形制基本相同，有的罍双耳因长期悬挂使用，已磨出深深沟痕。而青铜瓿的口沿一侧，更有明显的修复痕迹，它与铜罍耳的磨痕证明其应有长期使用经历，时代相当于商末。而二号坑的器物年代跨度更长。其中，方鼎应为商代；有座簋公认为西周；而置于簋内的铜匜，原报告称"为商周铜器所未见"。据笔者的初步看法，其造型和材质均不可能为西周器，可晚至战国。而报告中却避开了对其铜器本身的断代，在承认"商周未见"以后，却断言"可能源于陶器形制"，惜无实证。

第三批：1974年12月，在喀左县平房子乡山湾子村东北枣树台子平地上，一次发现窖藏青铜器22件，器型有鼎、鬲、盂、尊、卣、甗等。这是大凌河流域青铜器数量最多、最集中的一次发现，其中带铭文的就有15件②。这22件青铜器突出的特征是时代跨度很长、种类繁多。其中斐方鼎被公认为商末重器，鬲、卣、尊等与北京琉璃河等西周时期的同类典型器物相同。特别是有燕王室重臣名款的铭器，它们在确认这批铜器的性质应为燕王室所藏中亦十分重要。

第四批：1978年9月，在喀左县坤都营子乡小波汰沟村发现青铜器窖藏一处，出土铜器10件，器型主要有大圆鼎一、方罍二、簋一、铃首匕等。这批铜器亦有跨越时代的特征，其中大圆鼎被公认为商器③，而铜簋、铃首匕等造型与北京琉璃河比较，时代应为西周以后，个别可到春秋。

---

① 喀左县文化馆、朝阳地区博物馆、辽宁省博物馆、北洞文物发掘小组：《辽宁喀左县北洞村出土的殷周青铜器》，《考古》1974年第6期。

② 喀左县文化馆、朝阳地区博物馆、辽宁省博物馆：《辽宁省喀左县山湾子出土殷周青铜器》，《文物》1977年第12期。

③ 孙守道：《商代大鼎为啥出土在辽宁？》，《理论与实践》1979年第10期。

在简列了大凌河流域出土的以上四批五处青铜器窖藏后，综合分析这些窖藏的分布地域、埋藏情况和器物时代特征，可归纳出以下共性。

其一，这几批窖藏集中分布在大凌河上游古道的今喀左县相邻几十公里的一县境内，如北洞村两处窖藏相隔仅数米。所以从埋藏、分布的情况看，这些窖藏铜器，可以看作一个有内在联系的窖藏整体系列，即这批窖藏的成因，有一个相同的历史背景。因此，从发现分布的区域看，可以从总体上一并考察其窖藏的时代和成因。

其二，这批铜器窖藏的器物时代跨度长。目前看至少从商代（方鼎）延至战国时期（如钵形器），而以燕器为主。在这样近千年的跨度中，能拥有这样大批带"燕侯"等铭文青铜重器的绝非边域一般的小诸侯和地方部族方国——如所谓"孤竹埋藏"，也不可能是某一燕侯或燕王专门赏赐北方某方国、部族的所有者（因有的铜器明显有多种铭款而一坑多件，又有修复痕迹）。这是我们考察这批窖藏形成和埋藏的历史背景及所有者的重要内因之一，即任何一个方国也不可能受赏数量如此多的历代重器。

其三，从出土位置看，这批铜器窖藏基本沿大凌河古道南北排列，而且与窖藏相邻，经历年亲自考古调查发现，有山嘴子镇黄花店土城子和其北平房子镇黄道营子白狼城等战国和汉城遗址多处，说明此窖藏必与大凌河古道有关，并有相应的古城址和古遗址作为旁证。因此窖藏者的行为，很可能与经行大凌河古道的活动有关（详见下节），也就不排除以后此道再有零星窖藏发现的可能性。

第二节
大凌河古道青铜器与北京琉璃河等西周燕国青铜器的时代和特征比较

如上所述，这批铜器窖藏尽管时代跨度长，但以西周燕国为主已成学界共识。所以，为进一步考察其时代和性质，有必要与考古发现的其他西周铜器进行比较。据笔者所见，迄今为止，除了在燕国及其以北的地区，西周燕国青铜器最集中的成批发现，首推北京琉璃河西周燕国墓地。这一墓地在北京西南，是与燕国早期都城董家林同地的燕国王室和贵族墓群所在。笔者在20世纪90年代初，曾与北大同学、中国社科院考古研究所的杨虎、马洪路调查过该墓地发掘后的遗址，其遗址中部董家林村所在位置尚可见部分高台地。其后又在北京市文物研究所和首都博物馆参观过琉璃河出土的部分青铜器。1995年北京文物研究所出版了考古报告《琉璃河西周燕国墓地（1973—1977）》，在全面介绍琉璃河燕国都城遗址和墓地1973年至1977年间发掘情况的同时，重点介绍了70多件青铜器，其品类齐全、带铭文者众多。这是迄今无可争议、时代明确、可以与大凌河古道上出土的青铜器进行比较研究的最大铜器群，故以两者作对照研究。为以下研究的方便，专列报告中有代表性的带"匽（燕）侯"等铭文的重器，与大凌河出土的同类器物比较。

（1）堇鼎：铭文有"匽侯令堇饴太保于宗周。庚申，太保赏堇贝"（报告第101页）等字。

（2）圉方鼎：铭文有"匽侯赐圉贝，用作宝尊彝"（报告第101页）等字。

（3）复鼎：铭文有"匽侯赏复䌷衣、臣、妾、贝"（报告第182页）等字。

（4）"燕侯戟"。

（5）伯矩鬲：铭文有"匽侯赐伯矩贝，用作父戊尊彝"（报告第140页）等字。

（6）攸簋：铭文有"侯赏攸贝三朋，攸用作父戊宝尊彝"（报告第127页）等字。

以上所列带有"匽（燕）侯"铭文的主要青铜器，有的并不是铭文的全部。本文主要节录其与大凌河流域出土的类似器物的关键字"匽侯"。其中攸簋铭文中虽只有"侯"字，但从琉璃河燕都遗址和铜器的整体看应是"燕侯"，故一并收之。

为了与上述琉璃河出土的"燕侯"等铜器对比，现将辽西大凌河古道出土的四批青铜器窖藏中的三组直接与之对比，即马厂沟、山湾子和小波汰沟三处窖藏出土器进行比较。其他如北洞一号和北洞二号窖藏等，因没有出土燕侯铭器，则不予繁列。

第一组马厂沟窖藏共出土铜器16件，其中可与琉璃河西周燕国铜器同类比较的代表性器物是"匽侯作馈盂"。该器不仅与琉璃河出土的同类器造型相同，其"匽侯"二字亦如出一辙。所不同者，只是大凌河窖藏出土的燕侯器，从铭文看应为燕侯自用器；而北京琉璃河出土的燕侯器，全部是燕侯赏赐于臣下的铸器。前者对悉证其性质极其重要。

第二组山湾子出土的22件青铜器中，可与琉璃河出土铜器对比的典型器为伯矩甗。从铭文本身和相关文献记载看，该器与北京琉璃河和河南安阳等地出土的伯矩鬲等多件带"伯矩"款的青铜重器，都是西周立都后，由燕侯赏赐"伯矩"的传国重器。现场发掘简报中也指出，该伯矩甗与"北京琉璃河M253出土的圉甗形制、纹饰、铭文风格相近"。

即大凌河也有"伯矩器"，并非仅有"孤竹器"等。它证明了多种青铜器共存燕王库府的可靠性。

第三组小波汰沟出土的窖藏青铜器中，可以与北京琉璃河出土燕国铜器圉方鼎相比较的是圉簋。这同伯矩款铜器一样，是西周初年（成康以后）燕侯王室赏赐重臣"圉"的传世青铜器瑰宝，说明多个诸侯方国的青铜重器集于同一库府中。

比较分析上述大凌河流域和北京琉璃河等地出土的燕国青铜器后，尽管两者的埋藏原因不同，但却在其相互印证的时代属性、所有者身份和埋藏原因等方面给予我们启发。特归纳如下：

第一，将北京琉璃河与大凌河流域青铜器窖藏比较，从带铭文的器物类型和铭文看，两者的主体都在西周。而琉璃河时代比较集中，从报告看基本在成康以后的西周初期。两地共存的燕侯器、伯矩器等重器，特别是后者一次窖藏出土20多件时代不同的重器，证明铜器应与燕国都城或王室有关。

第二，与北京琉璃河相比，大凌河流域铜器窖藏所藏铜器的时间跨度更长，特别是北洞二号坑的铜器时代跨度最复杂。原报告所列6件器物中，斐方鼎等为商器；带座簋应为西周器，而从窖藏中含有铜匜这种钵形器来看，其时代绝不止于西周，下限可晚到战国。在构思本文前，笔者咨询过当年亲自清理山湾子窖藏的发掘者之一、原辽宁省文物考古研究所副所长方殿春先生。他明确表示，当年的窖藏坑有乱葬坑的感觉，而北洞二号出土的那件铜匜，他认为甚至应晚到战国晚期，但因为以往多以"西周初年"界定这批铜器的时代，所以坚持这种看法的人勉强也把大凌河窖藏的这件铜匜笼统地定为西周器。原报告人把这件器物的渊源与陶器联系起来，更找不到同时期的任何物证。需要指出，综观目前已集中出土的时代明确的西周墓地和遗址，包括上述出土70余件青铜器的北京琉璃河、昌平白孚西周墓地及在西周发源地陕西张家坡墓群和出土铜器30多件的甘肃白马坡西周墓群，甚至周原窖藏的大量西周青铜器等，都没有同类钵的发现。而从出土和传世时代明确的青铜器看，迄今发现的此类铜钵基本都在春秋（含春秋）以后。之所以要在这件"钵形器"上多费些笔墨，是因为这对考察这批窖藏铜器的整体时代及其成因至关重要，而此器后来又被作为"西周器"正式刊入多部文物图录。应当指出，考古学对同一地层或地点出土文物的断代，有一个公认的"就晚不就早"原则。对这批窖藏"文物群体"，分辨其中的最晚下限，哪怕是微小的器物也应十分谨慎。在不能合理解释该钵形器为什么"商周未见"时，以"源于陶器形制"解释显然缺乏说服力，这种说法在逻辑上的非理性是先确定时代，再寻找理由。

第三，如上指出，大凌河窖藏的青铜器虽然其主体为西周器，但窖藏的总体时代下限应到战国。与琉璃河等出土铜器相比，它的燕侯铭器也不是燕侯或燕王赏赐臣下所铸，而是燕侯自用器。如辽宁省博物馆收藏的另一件"燕王职戈"，其铭文为"郾王职乍御司马"，应是燕王为其司马自用铸器。这对以下确认这批青铜器的所有者应为燕国王室本身世代所有，而不是如有人认为对他人或其他部族、方国的赏赐品意义重大。因为如原报告认为，"霊（箕）与孤竹可能是商代北方相邻的诸侯国，他们在同一地点窖藏青铜器"（详见北洞窖藏原发掘报告），此意即此窖藏为"孤竹国"或"箕侯"等埋藏所为。对此条推测的辨误，对考察这批青铜器的时代和埋藏史因极其重要。

第三节
对大凌河古道窖藏青铜器所有者身份和
埋藏原因的分析

从以上诸节的考古发现介绍和初步分析看,辽西大凌河窖藏青铜器的所有者和埋藏原因,总体上无非有以下三种可能性:

其一,这批青铜器为商、周(燕)王室所有。其埋藏的原因是王室成员本身或派专人专赴辽西大凌河流域埋藏或祭祀。即如上引发掘简报和《中国大百科全书·考古学》所说"西周初年燕国祭祀山川时埋藏"[1]。

其二,这批铜器为燕侯或后来燕王赏赐给北方某部族或方国,后由当地的部族、方国埋藏或祭祀所为;或者由"箕子东迁"所埋,如报告称"为探索商代箕族地望提供了重要线索"。在"方国部族说"中,持西周祭祀说者多同意"孤竹国埋藏说"。

其三,这批青铜器原本为燕国王室所有,由于某种特殊的历史原因,王室成员及随行者途经大凌河流域时埋藏。

对这三种可能,试分别解析如下:

---

[1] 中国大百科全书总编辑委员会、中国大百科全书考古学编辑委员会编:《中国大百科全书·考古学》,中国大百科全书出版社2002年版,第248页。

第一种可能，先需要回答的是，商周王室为什么要从千里之外的中州或燕山以南并不缺少名山大川的腹地，专赴大凌河来祭祀？何况在有的埋藏坑，如笔者亲自调查的北洞附近并无突出名山。而且在有的埋藏地，如北洞窖藏坑一号、二号，仅数米间连续并排挖出两坑，有的坑内同样器型（如罍）无规律地埋藏多件，特别是山嘴子窖藏一处竟乱埋22件铜器，铜器时间跨度千百年。原报告亦称："窖坑挖得不规则，铜器在坑内上下叠压，卧立不一。"种种无规律的现象和违反常规的行为（如任何一次正规祭祀也不应同时有商、周、战国各代器物混杂），在报告中没有合理解释。而在笔者看来，这种现象恰恰排除了此批铜器为某一燕侯或燕王，由燕国旧都琉璃河和后来燕下都，专门派人来大凌河流域祭祀的可能性。

第二种可能，如果是赏赐某一部族或方国，先需要回答是商代还是周代赏赐的哪一部族、方国。因为同在一窖藏坑中，有商代也有西周（甚至战国）器物并存。如果说都是后来一次性赏赐某一部族、方国，那明确地刻有"匽侯作馈盂"的燕侯自用器，为什么也要赏赐给方国？还有窖藏所出与北京琉璃河等燕国都城之地出土铭文相同，本由燕侯亲自赏赐给"伯矩"等燕都名臣的重器，既然已经是赏赐了近身的贵族"伯矩"，为什么又成了转赐给北方如"孤竹"等某部族、方国的赏赐品？特别是王室向方国赏赐经修复后的铜礼器更不可思议。至于以往有人因窖藏中发现有"箕亚"铭器，推论辽西大凌河流域为箕子封地或"箕子东迁"的遗物等，这种简单的推理，更经不起历史的检验。业内人士最基本的常识是，最早的"燕侯"即第一代燕侯为西周召公奭之子"燕侯旨"（在成康以后），距商末"箕子东迁"已过多年。所以，这批青铜器的窖藏年代必大大晚于"箕子东迁"——箕子总不能带后世"燕侯"的铜器东迁。所以用这批窖藏来证明所谓"箕侯地望"和"箕子东迁"等，无论在铜器的时代属性还是文献记载上，都毫无实据，纯属推想。那种靠推理把这批青铜器随意说成是商周王室赏赐北方某部族、方国等的看法，更没有足够证据。近年有人意识到此误，又妄议为"孤竹说"。

与以上两种可能相比，第三种可能在对这批铜器的时代跨度分析、铭文解释、文献印证、历史背景的合理性方面，都足成一论，特简述如下。

其一，这批铜器在一处窖坑中时间跨度如此之长，说明窖藏品的所有者和埋藏者必具有长期保存和收藏这批青铜礼器的身份和条件，加上"匽侯作馈盂"等重器应为燕侯自用器，所以推断这批铜器原本应为历代燕侯或燕王所有和库府所藏重器。对此可以找到相关文献记载，例如《史记》卷六十三《老子韩非列传》记载："老子者，楚苦县厉乡曲仁里人也。姓李氏，名耳，字聃，周守藏室之史也。"[1]从此条可知，春秋时的周王室专设收存档籍和传国重器的守藏室。推测其他诸侯封国（如燕国），也应有类似的守藏室。燕国的这批青铜传国重器，则应是从第一代燕侯开始接受武王封赏，故将部分商代青铜器赏赐给燕侯。从此历代世袭燕王，均不断将青铜器藏于守藏室。而据《史记》记载，在燕昭王中兴时，燕国曾攻下齐国都城临淄，"尽取齐宝，烧其宫室宗庙"[2]，证明燕王室长期存有燕齐重宝，方可出现一处窖藏坑中出土年代跨度千百年的铜器。

其二，这批青铜器的时代跨度之长，不仅从上述分析中得到合理解释，从部分铜器的使用现状也得以旁证。如北洞一号坑出土的同一造型的五件大铜罍，其双耳悬挂使用磨痕竟深近十毫米，没有数百年甚至更长的使用期绝无可能。在山湾子出土的盘形器，其8个圆孔也都有长期使用的磨痕。这种现象不仅佐证了燕王库府世袭收存的可靠，而且证

---

[1] 《史记》卷六十三《老子韩非列传》，中华书局标点本，1963年版，第2139页。

[2] 《史记》卷三十四《燕召公世家》，中华书局标点本，1963年版，第1558页。

明不可能在同一时间将多件同一造型的器物赏赐某一部族、方国，进而也可证明这批有多件同类型铭刻的青铜器应为燕王室库府所藏（因为单一的赏赐不应同类多件）。

其三，这批铜器窖藏的埋藏具体状况，据当场清理过山湾子窖藏的原辽宁省文物考古所副所长、考古专家方殿春先生介绍，其现场有"乱葬"现象，而且有的地点如笔者亲勘的北洞，附近也并无突出的名山大川。因此那种认为"祭祀埋藏"的推断，并无更多依据。相反，这批青铜器窖藏有一定间隔地沿大凌河古道分布，倒是值得思考的重要现象。可以联想的是，在一千多年以后的北宋末，徽宗、钦宗被金人掠而北迁，在辽西等地也丢弃过卤簿钟等传国重器（现藏辽宁省博物馆）。

其四，这批青铜器窖藏与大凌河古道的关系，不仅从窖藏所分布的地理位置可以考见，而且还有与铜器窖藏有关的几处重要史迹坐标，可以作进一步佐证。这里仅举笔者亲历调查的三处：其一是大凌河上游建昌县西碱厂乡东大杖子遗址和上溯要路沟乡要路沟石门子遗址。"要路沟"地名，源于古代从青龙河上游清陉口，进入辽西大凌河古道的重要交通隘口，至今要路沟所经的山路上尚有深十几厘米的车痕。而过要路沟东北十余公里的大凌河上游左岸建昌东大杖子遗址，是近年发现的大凌河上游古交通道上的聚邑重镇。2009年秋第三次全国文物普查期间，在考察葫芦岛市文物点时，笔者会同省文物专家组一行曾亲赴调查，见其遗址规模庞大、文化层堆积深厚，与北临的村落相接，兼有遗址区、墓葬区和夯土基址，特别是一处高台地上，有战国前较早期的遗物。从其地理位置和出土文物看，很可能是战国燕秦开却胡以前的聚邑。后经近年辽宁省文物考古研究所等连续发掘墓葬，出土有带金柄的青铜短剑和高一米左右的战国燕式彩绘陶礼器，是为重要贵族墓地①。笔者初步认为，建昌东大杖子遗址很可能是战国前后地处燕山余脉松岭山地、大凌河上游古道盆地上兼有燕和北戎双重文化遗存的燕戎（山戎）方国都邑（详见《建昌东大杖子为燕戎都邑考辨》），而上述青铜器的携带者，战国末亦应经由此道进入辽西。

这批铜器窖藏与大凌河古道上相关遗址的关系，除上条外，还有以下两处重要地点应当重视。

一是由东大杖子遗址沿大凌河北行过宫山咀水库，至今喀左县南大凌河左岸与渗津河南岸交汇处的黄家店"土城子"。2008年春笔者启动《中国东北与东北亚古代交通史》项目时，值省"三普"期间喀左县培训班授课，讲课之后笔者会同辛占山、徐英章先生专门亲赴调查过。此地和要路沟的考古遗存时代内涵丰富，至少从夏家店下层文化到战国汉魏时期，而又与窖藏关系密切。后经近年中国人民大学考古系与辽宁省文物考古研究所等联合调查发掘，认定为一处时代跨度长、文化内涵丰富的重要聚邑和古城址。在近两年的辽宁省文物考古研究所年度考古汇报会上，连续报告了该处的重要发现。而这一重要遗址面对的渗津河北岸，正是1955年第一次发现16件青铜器的马厂沟窖藏。在窖藏附近的四合当村，又有战国和汉代的重要遗址。以后依次发现的窖藏，均在其北的大凌河沿岸。如过山嘴子镇黄花店土城子遗址，沿大凌河北行十余公里（古代一舍半路程），又有1974年发现的山嘴子铜器窖藏。可以证明，黄家店土城子遗址至少是从夏家店下层文化（可能更早）至汉魏时期的重要城邑或聚邑，它是大凌河南源与建昌东大杖子等遗址中具有重要坐标意义的交通节点，在辽西大凌河流域的交通地理、民族地理和文化地理上具有重要意义。

---

① 建昌东大杖子和土城子出土的陶器和铜器，现存辽宁省文物考古研究所，报告在整理中。

由山湾子沿河再北行7公里，即至大凌河右岸的平房子镇北洞村。1973年，该地连续两次发现铜器窖藏。在该窖藏地以北黄道营子附近即有出土战国"白庚（狼）"陶铭的战国和汉代古城白狼县及白狼山[①]。该县始设于战国而至汉魏，为当年曹操北征"三郡乌桓"所经之地。

从以上简列的笔者亲历由要路沟、东大杖子、土城子、山嘴子、黄道营子多处遗址的连线看，大凌河古道上的马厂沟、北洞、山湾子等几处窖藏，都与相关遗址或城址相邻，并有规律地沿大凌河古道南北排列。这种地理因素的内在联系，具有深刻的历史原因和人文积淀，它在考古学上反映出来的强烈信息，恰可与以下正史文献记载相印证。

[①] 徐秉琨：《辽宁发现战国陶铭四种考略》，《辽海文物学刊》1992年第2期，第124-127页。

第四节
文献记载中对大凌河流域青铜器
窖藏埋藏史因的印证

基于以上各节分析，这批青铜器窖藏的整体时代下限可晚至战国，应为燕王室库府世袭收藏，与大凌河古道上诸多遗址和城址有历史渊源。结合相关文献记载，本节将这批青铜器窖藏的成因聚焦于战国末燕王喜败逃东迁，现主要引证信史两条以为辅证。

其一，《战国策》卷三十一《燕策三》记载："于是秦大怒燕，益发兵诣赵，诏王翦军以伐燕。十月而拔燕蓟城。燕王喜、太子丹等，皆率其精兵东保于辽东。"[1]

其二，《史记》卷八十六《刺客列传》记载："（秦）诏王翦军以伐燕。十月而拔蓟城。燕王喜、太子丹等尽率其精兵东保于辽东。"[2]

以上两条记载的是同一件史事：公元前227年，燕派荆轲刺秦王失败后，秦始皇加快了攻燕步伐。公元前226年10月，秦拔燕国之蓟城，燕王喜和太子丹慌忙逃到燕国最后的地盘——辽西郡和辽东郡（今辽

---

[1] 《战国策》卷三十一《燕策三》，上海古籍出版社1978年版，第1142页。

[2] 《史记》卷八十六《刺客列传》，中华书局标点本，1963年版，第2536页。

阳）。从当时的交通地理看，燕王喜东保辽东必经由上述辽西大凌河古道。从以上分析的种种考古迹象证明，这批青铜器应是燕王喜和太子丹在匆忙败逃中，不堪辎重和重器的负担，仓促之下，临时埋藏于辽西大凌河古道沿线。从窖藏铜器本身的时代看，退一步说即使有人至今对北洞二号坑的钵形器为战国器仍有怀疑，但窖藏的下限晚于"箕子东迁"已是不争的事实。而从正史中看，在秦以前由商周王室或王族举部北迁而经大凌河的，历史上只有箕子和燕王喜两次。这就为这批窖藏应为燕王喜"东保辽东"沿途埋藏的推断，增加了充分理由。埋藏者当时或有重返旧地再取的希望，因而考虑了所选埋藏地点的某些有利地形因素（如北洞窖藏坑选择在二级台地的小山冈）。但这一切都随着后来燕太子丹被杀和五年后（公元前222年）燕王喜被秦将李信所掳最终灭国于辽东，而永远成为历史的谜案。

第五节
与大凌河古道窖藏铜器铭文相关的
"箕子"和箕子方国再考辨

在讨论大凌河古道商周青铜器窖藏的形成和时代背景中,原考古发掘报告和相关文章中多次提到一个国内外颇有争议的问题,即箕侯和箕子方国问题,并把这批青铜器与箕侯相联系。故本节对这一问题再考略如下。

(一)箕子与箕侯。如前几节在考察大凌河古道商周青铜器窖藏的成因时,已经辨明箕子和箕侯存在的时空远在这批窖藏青铜器的整体时代以前的商末周初(武庚时期),所以与这批青铜器窖藏的成因无涉。那些把这批青铜器与箕侯联系的研究者,没有认真考察这批铜器(特别是钵形器)的整体时代,犯了仅靠推论治史的大忌。必须指出,在原发掘报告中,作者也几处提到这批青铜器与箕子和箕侯的关系,误判这批青铜器与箕子东迁有关,这就与一般的研究者随意推论不同。鉴于此问题是先秦历史考古里国内外颇有争议的问题,又对考察这批青铜器的埋藏史因至关重要,故重点讨论两点。

其一,关于箕子的存在及其文献记载。关于历史上箕子的存在,本来在中国史籍中记载明确。但1922年日本学者今西龙发表了《箕子朝鲜传说考》,认为:"关于古朝鲜,朝鲜人也只有在阅读中国史籍以后,才知道这个国家的存在之事。……箕子成为朝鲜王(实为侯)的传说，一般是不被人相信之事。这一点从《史记集解》中，晋杜预之说'梁国蒙县有箕子冢'的记载可知。"①甚至又妄断："《史记·朝鲜列传》……关于箕子，并没有什么记载。"②其后国内外附议者，亦多以类似的传说论来否定箕子和箕子朝鲜的存在。20世纪出版的《古朝鲜历史概观》更不顾基本史实说："所谓箕子朝鲜，完全是捏造的，故将其弃之不谈。"

其二，必须指出，今西龙等人所认为的朝鲜人是在阅读中国史籍以后知道古朝鲜存在是准确的，但以晋人关于箕子故里的推论来否定箕子和箕子朝鲜的存在，并说《史记》等没有关于箕子的记载，则是无据的误说。而如后来《古朝鲜历史概观》中对历史轻浮妄断的态度，则更是科学研究的大忌。此问题因李健才、张碧波等中国学者在相关文章中已经有较精细的驳议，无须繁述③。在此只想再引论中国正史的有关记载，证明先秦之箕子和箕子朝鲜的存在，都是不可怀疑的历史事实。《尚书大传》记载："武王胜殷，继公子禄父，释箕子囚。箕子不忍周之释，走之朝鲜。武王闻之，因以朝鲜封之。"④《淮南子》记载："昔武王伐纣，破之牧野，乃封比干之墓，表商容之闾，柴箕子之门。"此条高诱注："箕子亡之朝鲜，旧居空，故柴护之也。"这是如同"封比干之墓""表商容之闾"一样，当时武王对殷末三位不同境遇的贤臣的褒扬。

又《史记·周本纪》记载：武王克商，"已而命召公释箕子之

---

① ［日］今西龙著，李健才译：《箕子朝鲜传说考》，《历史与考古信息·东北亚》1999年第2期，第17—19页。
② ［日］今西龙著，李健才译：《箕子朝鲜传说考》，《历史与考古信息·东北亚》1999年第2期，第17—19页。
③ 张碧波：《朝鲜·箕子·箕子朝鲜》，香港天马出版有限公司2011年版，第154页。
④ 《尚书大传》卷五《洪范》，商务印书馆1937年版，第34页。

囚。命毕公释百姓之囚，表商容之闾……命闳夭封比干之墓"。①此条与《淮南子》史实相证。《史记·宋微子世家》记载："于是武王乃封箕子于朝鲜而不臣也。"②《汉书·地理志》记载："殷道衰，箕子去之朝鲜。"③《后汉书·东夷列传》记载："昔箕子违衰殷之运，避地朝鲜。"④《三国志·魏书·乌丸鲜卑东夷传》记载："昔箕子既适朝鲜，作八条之教以教之。"⑤

以上诸条信史文献仅是涉及箕子记载的一部分，但都明确一致地记载着箕子殷末避地朝鲜的史实，而且又有上节举证的多处发现带有"箕侯"铭文的商周青铜器来确认。因此，历史上箕子和箕侯的存在已是不争的史实，国内外的传说论显然可以休矣。

（二）关于箕侯方国的地望。在讨论了商末箕子存在的时空和史实后，箕子避地朝鲜的地望应该是明确的。但与"传说论"相仿，近年来研究箕子朝鲜的学者，却对箕子封地随意猜测。如张博泉先生在《箕子与朝鲜问题的研究》一文中即有所谓箕子封辽西说，并以辽西发现的"箕族"铭文铜器作为证据之一。因此说与上举大凌河商周青铜器窖藏原报告的"箕子方国"推测有相似的误导性，所以本文一并略予考辨，以正其本来面目。

前已指出，记载商末箕子东迁的所有正史，一致认定箕子避地朝鲜，从无避地辽西的记载。而东迁途经辽西和避地辽西，应是两个完全不同的概念。以往持"辽西说"的唯一证据，如张氏所说是上述有"箕

---

① 《史记》卷四《周本纪》，中华书局标点本，1963年版，第126页。
② 《史记》卷三十八《宋微子世家》，中华书局标点本，1963年版，第1620页。
③ 《汉书》卷二十八《地理志下》，中华书局标点本，1962年版，第1658页。
④ 《后汉书》卷八十五《东夷列传》，中华书局标点本，1965年版，第2822页。
⑤ 《三国志》卷三十《魏书·乌丸鲜卑东夷传》，中华书局标点本，1959年版，第848页。

族"铭文的青铜器发现，而这一点已在上述箕子东迁的时代与这批窖藏的年代相去甚远而考论清楚。所以本节的重点，是需要论定箕子"避地朝鲜"准确的地望。

在考证这一问题时，与上引诸史籍同时的《三国志》有一段重要记载："（箕）侯准既僭号称王，为燕亡人卫满所攻夺。"晋代裴松之注云："《魏略》曰：昔箕子之后朝鲜侯，见周衰，燕自尊为王，欲东略地。朝鲜侯亦自称为王，欲兴兵逆击燕，以尊周室。"[1]类似的记载还见于《史记·朝鲜列传》："（卫）满亡命，聚党千余人，魋结蛮夷服而东走出塞。……稍役属真番、朝鲜蛮夷及故燕、齐亡命者王之，都王险。"[2]这两段信史记载可互相印证有关箕子方国的领地问题，包括如下内容：第一，明确记述了箕侯即是"昔箕子之后朝鲜侯"，这是燕中兴后的战国时期箕侯仍封在朝鲜故地的确证，而这一战国时期的箕侯，正是周武王时所封东迁的殷末箕子的后代所居。第二，当战国末周衰时，因燕侯"自尊为王"，所以箕氏"朝鲜侯亦自称为王，欲兴兵逆击燕，以尊周室"。可见当时箕子朝鲜侯仍尊周室为正统，不忘周初（成王时）始封之恩。第三，至秦汉之际，燕人卫满"聚党千余人"，连同"燕、齐亡命者""东走出塞，……都王险"。这段更明确记载，卫氏朝鲜时代仍据有古箕子朝鲜的故地（今朝鲜半岛北部），而其都王险城正是后来（汉武帝以后）的乐浪郡之首县朝鲜县，而卫满"东走出塞"所指的边塞正是"燕秦汉辽东故塞"中的辽东郡早期长城。这也进一步证明，箕子和卫满先后所居朝鲜侯（王）的故地，都在燕秦汉辽东郡长城以东的今朝鲜半岛北部（汉代乐浪郡）。前文考证的燕秦汉辽东故塞的走向，亦证明先秦箕氏朝鲜都城都在今朝鲜半岛北部大同江流域

---

[1] 《三国志》卷三十《魏书·乌丸鲜卑东夷传》，中华书局标点本，1959年版，第850页。
[2] 《史记》卷一一五《朝鲜列传》，中华书局标点本，1963年版，第2985页。

的史实。对此，本书第二章"箕子东迁"中亦有详考。

（三）关于箕子方国的方位和考古文化。在讨论箕子和箕子方国问题时，国内外学术界往往会提出这一问题：先秦箕子方国（古朝鲜）的考古文化。有人以至今在朝鲜半岛没有发现典型的商周文化，进而否定在朝鲜半岛上箕子方国和古朝鲜的存在。这里有一个最重要的理念是，如何准确估价先秦四夷方国地区的土著文化。笔者认为，包括箕子东迁朝鲜在内的当时四夷方国文化表现在当代考古学上，不能简单地与中国同时期的华夏文化相比附，而应充分考虑其地域的主体土著民族文化。这样的例子很多，仅以东北而论，众所周知，以北夫余王子朱蒙南下卒本川（浑江）建立高句丽的今辽宁桓仁地区，也很少发现典型的松花江流域的夫余文化。即边域少数酋长或贵族新迁边域建立方国，可能在意识形态上如箕子带去"八条之教"，但很难在短期改变其当地旧有的物质文化和民俗文化。所以，北夫余王子建立的高句丽，在考古学文化方面，更多的是浑江流域具有貊系（即早期高句丽）特点的"卒本夫余"文化。同样朝鲜半岛北部，以大同江为中心的古朝鲜（箕氏朝鲜）文化，应以当地的支石墓和受辽东等地区双房类型影响很深的青铜文化为其土著特征。

这一点不仅中国学者有这种认识，在一些有真知灼见的韩国学者中也有类似看法。如著名韩国学者金贞培所说："在韩半岛内，平壤、春川、全南、高兴郡等地都有辽宁式铜剑出土。这种辽宁式的铜剑一直分布到韩国的西南端，有着非常巨大的意义。"[①]从笔者近年启动的"长白山区系考古与民族研究"看，朝鲜半岛出土短剑的"支石墓文化"，其源头应在辽东的双房类型，其特征明显。而上述的"韩半岛"显然指包括平壤（古朝鲜中心）在内的整个朝鲜半岛。所谓"辽宁式

---

① 金贞培：《韩国民族的文化和起源》，上海文艺出版社1993年版，第104页。

铜剑"，正是国内外公认的考古学上从西周末到春秋战国（可延至秦汉早期）的"东北系青铜短剑"。对这种青铜短剑最早起源于辽东还是辽西，至今仍有争论。但笔者认为有两点应无异议：第一，这类短剑多与土著石构墓葬共存；第二，这类短剑应属起源于黄、渤海北岸的貊系土著民族，即笔者在《长白山区系考古与民族要论》（辽宁人民出版社2022年版）中提到的"南貊说"。从历史时期的文献记载看，其在朝鲜半岛的流传，也应是与这种辽宁式铜剑在时空上共存的"箕子方国"（古朝鲜）的土著文化遗存之一。

由以上可以确知，从周武王初封箕子朝鲜开始，历经战国之"箕侯准"，到西汉初卫满朝鲜所都之王险城，其故地都在汉代乐浪郡朝鲜县。20世纪后期，笔者几次造访过韩国国立中央博物馆和日本东京国立博物馆，曾亲见20世纪初以来在今朝鲜平壤南、大同江南岸汉乐浪郡址——土城洞古城发现的"乐浪太守"和"朝鲜右尉"等多方印信（封泥）。联系上述考古学文化的分析，可为"箕子朝鲜"和卫满朝鲜真正封地的历史地理位置提供确证。而整个半岛上至今传续的商代"里坊"等基层乡制，乃"八条之教"的余音。这一切除置若罔闻者外，早已见于国内外诸多论著，自不必赘言。总言之，上举大凌河古道发现的带"箕侯"铭文的青铜器，既不是其"东迁"时遗物，也不能证明辽西为其"方国故地"。这是本章对大凌河古道出土窖藏为战国燕王喜弃埋史因的考辨中必须着重强调的一点。

第五章 《水经注》中的燕辽"四大水系"与大凌河历史地理疏证

2022年春节前夕，沈阳市文史研究馆张春风馆长一行来家走访，带来中央文史研究馆新出的文集《清言集》，其中收有拙文《西有敦煌，东有朝阳——余考古生涯亲临最多的朝阳古城》。这篇文章已收在《东北考古六十年》中，写的是笔者在辽西以朝阳为中心的大凌河古道的考古岁月。该书中最早的一篇，属1972年在朝阳北票丰下遗址的发掘和1973年夏在喀左鸽子洞的发掘。翻看近50年的老照片，大凌河、老哈河、滦河、永定河等"四河"地区正是留下笔者考古实践或考古调查足迹最多的热土之一。恰好当日东北大学秦皇岛分校民族学研究院郝庆云院长亦来访，介绍近年河北秦皇岛地区卢龙县等地的孤竹国重要遗迹发现，引起笔者重新思考包括燕辽"四大水系"在内的"燕辽地区"的历史地理与考古问题。翻捡旧笈，竟有40年前在《社会科学战线》上发表的初读《水经注》的《大凌河水系历史地理考辨》初稿①。重审当年之作,结合40多年来的新发现、新认识,遂成此篇续旧随想之作。并将当年初读《水经注》涉辽西大凌河水系的疏证扩大到"四水"流域。

---

① 王绵厚:《大凌河水系历史地理考辨——兼与张博泉同志商榷》,《社会科学战线》1982年第1期。

第一节
重读《水经注》对辽水、白狼水、濡水（含永定河）的新感悟

熟悉辽西水系历史地理的业内人士知道，记载辽河（古辽水）、大凌河（古白狼水）、滦河（古濡水）和永定河（古治水）的最早信史，当是《史记》《汉书》和《水经注》三书，而《史记》简略且无《地理志》，故考上四河地理者唯后二书，尤其是《水经注》的记载具细且条分缕晰。40年前笔者读《水经注》时，主要参据王国维先生校注本（当时尚无陈桥驿校证本），深感其书博大精深，撷采历代史乘，把一般认为东汉至三国成书的《水经》中137条水道，扩展到《水经注》中的1252条，汇集了自先秦至北魏千年间的九州山川史迹，兼有精注华章，无愧为国学名著。明代史家张岱评价《水经注》："古人记山水手，太上郦道元，其次柳子厚。"至清初又有名儒刘献廷称："片语只字，妙绝古今，诚宇宙未有之奇书。"近代学术大师王国维、胡适等对《水经》和《水经注》都有专门研究。笔者多年结合考古实践习读之，则视其书为"妙绝古今的信史"。但当年习读时刚及而立之年，学识甚浅，仅作为史料工具浅用之，而不知其之深刻。今重读亦不敢妄称知音，但在领略其博大精深外，已略知其智者千虑亦难免一失。本文拟以王国维先生的注本与陈桥驿先生新校证本对照，逐条略谈读后疏见。

（一）《水经注》"大辽水"条开头即曰："大辽水出塞外卫白

平山，东南入塞，过辽东襄平县西。辽水亦言出砥石山，自塞外东流，直辽东之望平县西。"[1]对比王注和陈注，显然此条大辽水专指西辽河。因为《汉书·地理志》玄菟郡还有"辽山，辽水所出"[2]，此应指今浑河（小辽水）。按此条大辽水郦注有二源，一谓"卫白平山"，一谓"砥石山"，后者曾被持"商源辽河论"者视为有力证据。但细品郦注原文，后者在砥石山前有"亦言"二字，明显看出前者方是郦注的正文，后者只是旁引当时一种世传俗说。即郦道元当年所存史志中，辽河主源在"卫白平山"，后人却以俗传"砥石"为书。由此可见郦注的行文审慎和包容。但所谓"商源辽河论者"却因其需而引"亦言"者，此见笔者已著他文辨之。

（二）同在《水经注》"大辽水"条记："《地理志》：房，故辽东之属县也。辽水右会白狼水。"这里的房县，应在今大凌河下游凌海地，白狼水即今大凌河，从以下郦注看是准确的。唯此条将白狼水（大凌河）纳入下游辽河水系，与古今实际地理有悖。究其所误，是因取证于《魏土地记》，北魏以前认为，辽河和大凌河下游于辽泽相汇。或是郦道元本人曾亲临卢龙塞道观刊石，但可能未临房县和辽河下游所致，只分析当时汇集到北魏都城的地图资料，如《魏土地记》可能将白狼水和辽水下游绘成合流。而由此条误差中应当窥见，郦道元当年把旧《水经》详细扩注十倍，是有其信史图籍为凭的（其他诸条可验）。

（三）《水经注》"濡水"（滦河）条记著精准，唯一的歧误是把"碣石山"和"碣石"注为一地[3]。按本书第七章指出，盖因碣石自

---

[1] 《水经注》卷十四"大辽水"条，第349页。
[2] 《汉书》卷二十八《地理志》"玄菟郡"条，中华书局标点本，1962年版，第1626页。
[3] 《水经注》卷十四"濡水"条，第344-349页。

《尚书·禹贡》等记载久远，后齐桓公、秦皇、汉武帝东巡，传疏难寻真迹所致。直到现代史家仍有将二地考为一处者。本书将在后文详辨辽西"碣石"与"碣石山"的不同。

第二节
《水经注》记燕辽四大水系在燕辽部族方国文化分区上的意义

上述《水经注》中记载的四大水系，及其源出的燕山、七老图山、努鲁儿虎山和太行山北麓，在辽西及燕辽的古文化和部族方国中具有土著的、各具代表性的文化分区意义，它们共同构成严文明先生等最早提出的"燕辽文化区"。笔者在2022年《长白山区系考古与民族要论》中，已把它看成是构成东北亚地区具有标志意义的东、西翼两大独立文化区。而如本书各篇所述，当下对燕辽文化区的诸多问题还存在着实质上的分歧。所以本文仅从水系地理的角度，就"四河水系"自青铜时代至秦汉之际的部族与方国（部落邦国）等文化分布与格局，在上述"燕辽五道"的基础上略予追述①。首先说大凌河。大凌河古称白狼水，其下游一段亦称渝水（汉魏时）。其主源（南源）称敖木伦河，发源于七老图山东支与青龙河分水岭建昌南喇嘛洞一带。当代考古发现说明，以七老图山为分水岭的滦河、永定河水系，与大凌河、老哈河水系，至少从新石器时代开始，特别在青铜方国时期，就已成为燕戎和燕亳的南北文化区。大凌河北流至今喀左大城子汇于西支（俗称南大河）

---

① 王绵厚：《长白山区系考古与民族要论》，辽宁人民出版社2022年版，第142-155页。

后，东北经朝阳凤凰山西，过北票大黑山南后，折转南下入海。其流域与老哈河由努鲁儿虎山分界，同处七老图山以北。如同笔者在21世纪初所论，它们在青铜文化早期同为燕亳故地，西周以后则为南进的东胡和燕戎所据（见下节）。再说老哈河。老哈河，古称紫蒙川，其主源出七老图山之北和努鲁儿虎山西麓（今河北平泉的马盂山）[1]。其上游锡伯河出七老图山北，西汇召苏河等，其干流前段属汉代右北平地。早期右北平郡治平刚即在该水旁宁城黑城子。下游则过赤峰入西拉木伦河，已是长城塞外。所以老哈河实际上是以七老图山与滦河、永定河为南北分水岭的辽河南源。老哈河地处燕辽文化区腹地，为辽西文明的文化廊道，在考古学文化上处于辽西红山文化和夏家店下层文化（"燕亳"）两种文化的中心区域，西周以后则让位于由草原东进的东胡文化区，秦汉以后则继为匈奴、鲜卑、奚人部落占据。所以从大的文化分区看燕辽，真正具有燕辽文化分区意义的应是七老图山。从青铜时代的方国文化看，早期其山南（含东南）为先燕的燕戎文化区，而山北先后为燕亳和东胡文化区。当代考古发现亦证明，以"直刃剑"为主要特征的山戎在燕山与七老图山之间。大凌河也是上辽河构成华夏文明北系的主体文化区。最后说到三大水系中的滦河。该水地处辽西和冀东山地间，属大的燕辽文化区东缘。其上源闪电河源出今河北省丰宁县小梁山，属于坝上草原。滦河左岸有三条主干支流出七老图山以南：武烈河、瀑河和青龙河，这三条河在《水经注》中都有记载。所以广义范围的燕辽地区，实际上在七老图山南北各有两条大河：其南如上文所述为永定河（下游海河）和滦河，其北为老哈河和大凌河，这四条河流最终都注入渤海。过去人们对七老图山的分区意义缺乏认识，笼统地认为是燕山，笔者在

---

[1] 王绵厚：《燕亳、北戎与东胡——夏家店下层文化与上层文化的区系类型与族属论析》，中国社会科学院考古研究所编：《二十一世纪的中国考古学——庆祝佟柱臣先生八十五华诞学术文集》，文物出版社2006年版。

《燕亳、北戎与东胡》一文中，首指其为特殊的重要分区标识。燕辽文化区本质上属"渤海文化圈"，这一文化圈中的滦河尤具特殊性。特别是其最大支流青龙河，源出七老图山南侧，接大凌河南源，该地既是燕戎文化的原生地之一，又是商文化北渐的廊道。本文认为，真正属于燕山以北和以东的商周正式封国（箕子等东奔外逃除外），在《史记》等记载中的，只有在滦河（濡水）下游诸如孤竹、令支、无终、肥如，皆环渤海。以往对这一地区包括燕戎和商周方国文化的认识，当不符历史实际。本文讨论的疏见，只愿作为探索的开始。因燕辽文化区所涉问题众多，故仅拟将《汉书·地理志》和《水经注》著录的"四河"水系地理逐一钩沉。唯滦河水系等多考见于本书他篇，故本章以下重点考索辽西大凌河（古白狼水）。

第三节
对《水经注》中白狼水自然
与人文地理的疏证

从前两节记述可知，北魏郦道元的《水经注》已将辽河、大凌河、滦河、永定河"四大燕辽水系"纳入了环渤海水系。这意味着早在汉魏南北朝时期，燕辽地区就是中国北方长城内外的文明中心之一。然自郦注问世1500年间，注释疏证者虽繁多，但对上述燕辽水系专门系统的疏解罕见。四大水系中的滦河（濡水）和永定河，在本书"论孤竹""燕辽五道"等篇有专论，而老哈河（紫蒙川）在《水经注》中亦涉论极少，盖以当时水多入塞外又缺乏信史资料——如塞外的东辽河亦不载于《水经注》。这反映了《水经》记述的整体多在《汉书·地理志》中103郡国范围内，对长城外涉猎较少。本节所述的白狼水（大凌河）则是右北平郡的大河。

（一）郦注："《地理志》：房，故辽东之属县也。辽水右会白狼水。水出右北平白狼县东南，北流西北屈，迳广成县故城南，王莽之平虏也，俗谓之广都城。"

此段注文如上述，除将白狼水下游房县境（今大凌河下游凌海地）纳入辽河有误外，对大凌河上源记录基本准确。"出右北平白狼县东南"是指今大凌河南源敖木伦河，源出今喀左县黄道营子东南喇嘛洞一带分水岭。其中喀左黄道营子古城，笔者在20世纪曾两次亲自调查，以其附近出土陶器铭文"酉城"为证，是右北平郡白狼县无疑。而大凌河北流所经之广成县南的古城址，亦在20世纪发现，在今建昌县巴什罕乡"土城子"。当年与笔者在辽博研究室共事的阎万章先生曾下放到建昌县巴什罕乡，他亲告调查过巴什罕土城子确为战国和汉代古城，其地理方位适与郦注相符——正在大凌河右（北）岸，至北魏之际俗称"广都城"。此与白狼水上源古今地理堪合，亦证明《水经注》著录的白狼水上源的可靠性。

（二）"（白狼水）又西北，石城川水注之。水出西南石城山，东流迳石城县故城南，《地理志》：右北平有石城县。北屈迳白鹿山西，即白狼山也。《魏书·国志》曰：辽西单于蹋顿尤强，为袁氏所厚，故袁尚归之，数入为害。公出卢龙，堑山堙谷五百余里，未至柳城二百里，尚与蹋顿将数万骑逆战。公登白狼山，望柳城，卒与虏遇，乘其不整，纵兵击之，虏众大崩，斩蹋顿，胡、汉降者二十万口。"

此段郦注山川古道古城明晰，考《三国·魏志》亦如是。笔者在《大凌河水系历史地理考辨》中已考，石城川者，今乃大凌河西支流之渗津河[1]。石城山，乃石城川源出并作为其与瀑河分水岭的七老图山西南山脉。其山下今青龙河左岸凌源刀尔登镇小河西村南发现有纵横几百米的古城，其东即入渗津河（石城川）而至白狼山（今喀左县大阳山）。1984年笔者会同朝阳博物馆邓宝学先生调查黄道营子时，曾路经大阳山下而未登临。而此条石城川下游之北岸石城县，亦应是笔者2008年省文物"三普"培训班授课后与辛占山、徐英章先生再次调查过的黄家店土城子遗址。进入21世纪，中国人民大学历史学院吕学明教授等师生多年在此发掘，收获颇丰，可为信据。而郦注援引东汉建安十二年曹

---

[1] 王绵厚、朴文英：《中国东北与东北亚古代交通史》，辽宁人民出版社2016年版，第82页。

操征乌桓，在白狼山（大阳山）击败袁尚与蹋顿数万众之战，其军旅行迹可寻、山川名城可鉴，诚信史也。又如"凡城"应为今三十家子一带的汉代古城，该城从汉至南北朝时亦有记载。

（三）郦注又曰："（石城川）又东北入广成县，东注白狼水，白狼水北迳白狼县故城东。"

此条接续上条石城川水下游。言水入广成县境，指今大凌河上游右岸今建昌巴什罕乡土城子，即前条所考的广成县地。而石城川（渗津河）东注大凌河后北流的"白狼县东"正是指今大凌河流经的今黄道营子，因为白狼县即今黄道营子古城在渗津河下游，与古今山川地理亦相合。《水经注》之信史可据，于此也可见端倪。

（四）郦注："白狼水又东，方城川水注之。水发源西南山下，东流北屈，迳一故城西，世谓之雀目城。东屈迳方城北，东入白狼水。"

这一段注文，记大凌河在过白狼城后，北流汇于另一"方城川水"的情况。所经"雀目城"和"方城"，不若白狼、广都、石城等明确见诸史籍可考。但从上经石城川（渗津河）、下经"昌黎"（详下段）来看，此段所汇之方城川，按大凌河水系流向应是今喀左大城子以西的大凌河西支（俗称南大河）。笔者从20世纪80年代到2014年的30年间，曾三次调查过大凌河西支[①]，并推定，上游方城川所经之"雀目城"，应即今凌源刀尔登以下三十家子等存在的两处古城之一，而"方城"或为今大凌河西支南岸的安杖子古城的俗称（当时已废郡县地）。在《中国东北与东北亚古代交通史》中，笔者亦考定安杖子为内迁之后期平刚城。

（五）郦注曰："白狼水又东北迳昌黎县故城西。《地理志》

---

① 详王绵厚：《东北考古六十年》，辽海出版社2021年版。

曰：交黎也，东部都尉治，王莽之禽虏也。应劭曰：今昌黎也。高平川水注之，水出西北平川，……又东南迳乳楼城北，盖迳戎乡，邑兼夷称也。"

此段注文中的"高平川水"，从大凌河左岸过喀左大城子后的东北流水道看，应指由西北平川而来的今朝阳县与喀左县的界河第二牤牛河（叶柏寿河），而所经"昌黎县故城"则特需考辨。因为按照注文引《汉书·地理志》和东汉应劭注"昌黎"，应指西汉辽西郡之东部都尉城"交黎"（东汉昌黎），但白狼水此段属右北平郡地，所以此处昌黎乃东晋以后新昌黎，学界不可不详察也。此段大凌河在今朝阳市西南的"昌黎"，至21世纪的《辽学研究论集》（辽宁大学出版社2020年版）中，仍有人考在今义县，足见需确解之。证以《魏书·地形志》下有两个"昌黎郡"：一为旧昌黎，即西汉交黎县在大凌河下游南岸，与该条经县西不符；而另一个"昌黎郡"，《魏书》记于"永兴中置。领县三，……龙城、广兴、定荒"[1]。以此了然，《水经注》中的白狼水东经的"昌黎"，应是后来的昌黎，即今老虎山河（高平川）下游汇大凌河一带。该地大凌河左岸有苏兰河遗址等和木头城子辽代老建州城，此地应在旧北魏"昌黎县"故城上。此条在《北齐书》卷四文宣帝事可补证：天保四年（553年）十月伐契丹，"辛丑，至白狼城。壬寅，经昌黎城"[2]。《北齐书》记文宣帝高洋伐契丹，走的是历史上曹操征乌桓的旧道。故其先至白狼城，再经昌黎而至营州，正是《水经注》的这段古道。古今相证，北魏以后的昌黎城可寻，直至唐代韩愈自署的"韩昌黎"，仍指此"龙城昌黎"或"营州昌黎"。唐代著名文人韩择木之长子韩秀实墓志云"其先昌黎人也"的"昌黎"，即《水经注》之"昌

---

[1] 《魏书》卷一〇六《地形志上》"昌黎郡"，中华书局标点本，1974年版，第2491-2492页。
[2] 《北齐书》卷四《文宣帝纪》，中华书局标点本，1972年版，第57页。

黎"也。此条地理的疏证，虽只厘定郦注的一条古今之辨，但于辽海历史意义重大，亦同时说明，郦道元当年为注《水经》穷经数典、博采众家之心力。诸如高平川水（今老虎山河）所经的"乳楼城"，很可能为异书谐音之"掳掠城"，疑是曹操平乌桓后留居之部众所居之地。如是则《水经注》的补史价值，尚待开掘多矣。

（六）郦注曰："白狼水又东北，自鲁水注之，水导西北远山，东南注白狼水。"

此条注文，笔者当年在《大凌河水系历史地理考辨》中，曾以"西北远山"而指为老虎山河，其前提是上条"高平川水"为源出建平的第二牤牛河（叶柏寿河），其东北即龙城。因第二牤牛河与老虎山河二水在大凌河左岸相邻而地名古今无殊异，权以水道比拟之。

（七）郦注又曰："白狼水又东北迳龙山西，燕慕容皝以柳城之北、龙山之南，福地也，使阳裕筑龙城，改柳城为龙城县。"

此段注文可与《汉书》《晋书》《十六国春秋》等相印证。汉代以前柳城在今朝阳县十二台营子。后叙前燕慕容鲜卑立龙城（今朝阳）之新都史事确凿。白狼水东北所经的龙山之西，正是今朝阳东凤凰山，一称龙山，山上至今有前燕龙祥寺遗址。唯注文之"龙山之南，柳城之北"，按《晋书》和实际方位，应是"龙山之西、柳城之北"。此条柳城指汉代辽西柳城，今地考古发现在朝阳县南十二台营子。阳裕始筑今朝阳龙城燕都之地，遗址经考古发掘仍历历在目[①]。至今坊间有人误以前燕之"龙城"为《史记》中匈奴之龙庭谓"龙城"者，是把汉代卫青等出五原、北逾阴山所至之匈奴龙庭（今蒙古国境），与东晋以后前燕在今辽西朝阳始设之龙城相混淆。古今史家应予辨识之。

---

① 王绵厚、朴文英：《中国东北与东北亚古代交通史》，辽宁人民出版社2016年版，第149页"辽西龙城遗址发掘、勘查图"。

（八）郦注曰："白狼水又北迳黄龙城东。《十三州志》曰：辽东属国都尉治昌辽道，有黄龙亭者也，魏营州刺史治。《魏土地记》曰：黄龙城西（应为'东'）南有白狼河，东北流，附城东北下，即是也。"

此条注文博引《十三州志》《魏土地记》等当时传世史书，现对注文稍加疏证厘正。《十三州志》中的"辽东属国昌黎"者，应与北魏时"营州昌黎"区别。前者为东汉所设"辽东属国"，治旧交黎县以控鲜卑，王莽时在此地一度设"黄龙亭"。郦注把前者昌黎和黄龙二地名与北魏的"营州昌黎"和"黄龙城"（今朝阳）混注一句中，诚需分辨也。唯注引当时《魏土地记》为确，黄龙城（龙城）东南有白狼河，附城东北下，其所接下段古今堪合。

（九）郦注曰："（白狼水）又东北，滥真水出西北塞外，东南历重山，东南入白狼水。"

此段注文的"滥真水"，是大凌河过龙城（今朝阳）后，再东北流所汇一河。从古今水道地理看，在大凌河过朝阳东北经北票南，折转南流前段，先后有十家子河（俗称大庙河）、顾洞河、东官营子河、扣卜营子河入大凌河。在这些河流中可厘定为郦注中"滥真水"的，笔者认为"出西北塞外、历重山"是关键地理标志。因为笔者早年（20世纪80年代）调查过的大庙河等较小河流，多源自辽西古长城塞内[①]，只有扣卜营子河源头出塞较远，其东南又历大黑山和桃花山等重山，故笔者在《大凌河水系历史地理考辨》中已初定为滥真水。

（十）郦注曰："白狼水又东北出，东流分为二水，右水，疑即渝水也。《地理志》曰：渝水首受白狼水。西南循山，迳一故城西，世以为河连城，疑是临渝县之故城。"

---

① 辽宁省文物局编著：《辽宁省燕秦汉长城资源调查报告》，文物出版社2017年版。

上述一段水道地理，20世纪80年代笔者曾循《水经注》旧文，与王明琦、刘谦先生专访之。在大凌河南折后北来汇入的细河与大凌河交汇处（今义县复兴堡），如上举确有发现汉代城址。其与"东南入白狼水"和"河连城"相符。郦道元严谨地注云"疑是临渝县之故城"，笔者则调查后深信①，即今大凌河与南下细河交汇的义县东复兴堡古城，当为西汉之临渝县，以该河段称渝水得名，东汉时方迁临渝县于今山海关西。此可考见笔者所著《中国东北与东北亚古代交通史》等旧作。

（十一）郦注曰："渝水南流东屈，与一水会，……疑即《地理志》所谓侯水北入渝者也。《十三州志》曰：侯水南入渝。《地理志》盖言自北而南也。……渝水又东南迳一故城东，俗曰女罗城。又南迳营丘城西。营丘在齐而名之于辽、燕之间者，盖燕、齐迥，侨分所在。其水东南入海，《地理志》曰：渝水自塞外南入海。一水东北出塞，为白狼水，又东南流至房县注于辽。《魏土地记》曰：白狼水下入辽也。"

以上这段注文，涉及白狼水、渝水、侯水和临渝、女（汝）罗、营丘诸城，以及《汉书·地理志》《十三州志》《魏土地记》等经典史书，可从郦注中见微而知著。试解读如次。

此段郦注开头所谓渝水"右有二水"，从古今地理看，是指今大凌河左岸的两条南入支流牤牛河和细河。由此可知，右细河古为渝水，左牤牛河古为侯水，二水与注文相合，又与下文"侯水南入渝"相证。另外注文谓之临渝、女罗、营丘三古城，亦一一可与水道相证。其中"临渝"，即注引《汉志》和《十三州志》中的西汉辽西郡临渝县，笔者在《秦汉东北史》中考其故城在今义县东复兴堡，后汉再迁今山海关西，为古渝关之得名也。另一"女罗"亦书"汝罗城"，位于大凌河下

---

① 王绵厚：《秦汉东北史》"辽西临渝县"条，辽宁人民出版社1994年版。

游今义县七里河开州城至北镇南。至隋唐东征时继设"汝罗镇",为交通和军事重镇。而"营丘"者,如注中称借用太公旧封山东齐地"营丘"之地名,或北魏有"燕齐"侨民所聚,前燕以后已设有侨郡"营丘郡",按在今大凌河入海前的凌海市大王屯一带古城。由其在大凌河口(南经营立城西)的方位看,该地正是注中开头和结尾都注明的白狼水下游入海的"房县"之境。而最后据注文本身考知,郦道元所以在白狼水首尾均提及"白狼水入辽",系主要采自当时的志书《魏土地记》原文,可见其注文当时确有源据,于此亦可辨。

综上,本文疏解《水经注》之燕辽主要水系,并重理"白狼水"条十余处注释文,虽不及堂奥,但亦可见郦注内容之博雅深邃,多可与古今地理相证。在结束此篇前,除水道地理外,仅以三处古今有分异的三个地名龙城、昌黎、临渝为例,因其古今建置有变,进一步略辨说。

其一,龙城,注中又称黄龙城。文中已举析,古今至少涉及西汉时武帝遣卫青等北击匈奴之龙城,到王莽改设辽东黄龙亭和前燕重设之龙城。时至今日治史者,仍有混而不详察者。

其二,昌黎,古今变迁尤多。业内史家有"五昌黎说"。仅本书所记燕辽地区,就至少有西汉辽西郡东部都尉交黎县、东汉辽东属国昌黎、三燕以后昌黎郡(郦注)和本文未涉之金代以后的昌黎(今河北昌黎)。

其三,至于临渝古县,古今疏辨尤多。以郦注汲古旧志可知,西汉之辽西临渝,本设在今义县东大凌河下游古渝水之畔。东汉边郡缩迁至今山海关内抚宁,自此"临渝县"境方有"碣石"。而今山海关即渝关(一作"榆关"),也自此而来,续传二千年也。中国东北和东北亚地区东有长白山系,西有"燕辽地区"的人文圣迹,尚有仍未开发的"学术冰山"。本文之末赘此数语,意在如开篇所言,借郦注中已涉论的"燕辽"地区的"三河水系(大凌河、老哈河、滦河)"、古道方国的史迹钩沉,为时隽及后学作抛砖之拙思。

第四节
结　语

　　本章以《〈水经注〉中的燕辽"四大水系"与大凌河历史地理疏证》为题，实际上涉论的内容包括燕山南北、上辽河流域的广义"燕辽地区"。从水系地理的角度，既以《水经注》为载体，还应包括郦注的卷十三"灅水"条的"桑干枝水"即今桑干河和下游永定河，但鉴于与燕辽地区的水系中所述滦河、大凌河、老哈河三河相比，永定河水系笔者缺少亲自调查践行，只踏临其中少许，故从考古人的实证出发，仅涉论大凌河、老哈河、滦河"三河水系"。在结束这篇以《水经注》著录为载体的疏证文章时，应当指出，该书著录的燕山南之滦河水系与燕山（实际是七老图山）北之大凌河、老哈河（上辽河）三水系，在郦道元的北魏时代已经不存在文化和民族分区意义。但追溯至新石器时代（以红山文化为代表）和青铜文化（以夏家店下层和大坨头为代表）时代，燕山南北则有明显区别。按照笔者20年前《燕亳、北戎与东胡》的初论，至少从新石器中期开始，燕南、燕北已产生了成熟的土著文化。两者在与河、洛、汾流域古文化互动交流的同时，在燕山南北形成了有地缘互渗关系的南为燕戎、北为燕亳的方国文明。但到了西周以后，由于北亚的草原文化和东胡等进入燕辽地区，并逐渐渗入燕亳故地，同时西周封燕势力交向北进，终至战国秦开却胡将燕文化真正引入医巫闾山以东，此燕辽文化区才发生地域和民族文化格局的新变化。所以从这个意义讲，从宏观历史时空看，本文所引申涉论的燕辽文化区至少有三个大的历史段落，即红山（有熊氏）古国和燕亳方国时期、西周召公封燕到秦开却胡以前（燕戎期）和秦开却胡开五郡到汉魏以后。如此，与东部长白山区系相对应的西部燕辽文化区在中国东北和东北亚考古、民族与地域文化上的认识，还有诸多需要重新审视的课题。燕辽文化区在连接燕辽长城地区和晋陕河套地区文化廊道与文化地理上的枢纽地位，及其在中国北方长城内外文化形成中的特殊地位，尚有诸多待深入解决的学苑处女地。

附：
大凌河水系历史地理考辨

辽西大凌河流域的历史地理，是东北历史地理研究中的重要问题之一，历来众议纷纭。《社会科学战线》1981年第2期载张博泉先生撰《略论与白狼水有关的几个问题》一文，对白狼水的有关问题博征史籍、详加考证，确有精审之处。但该文中对古今大凌河水系诸水道及有关历史地理的考察，尚有失实和疑误。

笔者因参加《辽宁史迹资料》修订工作，对大凌河水系的历史地理诸问题略有涉猎。参证史籍和近年考古发现，对张文考证未详或有管见者试作考察，以与之共勉，并就正于学术界。

一、渝水上源非单指大凌河西支，而又指今敖木伦河

从自然地理的角度观察，今大凌河上游主要可分东西两支：东支干流发源于今建昌南大青山北麓"土心塔""喇嘛洞"附近，称"敖木伦河"或"敖木楞河"；西支流即发源于今河北平泉境的大凌河西支（俗称南大河）。除此以外，大凌河上游的主要支流集中于左岸，其中自上游至下游依次为渗津河、第二牤牛河、老虎山河、扣卜营子河、牤牛河等。如欲确考古今大凌河水系，不得不逐一辨明上述各主要支流。

关于"渝水"上源，张文考定为"凌源镇西南大河"，其所据主

要是辽"榆州"为今"凌源西十八里堡","渝水"应是"榆州"所在之水。另至元二十四年《利州长寿山玉京观地产碑》有"利州之西,凭榆河之渡"[①]等语。

上述以"榆州"之地望,定"渝(榆)水"所在,是可据的。除上述两条外,仍有《元一统志》等可备考。据《元一统志》"榆州"条记载,其附郭"和众县""东到利州九十里"[②]。"利州",据《利州长寿山玉京观地产碑》等记载,在今喀左大城子东门外大凌河西支北岸。从方位、里程计,其西九十里的"榆州和众县",为今凌源西十八里堡是可信的。故流经"榆州"的大凌河西支(南大河),即应为"榆河"。

但是需要补证的是,根据考古发现和史籍所载,古"渝水"不仅指大凌河西支(南大河),而应同指今北流大凌河上游"敖木伦河"。1979年在今凌源天盛号发现金大定十年(1170年)的石拱桥。桥上的石刻铭文载,桥建于"龙山县西五十里地狗河川"。金代"龙山县"因袭于汉魏,以朝阳东南的"龙山"得名。唐《通典》记载:营州柳城县境"有龙山、鲜卑山,在县东南二百里"[③]。《太平寰宇记》"营州柳城县"条下载:"龙山,在郡东南。"[④]而证于辽、金二史,"榆河"应流经"龙山县"境,如《金史》"利州龙山县"条记载:"辽故潭州广润军县故名,熙宗皇统三年废州来属,有榆河。"[⑤]

参证上述桥铭和文献记载,金代"龙山县"故地当位于天盛号石

---

① 辽宁省博物馆编:《辽宁史迹资料》,1962年内部刊行本,第67页。
② 《热河志》卷六十二引《元一统志》。
③ 《通典》卷一百七十八《州郡八·古冀州上》,中华书局标点本,2016年版,第4716页。
④ 《太平寰宇记》卷七十一《河北道二十》,中华书局2007年版,第1433页。
⑤ 《金史》卷二十四《志第五·地理上》,中华书局标点本,1975年版,第558页。

桥东五十里许，其方位正当敖木伦河左岸今喀左白塔子附近。这一地区早年已有辽金古城址发现，故知金代龙山县当在白塔子一带。而其县境的"榆河"，应即今大凌河上游"敖木伦河"。考辽金时龙山县境的"榆河"，应是汉魏时的"渝水"上游。因为"渝水"和"榆水"古时即已相通，如《汉书·地理志》"临渝县"条有"渝水首受白狼，东入塞外"，而同书"字县"条则记为"榆水出东"①。

《汉书·地理志》"字县"条中的"榆水出东"，意即"榆水由东源出"。此句在审度汉代渝水时，不可忽视。因为从源流方向看，大凌河西支（南大河）应是"出西"或"出西南"，与"榆水出东"的方向不合；而发源于建昌南喇嘛洞附近的敖木伦河，可视为"出东"或"出东南"，与《汉书》中"榆水出东"的方向相合。所以《汉书·地理志》的"渝水"上源，主要应指今敖木伦河即大凌河上游干流，后来才渐统称大凌河上游东西两大源均为榆河。

上述《汉书》中的"渝水"上游，《水经注》中不见著载。但从该书云，白狼水"水出右北平白狼县东南，北流西北屈，迳广成县故城南"来看，应是将今大凌河上游干流的"渝水"之源，与大凌河北流至"白狼县"后的"白狼水"干流，合称为"白狼"一水。

"渝水"上游辨明后，仍须考察"渝水"与"白狼水"的关系。据《汉书》等史籍载，"渝水"全流应被"白狼水"干流割为首尾两段：上段主要称敖木伦河，下段在《汉书·地理志》中记为"渝水首受塞外，南入海"②，意即"渝水首受塞外白狼水，南流入海"。据此可知，汉代的"渝水"下游，应为今南流大凌河的下游之水。张文等考

---

① 《汉书》卷二十八下《地理志下》"临渝县""字县"条，中华书局标点本，1962年版，第1624页。

② 《汉书》卷二十八下《地理志下》"交黎县"条，中华书局标点本，1962年版，第1625页。

定，下段"渝水"为"白狼水出塞外"后，北来牤牛河于北票"下府"一带汇入大凌河干流，东南入海。此论从古今大凌河的水道流向看，应是可据的。

二、白狼城、石城与石城川水

与"白狼水"流域有关的是汉代设于今大凌河上游的几座城址，其中以"右北平郡"的"白狼县""广成县"和"石城县"与"白狼水"关系密切。

据《水经注》"白狼水"条记载："水出右北平白狼县东南，北流西北屈，迳广成县故城南。……又西北，石城川水注之，水出西南石城山，东流迳石城县故城南。……北屈迳白鹿山西，即白狼山也。……其水（石城川）又东北入广成县，东注白狼水。"以下据《水经注》所载，以"白狼水"的源流方向为序，对上段"白狼水"所经之地逐次索证如下：

（一）"白狼水"由"白狼县东南"源出北流，所经的第一个县城为"广成县"。从其水"西北屈，迳广成县故城南"来看，"广成县"故城应位于"白狼水"上游右岸东北，从今大凌河上游"敖木伦河"的水道看，"广成县"应在今大凌河上游东北岸，即今建昌至南公营子一段。其县境辖地应为大凌河上游"敖木伦河"以东地区。

（二）从《水经注》记载可知，"石城川水"是"白狼水"经"广成县"后北流，由"西北来注"的第一条主要支流。此水张文比定为"生机河"，从大凌河水系来看是可据的。唯嫌不足的是，张文未举出更多的依据。

考"生机河"今称"渗津河"，其发源于凌源帽子山东南郭家店附近，东流经喀左山嘴子折而东北流，至"桃花池"入敖木伦河。

从《水经注》"石城川"和今"渗津河"的源流方向看，"水出西南石城山"应指"帽子山"。"东流迳石城县故城南"，"石城"应位于山嘴子一带渗津河北岸。考古发现这一地区战国时已设城。"石城川水"东经"石城县"南，又"北屈迳白鹿山（白狼山）西"，从今渗津河的流向看，此段应是由"山嘴子"东北流至"桃花池"的水道。在这段水道以东的"白狼山"，从地理上看，唯有今喀左大城子西南大凌河西岸（敖木伦河西）的大阳山。大阳山海拔800余米，是建昌至喀左大城子间大凌河左岸的著名山峰。大阳山东北去今朝阳近二百里，这与《三国志·田畴传》记载曹操"登白狼堆，去柳城二百余里"[①]，在里距上亦相合。故从古今地理来考辨，定大阳山为"白狼山"是有据的。

（三）由上条考知，"石城川"曲经"白狼山西"，东流入"白狼水"，而"白狼山"即今喀左大城子西南的大阳山，故"白狼县"当以"白狼山"的位置求证。据《汉书·地理志》颜师古注，白狼县"有白狼山，故以名县"[②]。在今大阳山附近是否有汉城址，考古发现作了肯定的回答。在今喀左大阳山北，考古工作者在平房子镇北黄道营子发现一处汉城址。该城纵横在200米左右，周围分布有密集的汉墓群。从地望上看，黄道营子汉城位于大阳山东北约30里，两地隔渗津河相望。从里距上看，"白狼山"在"白狼县"境亦是可据的。如果证以《水经注》记载，则可进一步确认。《水经注》云："白狼水"西北会"石城川水"后，又"北迳白狼县故城东"。从前节考知，"石城川水"为渗津河，"白狼水"上游为敖木伦河，二水汇合后北流，正经过今"黄道营子汉城"之东。这在地望上与汉代"白狼水""石城川水""白狼山"和"白狼县"的相对位置勘合。

---

① 《三国志》卷十一《魏书·田畴传》，中华书局标点本，1959年版，第342页。
② 《汉书》卷二十八下《地理志第八下》"白狼县"条，第1625页。

三、关于"方城"与"方城川水"

上述考辨证明，大凌河西支（南大河），辽为"榆河"。但是这条古今大凌河干流的主要西支流在《水经注》中属于哪条水道，仍是存疑的问题。张文中定其为汉"渝水"上段。笔者认为，《水经注》中的"白狼水"应包括"渝水"，即今大凌河上游干流敖木伦河。今大凌河西支（南大河）从"白狼水"水道的流向和考古发现证明，应是"石城川水（渗津河）"注入"白狼水"后北流东屈，又一条"出西南山……东入白狼水"的"方城川水"。据《水经注》原载："石城川"注入后，"白狼水又东，方城川水注之。水发源西南山下，东流北屈，迳一故城西，世谓之雀目城。东屈迳方城北，东入白狼水"。

以今大凌河西支（南大河）与《水经注》之"方城川"相比证，则斑迹可考。从水道流经看，大凌河西支（南大河）入大凌河干流处，正在北流大凌河汇渗津河后，由喀左"三台"开始东北屈流的河段，即《水经注》中所谓"白狼水又东，方城川水注之"。

从今大凌河西支（南大河）的源流看，此水源于河北平泉境七老图山南东北流，此正所谓"水发源西南山下"。其水"东流北屈"经"雀目城"，从水道流向看，应在今凌源西宋杖子镇一带。过"雀目城"后，"方城川"乃"东屈迳方城北，东入白狼水"。此段所经的"方城"，从考古发现看应是凌源西八里安杖子汉城。考安杖子古城正位于大凌河西支（南大河）水流方向的右岸（南岸），河水经城北由西向东流，再经凌源和喀左大城子入大凌河干流。二水汇合处正在汉代"白狼山"以北的"白狼县"境。故从水道流向和所经城址方位来推论，此水为"方城川水"应与史文相合。张文比定"方城川水"为今第二忙牛河、"方城"在喀左大城子东北，但没有举出充分可信的考据，且在今喀左大城子东北也无汉城发现。

四、"昌黎"故县和"高平川水"

《水经注》中"方城川水"汇"白狼水"后,"又东北迳昌黎故城西。……高平川水注之,水出西北平川,东流迳倭城北,盖倭地人徙之。又东南迳乳楼城北,……东南注白狼水"。

从这段"白狼水"的流向看,北流经"昌黎故城西",乃有"高平川"自"西北平川"东南来注。故"昌黎"应在"高平川"入"白狼水"处的大凌河东。关于"高平川水"的今名,张文中考定为"老虎山河"。笔者认为,从古今大凌河左岸诸支流水系看,应是今第二牤牛河。因为按《水经注》记载,"高平川"是"方城川"(大凌河西支)注"白狼水"后,由西岸东南入"白狼水"的第一条大支流。此河发源于今建平县东南,经建平县城(叶柏寿)、公营子南至水泉北,东南入大凌河。其水所经的"倭城",当在今第二牤牛河南处;又"东南迳乳楼城北"的"乳楼城",应在今喀左三官庙一带。"高平川"由此东南入的"白狼水",即今大凌河干流。

关于与"高平川水"相对的大凌河右岸的"昌黎"故城,据顾炎武《京东考古录》和顾祖禹《读史方舆纪要》等记载,应是东汉以后迁至旧"柳城"南的"昌黎"。《京东考古录》言"昌黎有五",《水经注》中的"昌黎"应是第二迁,即慕容皝所置的"昌黎郡"[①]。《读史方舆纪要》引《括地志》云:"后汉省柳城入昌黎,慕容皝都龙城,本昌黎县地,相去数十里而近也。"[②]这说明东汉以后废"柳城"而并入"昌黎","昌黎"故城应在柳城南。汉代"柳城",据考古发现,可确认为今朝阳市南二十里许的十二台营子乡袁台子古城。故"柳城"南

---

① 《京东考古录》"考昌黎"条。
② 《读史方舆纪要》卷十八"昌黎城"条,中华书局标点本,2005年版,第831页。

的"昌黎",以"白狼水"的流向看,应在今第二牤牛河入大凌河处的对岸为宜(大凌河干流以东)。

五、"自鲁水"与"滥真水"

在《水经注》所记的"白狼水"左岸支流中,"高平川水"西北注"白狼水"以后,依次有二水由左岸来注:其一为"自鲁水",其二为"滥真水"。《水经注》载:"白狼水又东北,自鲁水注之。水导西北远山,东南注白狼水。白狼水又东北迳龙山西,……白狼水又北迳黄龙城东。……又东北,滥真水出西北塞外,东南历重山,东南入白狼水。"

这段"白狼水"东北流所经的"龙山"和"黄龙城",史家已公认为今朝阳东凤凰山和朝阳市。二者方位的比定,对"自鲁水"和"滥真水"水道的指证,提供了准确的地理坐标。"自鲁水",张文中据杨守敬《水经注图》标于今朝阳西南,但未指其水名。按《水经注》的记载看,该水应是"白狼水"经"龙山西"以前,由"西北远山,东南注白狼水"的一条支流。依古今大凌河的"龙山"方位考定,"自鲁水"应是今"老虎山河"。此水发源于西北敖汉旗老虎山,可谓出"西北远山"。张文中将"老虎山河"比定为"高平川水",故无法再确指"自鲁水"的源流。因为如定"老虎山河"为"高平川水"在今大凌河左岸,由"老虎山河"入大凌河、东北至朝阳凤凰山的一段,再无较大的支流可寻,故不知置《水经注》中"自鲁水"于何地。

至于"白狼水"汇"自鲁水"后,又于东北所汇的"滥真水",杨守敬《水经注图》注于今朝阳东北,经朝阳东北入大凌河。今从水道流经看,应是今朝阳东北的扣卜营子河或顾洞河。其水源于北票龙潭附近,经扣卜营子东南流,至"坤头营"西入大凌河。其一路所经,有红石砬子、桃花山和大黑山。大黑山古道交通为笔者1975年调查敖汉旗大甸子时亲历的古道,其山险重重,古称"青山"等名,正可谓"东南历重山，入白狼水"也。

考"白狼水"上游汇左岸诸水后，《水经注》记载，其水又"东北出，东流分为二水。右水，疑即渝水也"。大凌河下游这一古"渝水"段，笔者在早年亦曾踏察。考郦道元所以将此段下游渝水（大凌河）记为"注于辽"，乃其源于《水经注》引《魏土地记》曰"白狼水下入辽"，即郦道元本人当年在未曾到辽西，也未能分辨大凌河与"房县"和辽河下游关系的情况下，取用传世的《魏土地记》记录为凭。郦注的类似失误，不仅证明在当时的历史条件下其注释必有所据的严谨，而且很可能反映了那个没有印刷术、没有通行图籍、靠手笔相传的时代史料传承的艰难。从大凌河整个流程看，这是大凌河水道由东北转而东南流的大转折处，也是今北来牤牛河南入大凌河的交汇点。牤牛河发源于今内蒙古奈曼旗，经阜新、北票境南流，至"下府"与折而东南流的大凌河汇合。据《汉书·地理志》和《水经注》等记载，"白狼水"出"塞外"，东南流的"右水"（实干流）为"渝水"，为史地家确认。此段"渝水"终为南流，经"临渝""交黎""女罗城"等"东南入海"，其水正是汉代"渝水"的下段。郦注所记"房县""临渝"和"交黎（昌黎）"三县故地，笔者自20世纪80年代以来，都有探访。东汉后房县不见于史志，而临渝和昌黎，分别迁到今山海关内秦皇岛市抚宁区和朝阳南。至于《水经注》中又记载"左水"即"白狼水"，"又东南流至房县，注于辽"，乃是古人将今大凌河下游水道别出之水误归于辽河水系所导致。至少上述关于大凌河折而东南流的水系，前人和张文中均有详辨，故不赘述。

（本文原载《社会科学战线》1982年第1期，为笔者40年前调查大凌河古道后初读《水经注》的习作，今略有修改）

第六章 辽西大凌河古道与燕亳、龙城的历史追溯

2004年春，笔者与原辽宁省考古研究所所长田立坤先生在阜新参加完全国辽金史会议后，一起赴他主持的朝阳龙城遗址发掘现场参观考察。

　　当笔者站在刚清理出来的龙城南门的三道门址后，为此重要考古发现所震撼。这使笔者想起从20世纪70年代参加北票丰下和喀左鸽子洞发掘以来，几十年间对以今朝阳（古龙城和营州）为中心的辽西大凌河古道及相关史迹的多次调查。进一步体会到龙城及其前溯燕亳，在燕辽地区的辽西交通地理和北方草原丝绸之路节点上的特殊历史地位，遂作此篇。

第一节
辽西"大凌河古道"命名的正式提出

辽西大凌河古道，作为连接燕山南北，北接老哈河、西拉木伦河而通向大兴安岭和北方草原的"东北亚文化廊道"之一，形成应有数千年。而作为一个明确的现代独立学术命题被提出，却在20世纪后半叶。其最早以"大凌河古道"的专用名称见于地方史志，应是1982年初，当时笔者应《辽宁公路交通史》编纂委员会办公室之邀草撰《辽宁古代交通地理述略》。该文先发表于该机构的内部刊物1984年第1期，当年收入《辽宁省博物馆学术论文集》第一辑。文中提出："汉代沿今辽西大凌河南源进入中原可能有两条通路：一条是由南源敖木伦河经白狼县、石城县、广成县，入河北青龙口，古称清陉口，顺青龙河而行，入卢龙塞。……另一条是由大凌河西源凌源南大河而上，经字县而进入今河北平泉、宽城，是为卢龙西道。"其后于1990年出版的《东北古代交通》一书中，即专列有"辽西大凌河古道的形成"一节，进一步确认："辽西大凌河谷（古）道，是东北地区古代与中原文化交流和民族迁徙的重要交通孔道。考古学证明，发源于大凌河两岸台地的早期青铜时代的夏家店下层文化居落遗址，其分布密度甚至不亚于当代村落点。"[①]

[①] 王绵厚、李健才：《东北古代交通》，沈阳出版社1990年版，第45-46页。

这一20世纪80年代初期提出的"辽西大凌河（兼及老哈河）古道"，为中国东北和东北亚的文化通道和民族通道的命题，以及"大凌河古道"与辽西红山文化、夏家店下层文化的历史渊源提出了构想，这一构想经历了几十年的考古发现的检验被证明是合理的，也为本文以下立论打下基础。

第二节
大凌河古道形成的历史基础
——从"红山古国"到"燕亳方国"

追溯大凌河古道的形成,首先应探寻其历史文化基础。

一、把大凌河古道的形成与考古学上的辽西红山文化和燕亳文化(夏家店下层文化)相联系,是由于当代考古学的进展与历史研究的深入。

其一是基于古代交通文化的发端。交通是人类早期活动的重要载体,是人类基本生活方式"衣、食、住、行"中的"行",与其他三项特别是"食"和"住",都有依托水源和河流等自然资源的特征。时代越早,人类的交通行为(路径)、食物来源和居住条件越依赖大大小小的河流,这在以下列举的红山文化和夏家店下层文化(燕亳)的考古发现中得以证明。

其二是从"红山"和"燕亳"的主要考古遗迹看,人文历史上的大凌河古道也正是上述古文化的密布区。从近年出版的《中国文物地图集》辽宁分册和内蒙古自治区分册可知,迄今已发现的红山文化和夏家店下层文化遗址,都集中在辽西大凌河和老哈河流域,其分布的密度甚至不低于现代村落。它证明了"三河"(西拉木伦河、老哈河、大凌河)流域的古代聚落遗址和交通文化,应根植于早期人类的社会活动中。

其三，如笔者在《中国东北与东北亚古代交通史》中所说，如果古代的人文交通发展经历过"自然交通、部族交通、社会交通"三个发展阶段①，则以红山文化为代表的新石器时代晚期以前的部族交通（包括早期青铜时代），无疑是与红山文化和夏家店下层文化（燕亳）攸关的重要问题。因此探讨辽西地区的大凌河古道，有必要从红山和燕亳时期来追溯其历史源头，至于更早的自然交通则从略。

二、大凌河、西拉木伦河及其支流老哈河流域，是红山文化的"古国文明"和夏家店下层文化的"方国文明"的中心地区。

辽西红山文化是20世纪中国北方最重要的考古发现之一。它与大凌河古道有诸多历史渊源。我们首先应着眼其分布范围。曾经亲自参加过红山文化遗址发掘的张星德教授在《红山文化研究》一书中说："红山文化遗址的分布范围北部越过西拉木伦河，南界西段逾过燕山以南到达华北平原，南界东段可达渤海沿岸，东界越过医巫闾山到达下辽河西岸。在西拉木伦河、老哈河、大小凌河分布最为密集。"②在同年出版的郭大顺、张星德二位先生所著的《东北文化与幽燕文明》中亦有类似的表述③。

显然，从"流域文明"的角度看待红山文明，西拉木伦河（含支流）和老哈河、大小凌河（以大凌河为主）等"三河流域"是其分布中心，其他的边缘分布区应属于它的衍布区。这一点我们从张星德《红山文化研究》第二章《红山文化重要遗址内涵》一节所列的代表性考古发现即可以印证。在该章所列13处红山文化重要遗址和墓地中，有5处（牛河梁女神庙、阜新胡头沟、凌源三官甸子、喀左东山嘴、牛河梁

---

① 王绵厚、朴文英：《中国东北与东北亚古代交通史》第一章，辽宁人民出版社2016年版。
② 张星德：《红山文化研究》，中国社会科学出版社2005年版，第14页。
③ 郭大顺、张星德：《东北文化与幽燕文明》，江苏教育出版社2005年版，第136页。

积石冢）——加上"三普"后在朝阳市龙城区半拉山发现的红山文化积石冢，总计至少有6处重要的红山文化遗址分布在大凌河及其支流牤牛河流域。另外还有8处（满德图、大沁他拉、西水泉、巴林右旗那斯台、翁牛特旗海金山、敖汉旗三道湾子、敖汉旗四棱山、赤峰蜘蛛山）都分布在西拉木伦河（含支流教来河）以南和老哈河流域（参见其原文附图）。而上述的西拉木伦河、大凌河、老哈河，包括其支流牤牛河、教来河、十家子河（大庙河）等，都是后世辽西沿河古道的主干线。这些都深刻地揭示了一个历史信息：以辽西大凌河和老哈河为主干的燕辽之间古交通道，其人文基础应奠基在辽西的红山文化和后续的夏家店下层文化中心区上。这里顺便指出，辽西"红山古国"时代的部族活动中心同时应当是当时的生业中心、祭祀中心、交通活动中心和自然资源中心。其部族文化的"土著性"不仅表现在生活习俗和文化类型上，也表现在对"生态资源""因地制宜"的利用上。以往研究红山文化的学人多将辽西红山文化玉器玉料的来源，远指辽东的岫岩甚至贝加尔湖等地。2014年秋，笔者和相关友人赴凌源等地实地考古调查，其玉料的主要产地亦应在本地即红山文化的中心区（朝阳、赤峰地区）。迄今学术界基本公认，上述辽西大凌河和老哈河流域及其山地（凌源、喀左、建平、赤峰等地），既是红山文化的中心区，也是继其后的夏家店下层文化（燕亳文化）的中心分布区。这两个地域文化的衔接关系，过去一直模糊。近年辽西牛河梁遗址"第十六地点"发现在红山文化地层上，直接叠压着夏家店下层文化的考古遗存，为两者的时代和分布关系提供了重要信息。关于红山文化与中原的关系，当下以"五帝"和"商源"为主流看法。本书从其出土的"玉熊龙"和祭坛（女神庙）中"熊迹"泥塑看，更倾向于五帝时代的"有熊氏古国"，即这两种早期人类文化的分布，与秦汉以后燕辽间和辽西古代交通地理的开拓，均有着深刻的历史渊源。

第三节
对大凌河古道上夏家店下层文化
为燕亳方国的再讨论

继红山文化之后的辽西夏家店下层文化，属燕山以北以老哈河和大凌河流域为中心的早期青铜文化。对于这一文化的时代和性质的分析，特别是族系的认定，中外学者向来都有争议，笔者在20年前已有相关论文叙述。本节从与大凌河古廊道相关的角度，再重点讨论其地域分布、时代性质与族属问题，特别是对夏家店下层文化应为夏商北土燕亳文化的理由进一步论析。

一、关于燕亳的历史时空定位

历史上的燕亳，因为只在《左传》等少数先秦文献中有所记载，所以在以往研究中除涉及夏商北土的考古学和先秦时东北部族外，很少有专门论述，以致20世纪所有论"下层文化"者，无一提到"燕亳"。其实"燕亳"的名称，从古代部族或都邑考察，应由两部分内容组成，即"燕"和"亳"。前者"燕"应为部族的地域古称，指今燕山或燕山以北（辽西）的古族、古邑，即王国维先生早年考证过的"郾"即"北燕"；而"亳"应源于今郑州商城的"汤亳"之"亳"，因为"亳"和"邑"古代都可称为"都邑"，只是有无城墙的差别。可见"燕亳"应是夏商中原对古族"燕"和古"亳"邑的地名合称。从先秦的甲骨卜辞等文献看，此地名也出现在商和商代以前，应是当时商代先王为与中州的"大邑商"相对应，而称呼燕山和燕山以北非"商人（族）"所居的北方部族都邑为"燕亳"，其出现也至少应在商代。所以有关夏商北土的古文献中的"燕亳"，从一开始就是与中州"先商"对应、地居燕山南北不同地域的独立方国。如《太平寰宇记》记载的"古亳城在垣曲西北十五里"，当指经考古发现的今山西"垣曲商城"即古亳。而"燕亳"正是指对应"汤亳"的燕山以北的"北亳"，即一开始"燕亳"就是"先商"时地居燕山以北的独立方国。这对分析为什么把燕山以北和辽西地区的夏家店下层文化与先秦文献中的"燕亳"方国在地望、时代和文化性质等诸方面对比认证和考察，具有重要意义。

二、关于夏家店下层文化为"燕亳"方国文化的再分析

从20世纪中叶夏家店下层文化（下文或简称"下层文化"）被发现以来，学界对其文化性质和时代一直存在着分歧，主要有"先商说""龙山文化北系说""土方说""先燕说"等，自21世纪以来笔者又有"燕亳说"。持"先商说"的主要是辽宁学者；持"龙山文化北系说"的主要是安志敏先生；持"先燕说"的主要是天津学者韩嘉谷先生；而"燕亳说"为笔者在2002年出版的《高句丽古城研究》一书中正式提出。其后，在2006年庆祝佟柱臣先生85岁华诞的论文集《二十一世纪的中国考古学》中，笔者进一步论证："有着广阔覆盖面的夏家店下层文化，应以七老图山为界分为南北二区。在七老图山以北的北系，应属夏商之际（含西周早期）的燕亳文化区。"[1]

以往在上述诸说中，在学术界一直占主流意见的是"先商说"，

---

[1] 王绵厚：《燕亳、北戎与东胡——夏家店下层文化与上层文化的区系类型与族属论析》，中国社会科学院考古研究所编：《二十一世纪的中国考古学——庆祝佟柱臣先生八十五华诞学术文集》，文物出版社2006年版，第445页。

如2001年北大学长著名考古学家郭大顺先生在《龙出辽河源》一书第十五章中说："燕山地区考古发现的先商'商先'文化和商遗民遗迹，主要指的是广泛分布于燕山南北地区时间相当于夏到早商时期的夏家店下层文化，以及夏家店下层文化的前身红山文化。"[1]此说的最早提出者应是丁山先生。他在《商周史料考证》中说："契所居蕃，我很疑惑是亳字音讹。"[2]鉴于这一主流看法的广泛影响，本文拟在以往论述的基础上，专就夏家店下层文化非燕山以北的"先商文化"，而应是见于先秦史籍中的"燕亳文化"，再重新提出以下几点带有商榷性的意见，请方家指正。

其一，夏家店下层文化分布的区域与"燕亳"存在的时空印证。确认夏家店下层文化与燕亳关系的首要问题，是其文化在历史上的地域分布、时间框架和相关文献的考察，这三者在学术界都有基本定说。关于夏家店下层文化的地域分布，迄今在考古界通行"燕南说""燕北说"和"壶流河流域说"，而公认为"燕北"是其文化和部族的中心区。这一点即使持"先商说"的学者，如郭大顺先生在《龙出辽河源》等论著中也明确承认，燕亳应在"燕山以北"。而这一基本定位的考古学文化中心，正处在辽西大凌河和老哈河、西拉木伦河流域，即所谓燕北的核心地段。这是"下层文化"为燕亳的人文地理基础。

其二，关于夏家店下层文化的时间断限。经几十年来发现的夏家店下层文化的诸遗址、墓葬测试及分析，夏家店下层文化应在距今4000~3200年前后。董高先生在整理水泉遗址后著文，将夏家店下层文化的时代下限定在距今3500~3200年前后。这一时间的下限涉及其后续魏营子文化，已进入商周之际，在东北地区应属青铜时代早期。近年

---

[1] 郭大顺：《龙出辽河源》，百花文艺出版社2001年版，第252页。
[2] 丁山：《商周史料考证》，龙门联合书局1960年版，第16—17页。

第三次全国文物普查时，在赤峰二道井子及辽西地区新的若干考古发现，更证明夏家店下层文化与魏营子类型等接续，其下限可能会更晚。上述这一时间框架可与人们通常引用的关于"燕亳"记载的最早文献《左传·召公九年》"武王克商……肃慎、燕、亳，吾北土也"相印证。即如上述已指出，夏商时代的"北土燕亳"，早在商末周初以前已存在于"夏商北土"，所以方能在周武王灭商初期即进献祝贺。可以作为旁证的是，在商代的甲骨文中已有"晏（燕）"和"亳"字。而且在西周早期的"陈璋方壶"铭文中也明确记载有："陈璋内伐匽亳邦之获。"[①]因此以往把夏家店下层文化的时代定为早于文献中的"燕亳"而作为否定其为燕亳的理由之一，在时间的框架内是说不通的。即燕亳早在商末周初以前已存在于"燕山以北"，现存文献中记载的燕亳应是晚期的燕亳方国。所以从先秦之燕亳分布在燕北的地望，以及在"夏商北土"存在的时间上看，直到西周初年，在燕山以北的辽西仍存在着燕亳。因此以夏家店下层文化为燕北、辽西地区之燕亳遗存，并与古文献记载、时间框架和铜器铭文相印证，都有较充分的历史根据。

其三，从"夏商北土"时东北诸部族的分布地望看燕亳的地理定位。将夏家店下层文化比为燕亳文化，另一个宏观的考古民族学依据，是需要对先秦时期中国东北（括及北方）的古民族与"方国"的宏观分布区系有一个全局性的合理认识。经过近百年现代历史考古学的研究，学术界已普遍认为，在东北地区有几个大的民族文化和方国分布谱系：以医巫闾山为界，在医巫闾山以西为燕山以北和大兴安岭以南的燕辽文化区，在医巫闾山以东为经过松辽平原的长白山区系文化区。这两大区系也是自20世纪80年代以来，笔者长期关注之处。其西部燕山以北和西拉木伦河以南，正是前面提到的红山文化和夏家店下层文化的中心区，

[①] 详林沄：《"燕亳"和"燕亳邦"小议》，《史学集刊》1994年第2期。

史上应属燕北的夏商北土的燕亳地域。而东部的辽东和长白山南北，应分别属于"濊貊、夫余"和"肃慎、沃沮"部族的南北文化区[①]。这样用宏观视野全盘审视先秦时代的东北民族分布，商周北土的燕亳也只应分布于医巫闾山以西、燕山以北和西拉木伦河以南。关于这一点，持"先商说"的郭大顺先生在《东北文化与幽燕文明》一书中，也认为辽河以东的高台山文化曾受其西部夏家店下层文化的某些影响。可见"下层文化"的核心地区在以辽西大凌河和老哈河为中心的燕山以北，为学术界普遍公认。即考察古燕亳的地望，必须在"燕山以北"和"医巫闾山以西"定位。而这一明确地理定位，又是勘定辽西早期燕亳与夏家店下层文化二者相同地望和内在联系的重要地理基础。

其四，夏家店下层文化为辽西燕亳文化在考古学内涵方面的再认识。如上指出，以辽西夏家店下层文化为燕亳文化，除了二者在文献比证、存在的时空框架、东北地区先秦部族方国的宏观分布格局等方面的合理性外，应进一步论述的是其考古学文化性质的内涵分析。这一问题在"先商说"提出的初期，学界即有不同的看法。这里仅举两位著名考古学家、北京大学教授李伯谦先生和吉林大学教授林沄先生的论断。李伯谦先生在1990年说，夏家店下层文化"与商文化并无直接承袭演化关系，它不是商文化的自然北延或商文化在北方的来源之一"[②]。林沄先生则在1994年说："该地区（夏家店下层）的已确认的考古学文化，一直是不同于先商—商文化的他系文化。"[③]

二位考古学家虽然没有确认夏家店下层文化的族属，但几乎一致

---

① 王绵厚：《长白山地区的历史遗迹与考古文化》，刘厚生主编：《中国长白山文化》，吉林出版集团2014年版。

② 李伯谦：《论夏家店下层文化》，北京大学考古系编：《纪念北京大学考古专业三十周年论文集（1952—1982）》，文物出版社1990年版，第167页。

③ 林沄：《"燕亳"和"燕亳邦"小议》，《史学集刊》1994年第2期。

明确地否认了"下层文化"为"先商说"。因此这里有必要重点对以往已经涉论的考论夏家店下层文化为"燕亳文化"的原因重新进行考古学的分析。因为分析"下层文化"为燕亳文化，以往笔者已有论述，所以这里不再重复详细的考古学依据，只选择三项最有突出特征的考古学文化现象，分析下层文化可以与燕亳文化比证而非"先商说"的理由，请有识者指正。

1. 从聚落形态上可以看出"下层文化"具有非先商文化而属北方燕亳文化的土著特征。迄今为止，几乎所有讨论文明和国家起源的论著，都把聚落（邑）形态作为主要标准，讨论燕亳也理应如此。比定夏家店下层文化为燕亳文化，以其居住址和城址为代表的聚落形态最具典型性。笔者1972年全程参与北票丰下夏家店下层文化遗址发掘，在20世纪又先后考察过敖汉旗大甸子，建平水泉，赤峰尹家店、三座店，北票康家屯等有代表性的"下层文化"的居住址和古城址。这些城址和遗址的聚落形态都有三个特点：其一，周垣不甚规则，特别是不规范的山坡上和台地上的"石城聚落"和晚期的夯土城垣，都与河南郑州、新郑，山西陶寺等地的早期"商城"（含龙山晚期）及山西陶寺、东下冯等"夏墟"早期城址中独具规范的方形夯筑古城有很大不同，绝对是两种不同类型。其二，夏家店下层文化（燕亳）的石城建筑和土坯墙也是北方部族特有的土著"方国城邑"建筑形态，在"先商"和"早商"的中原均找不出其渊源或并存关系，在同域红山文化中更无线索。其三，这类山城从普遍规律上看，可分为高山型和高台型两种。两种类型山城均依山势、沿河流分布，形状多样，而以"不规则状"最具特色。其中以21世纪初（2002—2006年）辽宁省文物考古研究所发掘的北票康家屯城址和内蒙古文物考古研究所发掘的赤峰市松山区三座店城址最有代表性。这类城址的建筑结构，多以利用地形（山冈或台地）以建石墙（少量土石混筑）为特色。普遍筑法有两种：一是用自然石块叠压的"干插石"筑法；二是两侧用石块砌筑，中间填充土石。多数山城两种筑法并用，有的附以堆土和土坯墙。在大部分这类石城址中，极少见规范的"里坊"遗迹，却多有不规则的"马面"一类建筑，其防卫功能突出。综上所述，这类石城址与中州地区同时代的"龙山式"夯筑土城明显不同，故笔者曾在先前的论著中，称辽西夏家店下层文化的独特聚落址（石城和土坯墙）为夏商北土的土著"燕亳式"聚落遗存。而早于它的最近影响，应为河套地区石峁古城系列。

2. 对"下层文化"独具特色的燕亳陶器的分析。谈到"下层文化"的代表性陶器，其类型确实有北方陶器与中原龙山文化、夏商早期文化的一些多元特征，特别表现在普遍发现的灰褐陶绳纹（加弦纹）的三足器上，这是该文化与燕南地区古文化交流、互渗的结果。受中原绳纹陶的影响，早在"夏墟"陶寺的"下层文化"以前，小河沿文化已进辽西，但业内人士普遍承认，在"下层文化"中缺少"先商文化"典型的"大（敞）口罐"等典型器。而"下层文化"所特有的"筒式鬲（尊型鬲）""折腹盆""彩绘陶"等，特别是笔者早年调查的大甸子遗址出土的高袋足、直腹带单柄、流状口的陶鬲，无疑有与石垣聚落并存、并生的"下层文化"陶器的地方特征。过去一些研究者认为，彩绘陶"无论图案、结构和布局，都已具备了商代青铜器花纹的基本特征"[①]。关于前者的某些共同因素，业已指出，不过是燕山南北文化"互动"的结果；而后者的潜台词是，商代的青铜器花纹来源于"下层文化"的彩绘陶。这里应当指出的是，"下层文化"彩绘陶的当地土著文化根源，主要应来自红山文化的彩陶花纹。1975年秋——当时敖汉旗尚属辽宁管辖，笔者在辽博，曾奉命与杨仁恺先生赴敖汉旗大甸子，与当年发掘大甸子的考古专家、北京考古研究所的刘观民先生等，商借并考察夏家店下层文化墓地出土的彩绘陶器等（后有十余件精品至今藏于

---

① 郭大顺、张星德：《东北文化与幽燕文明》，江苏教育出版社2005年版，第298页。

辽博）。观其彩绘陶花纹与北票丰下等发掘的少量彩陶花纹相同，且都与后来发现的红山彩陶花纹相近，与商代的青铜器花纹相去较远。而谈到这种彩绘陶的源流，有一条公认的规律，即"下层文化"在燕山南北的发展有渐南渐晚的现象，即由燕北类型逐渐影响和传布至燕南类型。但值得注意的是，迄今为止，无论是燕南类型的"雪山一期""大坨头""张家园"，还是承德地区的壶流河类型，都极少发现有燕山以北夏家店下层文化的彩绘陶器。这正如著名考古学家李伯谦先生曾经著文详细分析的，燕山以北的夏家店下层文化与燕南类型在文化特点上存在较大的区别。既然如此，把"下层文化"的彩绘陶当作早期商代青铜器花纹的直接来源的说法，就面临着"先入为主"的一个重要疑点：为什么"下层文化"的彩绘陶会越过地域相邻、文化相近的"燕南类型"地区的"飞地"，跨越广阔的燕山南北，偏偏影响到黄河和漳河流域的"早商"故地，而更临近"下层文化"的"燕南类型"（先燕文化）中却很少有彩绘陶？质言之，至少目前将早商的青铜器花纹说成直接来源于夏家店下层文化的彩陶纹饰，尚缺乏确证。比较确切的看法应当是，"下层文化"的彩绘陶，连同具有北方"筒形罐"文化传统的"筒式鬲"等，应同属夏商北土的古燕亳土著陶艺特征。如上指出，有些陶器存在山西汾河流域的陶寺、东下冯等"夏墟"陶艺的某些影响（又如绘彩和绳纹兼划弦纹的三足器），但其主流应当是北方的土著文化，即本文认定的燕山以北燕亳类型的北方陶器类型。

3. 再试析继红山文化后的夏家店下层文化与"先商"不同类型的玉器的特征。夏家店下层文化与先商文化的差别，不仅反映在上述聚落形态和陶器类型的诸多不同，而且从继红山文化传统的玉文化来说，其差别也是明显的。众所周知，辽西夏家店下层文化的玉器，不仅在地域分布和材质上与红山文化基本一致，而且经调查，在辽西大凌河流域两种文化直接存在地层叠压关系，其玉器的器型基本以小型的饰品为主。其中少量小型玉龙、玉玦、串饰、耳饰等，明显追袭着红山文化余绪，而工艺稍逊于红山文化。这与夏商（特别是早商）中原的玉器，如具有更多"礼制"内涵的玉圭、玉璋、玉琮等，显然分属不同地域、不同等级甚至是不同族系的玉器文化。质言之，如果按"先商说"，先商玉器主要来自夏家店下层文化及其前身红山文化，那迄今为止，除了在陕西的春秋墓葬中出土了明显为北方流传过去的红山类型的玉龙外，在早期的本土河南、山西等地为什么极少有类似"玉熊龙"（有熊氏）一类玉器出土呢？近年在朝阳龙城区新发现的红山文化和"下层文化"石雕像等土著特征鲜明，也看不出有"先商"痕迹，说明夏家店下层文化为"先商说"在玉文化上亦得不到考古学的支持。

三、从燕亳文化的流向亦可证明其为先燕文化的基础

本文所说的燕亳文化即等同于夏家店下层文化。在论及该文化的源流时，考古界一直存在一个未解之谜：它与辽西夏家店下层文化几乎在同一分布区内而继其后的夏家店上层文化，从考古遗存看，无论是经济形态、考古遗物还是文化习俗等，都与"下层文化"存在较大差异，此为学界共识。由此不能不让人们思考"下层文化"（燕亳）的继承和流向原因。本文之所以不用"下层文化的流向"为题，而称为"燕亳文化的流向"，主要基于以下着眼点：论述是以民族（部族）文化和地域文化为主，而不是用考古类型学的方法和视角。由于受考古发现的阶段性、局部性的限制，迄今对燕山南北"下层文化"（燕亳）的考古学类型和属性的分析尚存较大的分歧，且不是在一篇论著中就可以梳理清的。故本文重点围绕"下层文化"（燕亳）在燕山南北的宏观发展趋势，即渐南渐晚的文化发展现象，进行综合分析。

1. 首先需要肯定，燕山以北的夏家店下层文化的流向具有渐南渐晚趋势的看法，至今已为学术界基本公认。这里仅举如《东北文化与幽燕文明》一书所言："夏家店下层文化主要分布区，在燕山以北的辽宁西部和内蒙古东南部地区，但这一支强盛一时的方国文化在向外发展

时，主要目标是向南部扩展。……称为夏家店下层文化'燕南型'。"该书在列举了燕南类型的大城山、大坨头、壶流河等遗址后，总结说："燕南地区的夏家店下层文化，主要是属于夏家店下层文化的中晚期阶段遗存。"[①]这就是被考古学普遍认同的观点：夏家店下层文化的发展具有渐南渐晚的现象。它对以下分析"下层文化"（燕亳）的流向及原因具有导向意义。

2. 考察"燕亳文化"（夏家店下层文化）渐南渐晚现象并分析其族系的意义，首先需要分析所谓燕南类型的性质。因为在这一文化命题提出的初期，学术界就有不同看法。如韩嘉谷先生指出，所谓夏家店下层文化的燕南类型的重要代表——大坨头文化，"虽然在其发展过程中曾受到相邻文化尤其是北面夏家店下层文化的影响，但始终保持着自己固有的文化传统和夏家店下层文化的区别灼然可见"[②]。笔者早在2006年所撰的《燕亳、北戎与东胡》一文中，亦赞同所谓夏家店下层文化的燕南类型与燕山以北的"下层文化"虽地缘相接，但并非同一族系文化，即晚于燕北类型的燕南类型实属"先燕文化"（北戎）。从考古学区系类型看，今北京以北的冀北山地统称为燕山。而考古学上夏家店下层文化的燕南类型，实际上真正的文化分区界限是在燕山的北支七老图山以北[③]，因为七老图山才是辽西大凌河、老哈河与河北省滦河上游、桑干河的重要分水岭。如考古学界认为的燕南类型的代表之一河北唐山大城山遗址和承德地区被称为壶流河类型的遗址，就分别在滦河流域和桑干

---

① 郭大顺、张星德：《东北文化与幽燕文明》，江苏教育出版社2005年版，第328、334页。

② 韩嘉谷：《大坨头文化陶器群浅析》，见《中国考古学会第七次年会论文集》，文物出版社1992年版，第294页。

③ 王绵厚：《燕亳、北戎与东胡——夏家店下层文化与上层文化的区系类型与族属论析》，中国社会科学院考古研究所编：《二十一世纪的中国考古学——庆祝佟柱臣先生八十五华诞学术文集》，文物出版社2006年版。

河流域。在这些遗址中，除有燕山以北"下层文化"的某些因素外，更有燕南（七老图山以南）地区大坨头文化和张家园文化中普遍存在的"敛口鼓腹鬲"和"花边鬲、矮足鬲、联裆鬲"等被普遍认定有"先燕"特征的标准器物。所以从燕辽地区先秦部族方国的分布看，笔者在《燕亳、北戎与东胡》中已论定，所谓燕南类型，其族属应是北戎（山戎）土著文化区形成的先燕文化。从目前已明确的考古学意义上说，当燕山以北的夏家店下层文化（燕亳集团），在大约3000年前（西周初）开始被同一区域由草原地区东进的以游牧生活为主体的夏家店上层文化（东胡）势力驱逐或取代后，曾经强盛一时的夏商北土的"燕亳"集团，大部分被迫流迁，分为三个方向：其一，主流南迁融入燕山南北的"先燕"（大坨头）文化区，成为后来西周燕文化的重要基础之一；其二，次流东南迁往大凌河中下游，形成所谓魏营子文化；其三，只有少量流向医巫闾山以东，与辽北高台山文化等融入辽东"南貊"诸青铜文化系列。这一现象也可以证明，与"先燕"地区毗邻的"燕北"大凌河和老哈河流域的夏家店下层文化，应是与先燕文化有近缘的燕山以北的燕亳文化。其早在西周燕文化形成前，就是土著在北方的"燕亳"方国文化，它与山戎一起构成先燕文化。

3. 最后需要指出，以上列举的夏家店下层文化等考古学证据，在缺乏文献记载的古代，其文化形态与族属、族系认定的不确定性和未知点尚多，是考古学界向来审慎对待的问题。但有一点应当强调：本文举证说明，夏家店下层文化与燕亳文化除可印证于先秦文献记载和铜器铭文外，在历史时间框架、地域分布、民族区系和文化类型等因素中存在着诸多合理性，而与先商文化却有着诸多区别。如果兼顾上面提到的民族区划等多元要素，本文所持的夏家店下层文化为"燕亳"说足可成一家之言。当然，如同许宏先生在2015年11月6日《中国文物报》上评论二里头遗址为"夏墟"和"早商"的争论时说："彻底解决都邑的族属与王朝归属问题。……到目前为止还不能排除任何假说所提示的可能性。"对夏家店下层文化的方国族属定位也是如此。本节的重复考论，旨在纠正过去被忽视为"边缘假说"的夏家店下层文化"燕亳说"，并再次指出：夏家店下层文化为燕亳文化，除了考古文化可比的诸因素外，在存在的时空框架、民族地理、文献记载和铜器铭文中均可印证。其考古学定位将拭目以待。此文仅重申其要点，以求正于方家。而真正的先商文化，正应位于多数考古学家认定的燕辽文化区以南和永定河以南的漳河流域或龙山晚期。

第四节
战国秦汉以后以龙城为中心的大凌河南北古道的交通与史迹再考察

辽西大凌河古道经历了先秦时期部族交通的滥觞期，在进入公元前3世纪战国燕秦开却胡"开五郡"的"郡县交通"以后，至公元4世纪开始的前燕时期，由于龙城（今朝阳）历史地位的提升，而进入了它的鼎盛发展期。这一时期是中原与西域丝绸之路和北方草原丝绸之路经辽西龙城的重要节点，也是向东北亚和北方草原的真正辐射期。

一、大棘城与龙城的历史与考古学追溯

其一，大棘城又称棘城，最早见于《晋书·慕容廆载记》："太康十年，廆又迁于徒河之青山。廆以大棘城即帝颛顼之墟也，元康四年乃移居之。"[1]此条记载前燕始祖慕容廆由"徒河之青山"迁都"颛顼之墟"，言大棘城历史久远。当代考古发现亦证明，大凌河中游已寻见大棘城遗踪。1992年朝阳博物馆于俊玉等调查朝阳北票境内考古遗迹，其后在《朝阳北票章吉营子乡大凌河南岸考古调查》中说："此段大凌河自西南向东北流，河谷最宽处达6公里。"可见这段大凌河古道是古今

---

[1]《晋书》卷一〇八《慕容廆载记》，中华书局标点本，1974年版，第2804页。

重要的交通廊道之一。报告在介绍大凌河中游多处遗址后，重点介绍了章吉营乡三官营遗址。该遗址靠近大凌河南岸谷地，面积30万平方米。1992年5月，该地曾出土带有"郾王职"铭文的青铜剑。调查发现，同地有同时期的东西长约20米、南北宽15米、深2.9米的窖藏。调查报告在结尾时说："本次考察为确定慕容鲜卑建国前和建国初期的'棘城'位置提供了重要线索。"[1]说明早在战国此地已为重要聚邑。其后田立坤先生曾于《辽海文物学刊》上著文考证该遗址应即大棘城所在[2]。

上述三官营遗址发现的特点是时间跨度长（从战国到魏晋）、分布面积广（30万平方米）、典型遗物明确（包括"郾王职"青铜剑和三燕时代陶器）、建筑遗迹清晰（西北角大型夯土台基），证明了前燕建国前和建国初期的大棘城三官营一带，早在战国燕前后已是大凌河中游的重要屯营或部族聚邑所在地。古代的早期"城、邑、国"之分，一般并不明显。《说文》："邑，国也。"《尚书大传》："三朋而为里，五里而为邑。"从古代都邑的形成看，一般先有聚落形态的无城墙结构的"邑"，包括商代甲骨文记载中州地区的早期"大邑商"，而后方出现带有城垣的都邑。可见大棘城至少在战国时已经形成。后来前燕始祖慕容廆从"徒河之青山"迁至大棘城并在此建都，是在早期聚邑的基础上又开辟了大凌河古道，出现了从大棘城到龙城时期新的"三燕"辉煌历史。

其二，龙城。龙城，又称和龙城，是公元342年前燕高祖慕容廆之子慕容皝由大棘城迁都至今辽西朝阳后，历经前燕、后燕、北燕近一个世纪的"三燕"第二都城。宋人《太平寰宇记》引《十六国春秋·慕容

---

[1] 于俊玉、蔡强：《朝阳北票章吉营子乡大凌河南岸考古调查》，辽宁省文物考古研究所编：《辽宁考古文集（二）》，科学出版社2010年版，第25页。

[2] 田立坤：《棘城新考》，《辽海文物学刊》1996年第2期。

跶传》："（跶于）柳城之北、龙山之南，所谓福德之地也，可营制规模，筑龙城，构宫庙，改柳城县为龙城。九年，遂迁都龙城，入新宫。十二年，号新宫曰'和龙宫'。"①这里的"柳城"和"柳城县"，指今朝阳市南十余公里战国和汉魏时代的"十二台营子遗址"，即所谓新都在"柳城之北"；而"龙山之西"的"龙山"，正是今朝阳市大凌河以东的凤凰山。21世纪初，辽宁考古工作者对龙城遗址的发掘，使"三燕"至北魏时期的龙城和营州的规制已明确显现，其中以发现的龙城宫城南门、北门和北城墙、东门和东城墙、西门和西城墙部分段落为主，尤其是"宫城南门位于北门南500米处，由三条门道、两道隔墙和两个墩台构成。墩台两侧有向东西延伸的宫城城墙"②。另外，在迁都龙城近一个世纪后，北魏于444年在龙城起置营州（直至隋唐），至今在朝阳北大街上仍耸立着在"思燕佛图"基础上修建的朝阳北塔，这些都是龙城标志性的历史遗存。

从大凌河古道早期形成的历史追述来看，龙城的根脉其实在柳城。自20世纪上半叶以来，朝阳十二台营子地区就陆续有红山文化、夏家店文化和战国以来的重要考古发现。从考察柳城地名的直接历史渊源看，最重要的是20世纪80年代初在朝阳十二台营子袁台子村一座战国墓中出土的带有"酉城都王氏钵"铭文的陶壶。1992年徐秉琨先生在《辽海文物学刊》著文，认为此陶铭证明"袁台子在战国时已有'酉城'都邑，至汉时因同音而定名为'柳城'县"③。1984年10月，为考察大凌河史迹，笔者曾赴朝阳，在时任朝阳市博物馆馆长邓宝学先生的陪

---

① 《太平寰宇记》卷七十一《河北道二十》，中华书局2007年版，第1431页。

② 田立坤、万雄飞、白宝玉：《朝阳古城考古纪略》，见《边疆考古研究》第六辑，科学出版社2007年版，第303页。

③ 徐秉琨：《辽宁发现战国陶铭四种考略》，《辽海文物学刊》1992年第2期，第126页。

同下，先于库房中考察了十二台营子出土的战国和汉代文物，又专程去十二台营子柳城遗址和大柏山北麓墓区周边调查。两相印证，确实如徐秉琨先生所说，大凌河中游的汉"柳城县"的前身应即战国时或战国以前的"酉城"。1986年6月，在十二台营子砖厂更发现了肩部带有"柳城"款的西汉陶壶。这些事实证明，大凌河早于战国已开辟出具有"都邑"规模的文化和民族廊道，而龙城则是中古（魏晋）以后大凌河古道上的重要都邑和交通节点。以下拟以龙城为坐标，简列大凌河流域的南北几条古道交通。

二、龙城以南、大凌河南北古道的走向和交通史迹

如上所述，自20世纪80年代以来，笔者先后在《东北古代交通》和《中国东北与东北亚古代交通史》两书中，考述了大凌河古道的形成，关心这一课题的同道可以参考和斧正。故本文不再详细记述大凌河古道上的所有史迹，仅以龙城为中心，选择大凌河南北具有节点坐标意义的重要史迹，分列如次。

出龙城以南，第一个重要交通关隘是大柏山，《汉书·地理志》中称为"马首山"。经实地勘察，这是由柳城南行的必经关隘。20世纪80年代以来，从多次实地调查和省"二普"和"三普"以来的考古发现看，除十二台营子和大柏山南北从"红山"到战国、汉魏晋的考古遗迹外，在过大柏山隘口以南，沿大凌河进入今喀左县境内，最重要的遗址是分踞大凌河两岸的小黄村和卧虎沟村后城子两处城址。由此南行则到达今喀左县大城子。至此，大凌河南源又分别有西行、南行和东南行三条古道，这里主要说南行古道。

南行古道是由喀左县西南行沿大凌河南源的古道，这是三条古道中的重要干道。从考古遗迹看，这条古道主要沿大凌河（两岸）向南，首先过梁家营子河谷陆路，到达重要交通节点——今平房子镇北小营子村南的黄道营子古城，该城址发现于20世纪80年代的第二次全国文物普

查。其地"南有大阳山（古白狼山）和影壁山形成的隘口，大凌河从中间流过。……西北通过平原仅十一公里，即可到达双尖山和关大海南山形成的隘口"①，交通地理形势绝佳。笔者在《东北考古六十年》等论著中，因该城址附近出土带有"白庚（狼）"铭文的战国陶铭，已确认其为战国和汉代右北平郡"白狼县"②，亦即东汉末曹操北征乌桓经由的"白狼山"和"白狼城"。由黄道营子再南行，在与支流渗津河汇流处的南岸，又一大凌河谷的交通枢纽重镇是山嘴子镇东北、渗津河下游的黄家店土城子遗址。该城址发现于第二次全国文物普查期间。它北临渗津河百余米，东至大凌河干流3公里，地处二河交汇处。2008年春辽宁省第三次文物普查喀左培训班期间，笔者曾与辛占山、徐英章再次调查过。观其地处大凌河南源与渗津河交汇的交通要冲，尚可见夯土城基，遗址地表文化层堆积丰厚（至少从夏家店下层文化到汉魏晋时期）。尤为重要的是，遗址现存的一段夯土墙，文化内涵和时代复杂。2013年以来，中国人民大学考古系和辽宁省文物考古研究所在此处联合发掘，收获颇丰，证明此处确为一处时代延续数千年的重要"聚邑"。

大凌河古道在经过黄家店土城子以后，继续沿南源敖木伦河和西支渗津河而上，延西南方向，又分为东、西两条河谷陆路。

其一，敖木伦河—要路沟古道。此道从平房子东南行，经南公营子，沿大凌河南源敖木伦河至今建昌县建昌镇。在建昌县境内有两处重要节点坐标：一是西碱厂乡东大杖子遗址，二是要路沟乡要路沟石门子遗址。东大杖子遗址，笔者在2009年省第三次文物普查期间检查验收葫芦岛市文物点时，会同专家组成员专程调查过。观其墓葬

---

① 刘新民：《白狼山与白狼城考》，《辽宁省考古、博物馆学会成立大会会刊》，1981年，第109页。

② 王绵厚、李健才：《东北古代交通》，沈阳出版社1990年版，第48—49页。

区和北临村落中的重要遗存及一处夯土台基的文化层堆积深厚而规模庞大。近年经辽宁省文物考古研究所多次调查发掘，证明这是一处始建于战国（甚至更早）兼有"聚邑"（城址）和贵族墓群的中心城邑区，其出土文物兼有战国"燕式"陶礼器和青铜短剑等土著民族（山戎）特征的多元文化内涵，可见该地是大凌河上游通向青龙河谷古卢龙塞道上的古代部族和郡县的重要邑镇。要路沟石门子遗址位于大杖子西南今建昌县要路沟乡土金塔附近的石门子。1984年秋，笔者与邓宝学先生调查过该遗址。次年在朝阳召开辽宁省考古学会议期间，曾先后听邓宝学、刘新民二位先生介绍，该地不仅有战国、汉魏遗址，而且在石门子一带山口古道上至今仍可见磨痕达几十厘米的古车痕。如前章论，由此要路沟古道南接青龙河上游的木头凳、土门子等地，即是连接青龙河上游的古卢龙塞道，然后经喜峰口等关隘进入古幽州境的五道之一。

其二，渗津河—山嘴子古道。此道主要沿大凌河西支流渗津河西南行。在这条古道上，最重要的遗址有黄家店土城子遗址，前已考述。

大凌河北源古道主要有两个方向：一是出北票大黑山大棘城以北，一是出今朝阳西北，沿十家子河（大庙河）古道出大青山的大庙镇土城子遗址和马迷水村大青山山坳的南北两座山城。前者位于大庙镇土城子村十家子河（大庙河）谷道两岸，分别有两座城址，规模均不大（纵横均百米左右）。1984年和2013年，笔者曾会同邓宝学、郭大顺、田立坤等，先后两次调查此地，确认其应为战国和汉代古城。从城址的规模和结构布局看，为当时控扼十家子河（大庙河）河古道、西北出大青山关口的重要交通屯戍城址，与其北5公里余的大青山下马迷水村同样是建筑在古道南、北山口的两座山城，具有相同功能。从大庙镇土城子等的时代、考古遗物（有战国陶片出土）和所处方位看，由朝阳西北出大青山关隘的古道至少在战国以前已开辟为部族通道。"秦开却胡"开设辽西等五郡并筑长城后，该道应为辽西长城戍边道，其后则为历代由辽西柳城和龙城（今朝阳）西北出努鲁儿虎山，通向西拉木伦河以北的东胡、鲜卑、柔然、契丹、室韦等草原民族活动区的重要通道。此道在燕辽地区的重要性在于它开拓在燕亳时期，以后历代，如东胡进入大凌河、鲜卑入塞、契丹进入营州（今朝阳）均经此，是纵贯燕山和大兴安岭南北、东北亚的草原丝路主干线之一。又如北齐文宣帝高洋北伐契丹、隋韩暨"招谕契丹"也均经由此道[①]。

由北票以北经东官营子河和牤牛河北行有两条古道。这两条古道的走向，主要沿东官营子河和牤牛河向北，与北流教来河相接，通向今敖汉旗和奈曼旗。经实地踏行，东官营子河虽然为北票境内的季节河流，但在通向大黑山隘口的古道交通中地位重要。在今北票市境内，最重要的交通史迹是上节提到的北票章吉营乡三官营古城、大板镇康家屯城址及金岭寺遗址。三官营子遗址，前节已考证为前燕古都棘城，是由大凌河中游向北行的发轫重镇；而由辽宁省文物考古研究所辛岩等发掘的康家屯城址，为大凌河白石水库南岸的夏家店下层文化古城，它与附近的大板镇西金岭寺遗址经考古发掘确认属于前燕早期的家庙式建筑。这三处遗址证明，大凌河中游古道至少开启于早期青铜时代的夏家店下层文化时期。在笔者亲自调查过的北票康家屯和敖汉旗大甸子也都有重要城址发现。特别是大甸子遗址，城址分布面积7万平方米，并与墓葬区相连，该地是50年前（1975年）刘观民先生早期调查的燕辽地区青铜时代以城子山为代表的中心之一[②]，是大凌河中游以北燕北长城线内的

---

① 王绵厚、朴文英：《中国东北与东北亚古代交通史》，辽宁人民出版社2016年版，第156-160页。

② 中国社会科学院考古研究所：《大甸子——夏家店下层文化遗址与墓地发掘报告》，科学出版社1996年版。

青铜时代方国重镇，显示了由大凌河中游的康家屯城址沿东官营子河北行到教来河上游大甸子等地，早在青铜时代已是邑落密布的燕亳方国重地。至前燕时，因棘城在大凌河中游的确立而达到了鼎盛时期。而在另一条由牤牛河北行的大凌河古道上，最重要的交通史迹是位于牤牛河东岸内蒙古自治区奈曼旗青龙山镇的沙巴营子古城。该城址在1974年由吉林省考古工作者调查发掘，有夯筑土城，周长1335米，在城址北部居中高台地发现有秦始皇"廿六年"刻款的秦陶量标志性遗物[1]。可以认定，这是当时燕秦汉辽西古长城线内的重要军事戍镇或县城，也证明这条古道至少在燕秦汉时期已作为戍边道和郡县交通开拓于辽西大凌河以北、古长城内外的广阔地带。

　　上述这条辽西北以大凌河（西连老哈河）为中心的草原之道，正处在以辽西龙城为中心的传统草原丝路的东端节点上。对它的研究有重要意义，因为传统的"丝路"研究多聚焦在天山南北、河西走廊，而东北亚地区以往没有引起人们的足够重视。本文的初衷是引发人们对北方草原丝路以及对辽西大凌河和龙城在广义东北亚和中国北方草原丝路上的历史地位，给予充分关注，而这也将是21世纪"考古中国"研究项目应当关注的中国东北"燕辽文化区"的热点之一。

---

[1] 王绵厚：《秦汉东北史》，辽宁人民出版社1994年版，第286页。

第七章 卢龙古道与孤竹方国

2021年12月26日，东北大学秦皇岛分校民族学研究院郝庆云院长和穆鉴臣副院长等三人来访。庆云和笔者交识在21世纪初，至今已有20余年。当时，她是东北师范大学刘厚生先生的博士生。2008年秋受厚生先生邀请，笔者作为东北师范大学东北民族与疆域研究中心特聘研究员，以毕业实习指导教师的身份，与他们师生有半个月的朝阳、赤峰考古践行时光。庆云毕业后先是在黑龙江工作，与刘晓东先生等合撰《渤海国历史文化研究》等专著，业绩斐然。近年来她调往东北大学秦皇岛分校，任民族学研究院院长兼博物馆馆长，这使我们的业务往来又深了一层，彼此经常在网络上或电话中交流专业研究信息。特别是这次他们三人来笔者家，带来了最新论著、部分馆藏文物及照片请笔者品鉴，其中最重要的是，向笔者展示了近年秦皇岛市卢龙县蔡家坟孤竹国遗址发现的部分文物照片，以及该校博物馆收集的孤竹国遗址出土的部分文物珍品。河北卢龙县发现的这些商周孤竹国史迹文物，笔者几年前在编写《东北考古六十年》时已获知，但一直没有看到准确的实物照片。这次庆云等带来的商周时期遗址出土的红褐陶片、绳纹陶罐、绳纹陶鬲、础石（疑是）及汉陶等遗物照片，无疑为确认卢龙蔡家坟遗址的性质（如河北等专家初步认定为"孤竹国都"）提供了有力的实证。回眸40多年前的1984年秋，为编写《东北古代交通》，笔者曾赴辽西走廊进行考古调查。当时虽未抵卢龙县，却在相邻的山海关和抚宁县西一带，注目和思考孤竹、令支、无终等与屠何一线有关的史迹。庆云等人此行来访，引发了笔者对几十年来关注辽西、冀东等孤竹、令支、屠何史迹的再思考，产生"论孤竹"的拙思。

第一节
笔者与孤竹国和辽西走廊古交通研究的因缘

如开篇所言，笔者与孤竹国和辽西交通研究结缘，是在20世纪80年代初，其契机始于承担《东北古代交通》的编写，那是与《东北历史地理》几乎同时启动的国家"七五"社科项目。为此，在1984年秋，笔者与辽宁省博物馆王明琦先生、锦州市博物馆刘谦先生，先后调查义县复兴堡、黑山县蛇山子、北镇市闾阳镇、锦西县（今葫芦岛市）台集屯、绥中县古城寨及河北山海关内外等辽西交通地理要地。当年驻足在河北境内山海关老龙头时，曾遥望秦皇岛和卢龙、迁安诸地，遗憾的是仅到抚宁而没有深入河北调查。但同行告知，入关百公里即可达古代卢龙境内的孤竹国（城）。在明清以前，秦皇岛一直为辽西走廊环渤海交通要途。为此笔者亦查过《史记》和《水经注》等文献，略知商末孤竹国和齐桓公北伐山戎救燕"斩孤竹"等史事。其后又多次亲赴秦皇岛北戴河和南戴河，包括1996年南戴河文物展时去北戴河、昌黎县等地，以及1997年为苏秉琦先生撒骨灰于山海时亦驻留秦皇岛。但对传闻在卢龙县的古孤竹国遗址，一直未能详考和亲自考古调查。当1990年《东北古代交通》出版时，仅在第一章"孤竹、屠何道"中考孤竹国在"卢龙县南台山（阳山）"①，而未确定城址。庆云等面呈卢龙、迁安等地重要发现，令笔者为之动容，亦使笔者对照40年前初步结论，重启对孤竹问题的思考。

---

① 王绵厚、李健才：《东北古代交通》，沈阳出版社1990年版，第6页。

第二节
有关孤竹的早期历史文献钩沉

明确记载孤竹国历史的，当首举司马迁的《史记》。《史记》卷六十一《伯夷列传》记："孔子曰：'伯夷、叔齐，不念旧恶，怨是用希。''求仁得仁，又何怨乎？'余悲伯夷之意，睹轶诗可异焉。其传曰：伯夷、叔齐，孤竹君之二子也。父欲立叔齐，及父卒，叔齐让伯夷。伯夷曰：'父命也。'遂逃去。叔齐亦不肯立而逃之。国人立其中子。于是伯夷、叔齐闻西伯昌善养老，盍往归焉。及至，西伯卒，武王载木主，号为文王，东伐纣。伯夷、叔齐叩马而谏曰：'父死不葬，爰及干戈，可谓孝乎？以臣弑君，可谓仁乎？'左右欲兵之。太公曰：'此义人也。'扶而去之。武王已平殷乱，天下宗周，而伯夷、叔齐耻之，义不食周粟，隐于首阳山，采薇而食之……遂饿死于首阳山。"①

上述一段带有传奇色彩的记载，是司马迁《史记》一百三十篇中列传之首篇。其文字虽简约，却是太史公认为的信史。所以唐司马贞《索隐》曰："其传盖《韩诗外传》及《吕氏春秋》也。其传云孤竹君，是殷汤三月丙寅日所封。相传至夷、齐之父，名初，字子朝，伯夷

---

① 《史记》卷六十一《伯夷列传》，中华书局标点本，1963年版，第2122—2123页。

名允，字公信。叔齐名致，字公达。解者云夷、齐，谥也；伯、仲，又其长少之字。按：《地理志》孤竹城在辽西令支县……《括地志》云：'孤竹古城在卢龙县南十二里，殷时诸侯孤竹国也。'"①

　　上述《史记》及《索隐》所记孤竹国条分缕析、信史有据，说明孤竹是商初即受封的诸侯国。它区别于西周以后如周公、召公等分封于燕、齐、鲁诸地的大宗封国。夏商"封国"均地域狭小，《左传》所谓"执玉帛者万国"，从孤竹在卢龙一县之地可足证其实。而下文将要讨论的是，有人把商周孤竹国由卢龙扩展至五六百里外的辽西喀左、朝阳，应纯属悖史臆测。庆云等所携卢龙县蔡家坟遗址（城址）近年出土的商周陶器和石器等，印证了司马迁《史记》等文献记载的可靠性。这一"双重证据法"的实证，乃新世纪河北的重大考古发现。其证史价值，因问世不久，尚不为官方所重。但可以预见：其真正的证史意义会彰显于后，吾辈学人拭目以待。此外，卢龙县蔡家坟有旧称孤子城，乃千古传续的地名，其位置正在今卢龙县城南十余里，亦正与《括地志》记载的"孤竹故城在平州卢龙县南十二里"相印。千年史籍所记旧县与古国认证明确，佐之以《水经注》等记载，其信据更为凿凿。

---

① 《史记》卷六十一《伯夷列传》，中华书局标点本，1963年版，第2123页。

第三节
文献记载的古孤竹国与考古发现可靠性的解读

21世纪初发现的商周古孤竹国旧址,加之正史文献佐证,可谓双证可据。今再从历史记载、考古发现、地貌遗存三方面深入解读,以确认其合理性。

除上举《史记》外,有关孤竹国的历史文献主要还有《汉书·地理志》《括地志》《左传》《水经注》《三国志·魏书·武帝纪》等,因为《水经注》在本书考证中有专章,所以这里仅引证其他四种文献稍作解读。

其一,《管子·小匡》篇记载:"(齐桓公)北伐山戎,制泠(令)支,斩孤竹。"①此事发生在春秋时期(663年)。当年燕国为山戎所迫求救于齐,齐桓公为救燕而伐山戎。笔者在《中国东北与东北亚古代交通史》中曾论定,此行齐桓公取傍渤海的辽西走廊道,从齐都山东临淄沿海北伐。所经令支和孤竹,同为相邻的商周方国。从其行军的路径方向看,令支在前,故址应在今河北省迁西县兴城镇照燕洲村遗址(详下文)。后者孤竹国则在本文所说的卢龙县南蔡家坟村,这与下面所引《汉书·地理志》和《水经注》的记载勘合。

---

① 《管子校正》卷八《小匡》,上海书店1986年版,第126页。

其二，《汉书·地理志》"令支县"条记载："有孤竹城。"应劭注云："故伯夷国。"班固、应劭所记与后世郦道元表述相合。当东汉作《汉书》时，商周方（邦）国已废，令支改置为辽西郡之令支县[①]。而与之同见于上引《管子》中的"孤竹"在汉时未设县，故仍属于令支县之故城。应劭特书为"故伯夷国"，与汉时建置相符。

其三，《括地志》记载则与《水经注》两相印证。《括地志》云："孤竹故城在平州卢龙县南十二里。"《水经注》"濡水条"则记："濡水又东南迳卢龙故城东，汉建安十二年，魏武征蹋顿所筑也。"[②]将这条史料与《括地志》前后对照可知，东汉班固作《汉书》时尚无卢龙县，故孤竹城在"令支县"条下，而北魏郦道元作《水经注》时，追记卢龙县始置于东汉末建安十二年（207年）即曹操北征乌桓以后。从笔者《中国东北与东北亚古代交通史》考证的建安年间曹操北征"三郡乌桓"的出师路线和回师方向看，他设立的卢龙新城应在由辽西碣石（今辽宁绥中石碑地）循海西还的道路上，即途经今山海关内的卢龙县地。其史书记载与古今交通地理、卢龙县南孤竹旧址考古发现相证，亦言之凿凿。

其四，当代考古发现对孤竹国的证史价值。如开篇所言，孤竹方国湮灭2600多年后，当代考古发现才对其确认，并揭开了尘封的历史谜团。虽然卢龙县南蔡家坟遗址尚未全面发掘，但从勘定的遗迹和出土的文物已可以稍作比较分析。已发现的卢龙县城南十二里的蔡家坟北岭遗址考古遗存，据2011年3月16日《秦皇岛日报》报道：在北岭南端的土层断面中，不仅发现了商早期、商晚期以及西周、春秋战国时期的陶片和文化层，还在土层中和地表上发现了代表龙山文化、夏家店上层文

---

① 《汉书》卷二十八下《地理志下》，中华书局标点本，1962年版，第1625页。
② 《水经注》卷十四"濡水"条，第346页。

化、新石器文化的文物遗存。专家在北岭（遗址）制作了一个高约4.5米、宽近2米的剖面，发现此处堆积着11个文化层，并出土了大量带有细绳纹、弦断绳纹、附加绳纹、蓝纹等各种纹饰的陶片以及素面磨光陶片。专家鉴定这些陶片是鬲、罐、瓮、盆等生活用器的碎片。根据各层的文化堆积和包含物，专家"初步认定该县蔡家坟村的北岭极有可能就是孤竹国都所在地"[①]。《燕赵晚报》亦报道：河北省文物专家在"中国孤竹文化之乡"卢龙县考察时发现，该县蔡家坟村北岭土层存在着涵盖夏、商、周、春秋战国等多个时期的11个文化层，其中以商周时期堆积层面最深厚，文物遗存最丰富，由此为揭开孤竹国国都之谜找到了有力佐证。

  以上经考古专家按规范调查和地层解剖提供的考古信息，尽管是初步的，却是明确而肯定的。这处北岭（孤竹）遗址存在从夏、商、西周到春秋战国时期11个考古学文化层，与文献中记载的孤竹方国设于商汤而历经西周、灭于春秋勘合。其中心遗存为商周时期，亦符合孤竹国的中兴时代。其地理方位又勘合《括地志》等记载的"卢龙县南十二里"，使历史上的"卢龙县"与"孤竹国"的相对坐标可印证无疑。而其调查地层堆积的遗物，与2021年12月26日郝庆云教授来寒舍所示文物标本，如商代北方土著典型的夹砂素面红陶罐，具有商周特点、流行于商末周初的短裆绳纹陶鬲，以及被称为"夷齐石墩"的建筑构件等，亦斑斑可证。2022年1月22日，卢龙县当地多年研究孤竹国并有专门论著出版的薛顺平先生又于网上传告，在当地文物部门调查发现的基础上，2013年中国人民大学历史学院师生在蔡家坟北岭进行了正式考古发掘。此次发掘虽未发现明确城墙（殷墟等也无城墙，非必备条件），但文化地层和遗物时代明确，并有"五色石"等建筑遗迹发现。据此，把北岭

[①] 详《专家初步认定孤竹国都遗址》，《光明日报》2011年2月22日，第4版。

台地认定为孤竹之墟的中心（需进一步全面勘查）殆无疑议。从初步考古勘察和发掘看，卢龙县蔡家坟北岭遗址至少在新石器时代已有部族聚邑，入商汤后则封孤竹国君，经商、周、春秋、战国初历千年以上。其文化堆积地层关系与历史文献可相证无误，是难得的一处以商周时期为主的北方邦国都邑遗存。而且它的存在，在山川自然地理和都邑城市地理方面，均可与《汉书·地理志》和《水经注》等逐一印证，实乃治史之"双重证据法"的范例。（详见本书附录一）

第七章 卢龙古道与孤竹方国

第四节
《水经注》为孤竹、令支、卢龙等
提供的准确历史信息

从辽西考古调查的历史回顾、文献记载、考古发现和出土文物分析等四个方面论断了"孤竹在卢龙"的可靠性后,本节以记载与孤竹有关的历史地理最准确的《水经注》为据,对该书原文中关于孤竹、令支、卢龙的各条段落进行摘列并作以疏证评鉴,以此得出《水经注》的记载与《汉书·地理志》等互证的孤竹信史。

其一,《水经注》卷十四"濡水"条:"濡水又东南迳卢龙塞,塞道自无终县东出渡濡水,向林兰陉,东至清陉。卢龙之险,峻坂萦折,故有九绛之名矣。燕景昭元玺二年,遣将军步浑治卢龙塞道,焚山刊石,令通方轨,刻石岭上,以记事功,其铭尚存……余按卢龙东越青陉,至凡城二百许里。自凡城东北出,趣平冈故城可百八十里,向黄龙则五百里。故陈寿《魏志》:田畴引军出卢龙塞,堑山堙谷,五百余里迳白檀,历平冈,登白狼,望柳城。平冈在卢龙东北远矣。而仲初言在南,非也。濡水又东南迳卢龙故城东,汉建安十二年,魏武征蹋顿所筑也。"

上举《水经注》该条,虽只数百字,但史事记录非凡,尤以郦道元自按追忆古史确凿,诚良史之笔,可为千古凭证。可梳理以下诸项:

1. 该段共记山川地名五条、城邑地名五处,多为正史失载。特别是记卢龙塞道凿通于前燕景昭帝元玺二年（353年），并有刻石记功铭，这是关于蜚声史册的辽西"卢龙三道"特别是中道最早的确切记载，于中国东北和东北亚交通史意义深远。它为历代记咏卢龙的诗文打下了基础。

2. 文中所记卢龙塞道上如清陉、林兰陉、九绛、凡城等，俱为首见史乘，于塞道交通地理尤关重要。推断当年前燕卢龙塞道的开凿应与前燕慕容儁扩张时向中原发展的战略有关，乃中国东北开发史上需要深入开掘的大事。

3. 此段郦道元以按语的形式，准确记录了诸如卢龙塞、平冈、凡城、卢龙城、柳城等的方位、里距和相互关系，是为1500多年前的有据信史。如笔者三十多年前在《东北古代交通》所论，如果卢龙塞在今潘家峪隘口，则清陉很可能是青龙河上游与大凌河上游交界的今建昌要路沟一线①。其他如卢龙塞越"清陉""至凡城（今喀左县南土城子）二百里"，趋平冈（今凌源三十家子或安杖子古城）"可百八十里"，"向黄龙（今朝阳）则五百里"，确指凡城到黄龙城，即喀左南大阳山下土城子至今朝阳（俗称龙城或黄龙城）之间为五百里（今二百余公里）。

4. 郦注谓卢龙故城建于曹操建安十二年"征蹋顿时"，这涉及汉魏之际的重大建置变迁。从笔者《中国东北与东北亚古代交通史》记曹操北征乌桓的行军路径看，曹操回师途中观碣石沧海后，途经今卢龙县境内的一座带有军事性质的新城。自此，卢龙县从汉代令支析出独立。当代考古发现确证，今卢龙、迁安乃先秦孤竹国之墟。

其二，郦注曰："濡水又东南，洛水合焉，水出卢龙塞西，南流注濡水。濡水又屈而流，左得去润水，又合敖水，二水并自卢龙西注濡

---

① 王绵厚、李健才：《东北古代交通》，沈阳出版社1990年版。

水。濡水又东南流迳令支县故城东，王莽之令氏亭也。秦始皇二十二年分燕置，辽西郡令支隶焉。《魏土地记》曰：肥如城西十里有濡水，南流迳孤竹城西，右合玄水，世谓之小濡水……俗又谓之肥如水……应劭曰：晋灭肥，肥子奔燕，燕封于此，故曰肥如也。汉高帝六年，封蔡寅为侯国。西南流，右会卢水，水出县（肥如）东北沮溪，南流谓之大沮水。"

此段所涉有八水、四城，八水分别是濡、洛、润、敖、玄、肥、卢、沮溪。其中干流濡水、玄水和洛水基本可定，分别指今滦河及其最大支流青龙河（小濡水）和长河（迁西县）。与考证孤竹城方位关系最紧密的有二水（濡水、玄水）和三城（令支、卢龙、肥如），可分别厘定之。

1. 濡水即今滦河，玄水即今青龙河（小濡水）。郦注记"濡水南流迳孤竹城西，右合玄水"，可明确孤竹城应在濡水（今滦河）之东岸，又在今滦河与青龙河（玄水）汇合以前的今卢龙县境，与当代在卢龙县南蔡家坟北岭考古发现的孤竹城地理相合。

2. 注文曰："濡水又东南流迳令支县故城东，王莽之令氏亭也。秦始皇二十二年分燕，置辽西郡，令支隶焉。"此处传递了三个信息：一是令支县在今滦河西边、卢龙西北。据《中国文物地图集·河北分册》中记载，1986年调查的迁安县杨店子镇倪屯村西北800米有青铜时代和汉代的遗址。该遗址（城址）面积为20万平方米，从青铜器时代到汉代遗物分布丰富，为"令支"方国和"令支县"提供确证。这一滦河东西两岸孤竹城和令支城的厘定，亦确认了《水经注》的可信性。

3. 该段对辽西郡和肥如县的追述，亦有补史价值。按《水经注》的说法，秦始皇二十二年（公元前225年）即秦军攻破燕都蓟城的第二年，分故燕地置辽西郡，领有令支诸县。此亦可证令支方国最后灭国之时，孤竹方国亦应该是废国而被纳入令支县。而该条引东汉应劭语："晋灭肥，肥子奔燕，燕封于此，故曰肥如也。汉高帝六年，封蔡寅为侯国。"对滦河下游肥如方国则又一补史之缺也。

其三，郦注曰："（濡水）又南，左合阳乐水，水出东北阳乐县溪。《地理风俗记》曰：阳乐，故燕地，辽西郡治，秦始皇二十二年置。《魏土地记》曰：海阳城西南有阳乐城……卢水有二渠，号小沮、大沮，合而入于玄水。又南与温水合，水出肥如城北，西流注于玄水。……《地理志》曰：玄水东入濡，盖自东而注也。《地理志》曰：令支有孤竹城，故孤竹国也。"

上引此段注文，涉及五水（阳乐、卢、沮、玄、温）。其中已知最大支流玄水为今青龙河，而另一条由"出肥如城北，西流注于玄水"的卢水，依水道地理看应是青龙河东支流。其经过的肥如县，应为今河北省迁安市杨各庄遗址。这里曾发现有常袭妻崔氏墓志，志文中有"平州辽西郡肥如县"的记载。已知当时平州的治所在今卢龙县，那么按郦注方位，肥如县应近墓志出土的迁安市杨各庄[①]。此前笔者在《中国东北与东北亚古代交通史》已考定于此。而杨各庄以北的此条"卢水"，从水道地理看，当为出肥如县的青龙河西支流——冷口沙河。

至于此段援引《汉书·地理志》说"卢水南入玄"，又说"玄水又西南迳孤竹城北，西入濡水"，接着引《晋书·地道志》说"（孤竹）祠在山上，城在山侧，肥如县南十二里，水之会也"[②]，其精审处在于与《汉书·地理志》《晋书·地道记》等正史相证（包括今已佚失的著作），其中的水道地理、山川地理、城市地理明晰，方位可定。如此条中濡、玄、卢三水泾渭分明、古今可证，则令支、卢龙、肥如、阳乐诸县之地区性亦皆可比证，是考定辽西傍海古卢龙道及其交通、建置

---

① 李子春、刘学梓：《河北迁安县发现北魏墓志》，《文物》1998年第11期。
② 《汉书》卷二十八下《地理志下》"肥如县"条，中华书局标点本1962年版，第1625页；又《水经注》卷十四"濡水"条引《晋书·地道记》，第347页。

历史的重要依据。

其四，郦注曰："（濡水）又东南过海阳县西，南入于海。濡水自孤竹城东南迳西乡北，瓠沟水注之。水出城东南，东流注濡水。濡水又迳故城南，分为二水，北水枝出，世谓之小濡水也。东迳乐安亭北，东南入海。濡水东南流，迳乐安亭南，东与新河故渎合，渎自雍奴县承鲍丘水东出，谓之盐关口。魏太祖征蹋顿，与泃口俱导也。世谓之新河矣。陈寿《魏志》云：以通海也。"

以上一段记载，又涉及五水、四城及二处河海津口，说的是濡水（今滦河）下游入海之地的水陆辐集之区。其中鲍丘水为新河上游，今在天津市宝坻区南部，当年接"泉州渠"，为魏武帝征乌桓开通的诸水道之一。其东"盐关口"，乃雍奴县之盐官驻地，近有"庚水"和"巨梁河"，乃今州河和还乡河（参谭其骧《中国历史地图集》第二册幽州刺史部）。而五城中的"海阳县"，据黄盛璋先生早年考证，应在今滦州市马城遗址。而杨年生先生认为，马城遗址距勘定的"令支城"（今迁安倪家村）相距60公里，与郦注"令支城南六十里有海阳城"不符。笔者按：若两地城址明确且符合水道流经方位，其注文"南六十里"或即"南百六十里"文字翻检重抄之失误，此类旧志多见。而今60公里适合汉代150里，也避免了两县地相距仅60里略近之疑，故马城即海阳，此疏见也。而此段两次提到"孤竹"和"乐安"，前者上节已论定在今卢龙县南蔡家坟北岭，乃本文以考古发现与郦注考证古今山川水系之重要突破。后者即乐安县，新莽改为乐安亭，据黄盛璋先生考证，亦应在今乐亭县东北二里的旧庄镇，新河亦在其境内。此为辽西傍海地理之所得也[①]。

---

① 黄盛璋先生的考证引见杨年生《〈水经注〉中的滦河——〈水经·濡水注〉考略》，《东北亚古丝路文明研究》第一辑，河北人民出版社2021年版。

其五，郦注曰："又东南流，龙鲜水注之，水出县西北，世谓之马头水。二源俱导，南合一川，东流注封大水。《地理志》曰：龙鲜水，东入封大水也。乱流南会新河，南注于海。《地理志》曰：封大水于海阳县南入海。新河又东出海阳县与缓虚水会。水出新安平县东北，世谓之大笼川，东南流迳令支城西，西南流与新河合，南流注于海。《地理志》曰：缓虚水与封大水，皆南入海。新河又东与素河会，谓之白水口。水出令支县之蓝山，南合新河，又东南入海。新河又东至九过口，枝分南注海。新河又东迳海阳县故城南，汉高祖六年，封摇母馀为侯国。《魏土地记》曰：令支城南（百）六十里有海阳城也。新河又东与清水会，水出海阳县，东南流迳海阳城东，又南合新河，又南流十许里，西入九过注海。新河东绝清水，又东，木究水出焉，南入海。新河又东，左迤为北阳孤淀，淀水右绝新河，南注海。新河又东会于濡。濡水又东南至絫县碣石山。文颖曰：碣石在辽西絫县，王莽之选武也。絫县并属临渝，王莽更临渝为冯德。《地理志》曰：大碣石山在右北平骊成县西南，王莽改曰揭石也。汉武帝亦尝登之以望巨海，而勒其石于此。今枕海有石如甬道数十里，当山顶有大石如柱形，往往而见，立于巨海之中，潮水大至则隐，及潮波退，不动不没，不知深浅，世名之天桥柱也。状若人造，要亦非人力所就。韦昭亦指此为碣石也。《三齐略记》曰：始皇于海中作石桥，海神为之竖柱。"

以上所引郦注濡水条末段三节凡近千言。其所记山川、城邑各十数，内容丰富，如临其境。然细查古今史书，并证以笔者几十年间亲勘的山海关内外的秦皇岛、绥中、抚宁诸地，犹有可详辨勘证者。今择数条细分析。

（一）于山川条，可列封大水、缓虚水、素河、新河四水及碣石和碣石山。

据《中国历史地图集》和诸家考证，前四水中的封大水为今陡河，缓虚水为今沙河，素河即今溯河，新河则指曹操建安十二年开通的今乐亭县西25里之"新河套"。此古今大体不误。

唯注中之碣石和碣石山需详为疏证，因为注文本身表述即前后参差有舛。如本文引之第三节开头记："濡水又东南至絫县碣石山。文颖曰：碣石在辽西絫县。"这前后二十一字，竟出现了"碣石山"和"碣石"两种名称，以至学术界至今仍有不辨此条真容，误谓碣石与碣石山为一地而误导两千年者。笔者在早年著《东北古代交通》和《秦汉东北史》时，已通览注文，认定碣石和碣石山为两处不同地点。显而易见，如注文一指"碣石山在右北平骊城县"，一指"碣石在辽西絫县"，两者相距甚远。谭其骧先生在《中国历史地图集》中考秦始皇、汉武帝所登碣石山在"今昌黎县北碣石山"，今人仍有持此论者。而黄盛璋先生认为，碣石山在昌黎县北碣石山，碣石应在今秦皇岛金山嘴附近。

笔者1994年在《秦汉东北史》中已考论，碣石山可大体为今昌黎县北大碣石山，与"数十里"至海的注文略合；而秦皇汉武真正登临的"碣石"，既非昌黎县碣石山，也非金山嘴一带，而是绥中县的姜女石。现结合郦注文字和"絫县"地望重申如下：

上引郦注"文颖曰：碣石在辽西絫县"，与下文"絫县并属临渝（县）"互证，正与《汉书·地理志》等所记碣石地望相当。考由絫县改并的东汉以后之临渝县，与靠近今山海关（古渝关）的地望相合。自东汉以来近两千年，山海关别称渝关传续至明清及今，史乘昭然。迄今唯对与碣石山和碣石有关的"骊成县"和"絫县"（临渝县）地望分歧较大。20世纪末笔者即考碣石所在的东汉后临渝县地，应在山海关西秦皇岛市抚宁境，方与几十里外的辽西绥中县碣石遗址地望相符（详下考）。而在2013年出版的《中国文物地图集·河北分册》中，将抚宁西汉城址推定为"右北平骊成县"，这是混淆碣石山与碣石两地县属的失误：前者是指昌黎北境，而后者抚宁汉城址应是碣石所在的故絫县，亦是后来东汉的临渝县。真正的碣石可见于《水经注》原文："今枕海有石如甬道……有大石如柱形，往往而见，立于巨海之中，潮水大至则隐，及潮波退，不动不没，不知深浅，世名之天桥柱也。"

郦注这一段生动的文字，使人如亲临。今绥中县海上耸立的巨石与正对的海边大型秦汉建筑址之间确有海底石甬路，落潮可隐见甬道积石，为笔者亲见。而海中"天桥柱"奇观为渤海湾所仅存。于此观辽西"沧海碣石"，乃古今绝唱无二。唯一的缺憾是郦道元将两地碣石山和碣石混为一谈，方出现碣石几十里望海的注文，而真正的碣石至海岸不到1公里。此智者千虑，难免一失也。

（二）下边简单讨论这段注文中与孤竹国最近的三处地名：令支、卢龙和絫县。所以要举上述三县地理位置与孤竹比证，是因为经以上数节论析后，卢龙、迁安、抚宁等三地的地理位置均可确认，如令支已考定在今迁安倪屯村，因其距考古发现的卢龙县南蔡家坟北岭古孤竹国百里，故《汉书·地理志》明确记令支县"有孤竹城"。而据郦注考知，孤竹所在的卢龙为东汉建安十二年曹操征乌桓后所建，所以在东汉以后，孤竹国不再属令支而属卢龙县，本文征引《水经注》《括地志》等东汉以后的史书皆可俾证。最后，据亲自"调查"将絫县即东汉以后的临渝县定位在今抚宁西部古城，亦是从其与卢龙县南古孤竹城近邻仅百里的地望来勘定的。另应特别指出，1984年笔者与王明琦、刘谦先生曾调查山海关以西、卢龙县（孤竹国）以东的抚宁县（今抚宁区）。在锦州博物馆工作多年的刘谦先生，深谙辽西（含山海关内外）地理，如他引领调查的抚宁土城子东汉临渝县旧址，已与20世纪80年代"二普"后确认的金山嘴山海关外十公里绥中县"碣石宫"遗址确证无误。在此次调查后，笔者在《东北古代交通》第一章中已考证，齐桓公北伐山戎的孤竹城应在今卢龙县南台山。30年后卢龙县南蔡家坟北岭遗址的确认，印证了其定位基本准确（见本书附录一）。如此厘定，则在古濡水（今滦河）下游的傍海交通道上，自西而东的令支、卢龙（孤竹）、临渝（絫县）、碣石（绥中西）一线历历在目，这正是当年齐桓公征山戎出师伐令支、斩孤竹的古道，也是在此道上，八百多年后曹操在北征乌桓回师途中，由辽西柳城经山海关外绥中"碣石观海"，西转临渝（今抚宁），又经今卢龙南孤竹城并重设卢龙县，再沿出师路线上的令支、肥如、无终诸方国古道抵达幽州、许昌，完成了北征壮举。

最后，本章的结语是，由《水经注》等据实考定的"濡水"（今滦河）下游及迁安、卢龙、抚宁、迁西数地，先秦有孤竹、令支、肥如等多个方国，也证明近年有人推测的古孤竹国或"迁都"至今大凌河流域喀左、朝阳一带的臆断，有悖基本史实。在大量考古发现和史实面前，孤竹国之谜殆可以涣然冰释。

第八章 齐桓公伐山戎与燕王喜败逃辽东交通史迹追踪

庚子（2020年）之春，《辽沈晚报》记者张松来舍动议编写《东北考古六十年》①。这使笔者追忆起40年前在辽西地区的交通地理调查。其中与辽西早期交通地理有关的重量级历史人物，信史可证者主要有八位：箕子、伯夷、叔齐、齐桓公、燕王喜、秦始皇、汉武帝和曹操。对秦皇、汉武东临碣石以观沧海，笔者在《中国东北与东北亚古代交通史》等早有详述。而箕子、伯夷、叔齐和曹操本书均有专论。故本章专对齐桓公和燕王喜二人作史迹钩沉，兼及二人所亲历的燕辽古卢龙道上的"孤竹国"史迹寻踪。

---

① 王绵厚：《东北考古六十年》，辽海出版社2022年版。

第一节
对燕辽古道早期交通地理的两次专题调查

提到与齐桓公和燕王喜这两个著名人物相关的交通史迹，笔者不能不回忆40年前笔者的两次专题考古调查：一是1984年8月，笔者刚刚结束在吉林大学古文献研究班的学习回馆，为完成《东北古代交通》的编写，经馆长批准赴辽西北镇、义县、锦州及河北山海关一带考察辽西走廊通道。同行有研究室王明琦先生，并去锦州博物馆特邀辽西历史考古经验丰富的刘谦先生偕行。行前按编写提纲，重点是文献中有明确记载的齐桓公北伐山戎的"孤竹—屠何道"（见原书1990年版第一章）。此行先抵黑山县西南蛇山子，其线索是著名考古学家佟柱臣先生早年调查过的城址。然后调查义县复兴堡、北镇闾阳，适逢刘谦先生调查锦西（今葫芦岛）台集屯、绥中古城寨后，出山海关至抚宁，遂在刘谦先生引导下调查抚宁一疑是"临渝县"之地。至此，由于时间关系再未西行，主要是当时对山海关以西河北境内的历代遗迹了解甚少。如30年后本书的"论孤竹"等篇，记述的今卢龙县南蔡家坟北岭孤竹国遗址，其实离抚宁西不到百里，当时因不晓信息而擦肩而过。但是这一次辽西十天考古行仍有不少收获，如基本勘定了义县复兴堡为西汉临渝县，黑山县蛇山子可能为无虑县，锦西（今葫芦岛）台集屯可能为屠何方国，山海关内抚宁古城应为碣石所在的絫县。齐桓公伐山戎的卢龙孤竹国之地虽失之交臂，但从《水经注》等文献推考并参以《中国历史地图集》

等，早在《东北古代交通》第一章"辽西傍海之屠何、孤竹道"部分，已明确考定在今"卢龙县南之台山"（当时主要指阳山）[1]。20年后的河北省第三次文物普查后，方才确定为卢龙县南蔡家坟北岭台地[2]，可谓基本方位勘合。而当年两个月后又有与朝阳博物馆邓宝学的大凌河古道考古调查（见本书第四章）。

---

[1] 王绵厚、李健才：《东北古代交通》，沈阳出版社1990年版，第12页。
[2] 《专家初步认定孤竹国都遗址》，《光明日报》2011年2月22日第4版。

第二节
对齐桓公北伐山戎经孤竹国史迹等当代考古确认

如上节所言,笔者40年前所做的辽西交通史迹调查,与21世纪第二个十年(2011年)河北省卢龙县孤竹国遗址被确认的跨世纪勘合,是燕辽地区考古与古民族历史研究的亮点之一。在这一历史节点上,对湮灭无闻了几千年的孤竹方国解密,是本书"燕辽部族方国"的要点之一。试概述以下两点。

(一)传统文献记载古孤竹国在河北卢龙境内的可靠性

本书所收"论孤竹"一章已述,确载夏商周孤竹方国历史的文献,当首举《管子》《孟子》《汉书》《水经注》及《括地志》等。而在《左传》所谓"执玉帛者万国"的夏商封国中,有四种以上的书同样明确记载一个先秦方国,并且地理坐标明确,实属凤毛麟角。而且如《水经注》等有明确方位并可与当代考古印证的孤竹方国在燕辽地区中亦属孤例。这正是笔者在40年前能大体勘定孤竹国方位,并与近年卢龙县考古发现印证的得天独厚的历史条件。其他如在齐桓公北伐山戎道上的"屠何方国",尽管笔者在《中国东北与东北亚古代交通史》中考证为今葫芦岛台集屯北小荒地古城[①],但至今的认同度远非孤竹可比。现

---

① 王绵厚:《关于锦西台集屯三座古城的历史考察:兼论先秦"屠何"与"汉徒河"》,《社会科学战线》1990年第3期。

以记录齐桓公伐山戎孤竹国的四部文献《孟子》《汉书》《水经注》《括地志》互证。《孟子》记孤竹君之子伯夷在"北海之滨"。《汉书·地理志》"辽西郡令支县"条："令支，有孤竹城。"而《水经注》卷十四"濡水"条更引《魏土地记》说："（濡水）南流迳孤竹城西，右合玄水。"①《括地志》则云："孤竹故城在平州卢龙县南十二里。"

以上三条"五证"孤竹国方位。一曰"北海"，为今渤海，古今无异，证明孤竹国应在今渤海之滨；二曰"辽西郡令支县"，应在今滦河下游迁安，已有史迹发现，而卢龙县蔡家坟北岭是距之百里的一县之境；三曰卢龙县，为魏武帝建城，城址至今犹存、地理明确，而蔡家坟北岭孤竹城正位于其南十余里（见本书附录一）；四曰濡水，为今滦河，古今亦无异议；五曰玄水，为今青龙河亦系公认。至此，北海之滨、卢龙县之南、滦河和青龙河交汇之地为古孤竹国之地理方位已是无懈可击。这一切也可与本书附录中2010年以来发现的卢龙县南蔡家坟北岭遗址印证无疑。

（二）行文至此，令笔者遗憾的是，时至今日，仍有人漠视信史和古今确证，持孤竹在"异地"云云之说。如2021年11月21日的《辽宁日报》上，仍有人因朝阳喀左发现了"孤竹铭"青铜器，即断定孤竹国在今朝阳、喀左（见本书附录详辨），并引某权威大家之说，认为其结论可靠②，以致孤竹故里卢龙县当地的一些研究者也在似是而非的臆断中，随意推论"孤竹国"曾经"迁都过"喀左县。诸如此类，笔者在另一篇文章中说过，古史和地理考证，本质上是一种实证科学。与其相信当代某大家，不如相信班固、郦道元和当代确切的考古发现。本文对齐桓公北伐山戎卢龙古道的考证，除了有孤竹国旧址的勘定外，对其左

---

① 《水经注》卷十四"濡水"条，第346页。
② 《孤竹国在喀左》，《辽宁日报》2021年11月21日，第4版。

右令支和屠何方国的初定，仍可引为旁证。令支者，在本书的"论孤竹"一章中已有考证，应在今迁安杨各庄。迁安近年与卢龙蔡家坟北岭一样，多有商周遗址和文物发现①。而另一个齐桓公伐山戎所至之"屠何"，乃初定于今辽西葫芦岛西北女儿河畔的台集屯小荒地古城，经由1984年同年同次调查②，与王明琦、刘谦先生共同勘定，在台集屯女儿河北分布有时代不同的三座古城，其中以台集屯小学北边小荒地北山上台地的古城时代最早。从其布局看，山城呈不规则长方形，以土石混筑城垣，前临断崖有重修痕迹，东西环形城垣高2至3米，北侧有一门址，南垣残断。城内现场采集有青铜时代的夹砂褐陶片和石器。访当地村民家中，收集有辽西青铜短剑石柄一类遗物。此地第二次文物普查有青铜短剑墓一类发现，证明这是当地青铜时代的城邑无疑。其西去卢龙县孤竹国百余公里，同在渤海湾古交通道上，与齐桓公沿海取卢龙道伐山戎的路径相合。唯此地无蔡家坟北岭孤竹城有正史和山川坐标确证。然以辽西郡"徒河县"在徒河（今女儿河）下游厘定，古屠何与徒河古今方位与地名相袭，应有学理之据，故此地应该是《管子》中齐桓公沿渤海卢龙古道"制泠（令）支、斩孤竹""破屠何"的三处史迹中的"屠何"。但台集屯遗址的考古发现，目前仅限于考古调查，其可靠性尚不如卢龙县北岭。

综上可知，《管子·小匡》等记载的齐桓公，"制泠（令）支、斩孤竹""破屠何"中的三个地理坐标，都可与考古发现勘证：令支在今迁安杨各庄，孤竹在今卢龙县南蔡家坟北岭，屠何则在今葫芦岛台集屯小荒地。至此，当年齐桓公北伐山戎救燕的交通路径，已史迹昭然。

---

① 《专家初步认定孤竹国都遗址》，《光明日报》2011年2月22日第4版。

② 王绵厚：《关于锦西台集屯三座古城的历史考察——兼论先秦"屠何"与"汉徒河"》，《社会科学战线》1990年第3期。

第三节
对大凌河古道和燕王喜败逃辽东的史迹追踪

在1984年8月对辽西傍海道交通地理进行调查两个月后，笔者又有辽西大凌河古道考古之行。当时笔者刚刚履任辽宁省博物馆副馆长，因发生了本馆文物工作队李庆发先生在朝阳考古工作时不幸因心脏病突发而殉职的事情，笔者代表辽宁省博物馆去处理后事。征得家属同意，为纪念李先生在辽西考古工作的贡献，将他安葬在朝阳南山公墓。次日在工人准备工作的闲暇，笔者请时任朝阳博物馆馆长邓宝学先生陪同考察大凌河古道，这是笔者的夙愿之一。因笔者与邓馆长在1973年共同参加中国科学院张森水先生喀左鸽子洞发掘时就相识，而当年鸽子洞发掘时也正是喀左北洞两处青铜器窖藏坑发现时，但当年我们未能去现场，两年后途经北洞也未能实地勘察。其后因启动国家项目《东北历史地理》和《东北古代交通》的编写，笔者也一直想调查与大凌河古道交通攸关的几处窖藏遗址。宝学馆长"文革"前曾在辽宁省博物馆工作，为人诚厚热情且十分敬业，他欣然与笔者驱车同行。因为事先带着考察大凌河古交通道的专项目的，所以上午先考察了大凌河支流十家子（大庙河）古道土城子和大青山关隘，下午则赴喀左北洞窖藏和十二台营子、安杖子诸地点。当我们驻足在大凌河东岸北洞村南窖藏所在的笔架山上已废弃的两个窖坑前，对照带去的考古简报和图片，不禁对原报告结论"西周初祭祀埋藏说"产生了一些疑惑：

其一，在几米距离间，同时挖大小相近的两个坑，到底为什么？是当时所谓"祭祀"的特殊所需或特殊祭礼所用吗？其二，环顾周围，大凌河和笔架山也无特殊之处，为什么祭祀于此？其三，对照发掘现场照片，一个坑中同样的罍竟有五件且堆放无序，究竟符合哪条商周祭祀礼制？凡此种种。其后加上曾与姜念思等在喀左县文管所看到二号坑出土的被报告定为"西周铜钵"而实则为战国器时的困惑[1]，特别在陆续调查了喀左土城子、黄道营子古城，1997年为征集北镇南廖屯亮甲河畔出土的"燕王喜矛"[2]再次亲赴北镇，途经廖屯等地后，笔者确信大凌河古道出土的几批青铜器窖藏，包括义县花尔楼青铜器和北镇的"燕王喜矛"等，均应属战国末，与《史记·燕世家》中燕王喜和太子丹败逃辽东有关[3]。于是把这一与传统"西周祭祀说"不同的看法，正式写入了《中国东北与东北亚古代交通史》。这一初步看法的正式提出，得到当年亲自清理过铜器窖藏的资深考古专家徐秉琨、冯永谦、方殿春等先生的关注或认同，由此引发了笔者对这批大凌河古道沿途青铜器埋藏性质的进一步思考。2019年底，同样关注这一问题的北京市电视台和博物馆的同仁，专门到鄙宅专访"如何看待燕王喜败逃大凌河古道"等。不久又接北京大学校友刘绪教授电话，共议这一话题（刘绪先生亦为访谈者之一，他在电话中皆赞同"燕王喜说"）。这使笔者在早期交通史研究的基础上，对在大凌河古道上留下了国之重器的燕王喜东逃路线，进一步作了如下沉思。当年荆轲刺秦失败后，燕王喜与太子丹东逃辽东，如果从燕下都出发，其基本行径应大体如下：

---

[1] 王绵厚：《辽西大凌河古道商周青铜器窖藏埋藏史因探秘——兼论箕子朝鲜问题》，《东北亚走廊考古民族与文化八讲》，黑龙江人民出版社2017年版。

[2] 王绵厚：《探索大凌河古道交通史迹的半世情缘》，《东北考古六十年》，辽海出版社2022年版，第56页。

[3] 《史记》卷三十四《燕召公世家》，中华书局标点本，1963年版，第1561页。

（一）燕下都和蓟城。这二地是燕国的先后都城，战国时期以今河北易县燕下都为晚期都城，以旧都蓟城（即今北京琉璃河）为陪都。前者至今存东西两城，后者的董家林城址笔者也曾亲自调查。从《史记·燕召公世家》记载"秦攻拔我蓟"后燕王东逃来看，燕王喜的出逃，应从今北京旧都出发。

（二）北京通州。从北京旧都东行的第一站，应为今通州区。当代考古发现证实，此地汉代为路县，其城启于战国，至今城址明确有四门夯城。通州古今皆为幽燕通向东北的京东门户。

（三）自今通州潞河东行至蓟县，蓟县今改为蓟州区，属天津，秦汉为渔阳郡治，为古幽州东北第一枢纽要镇。由京东通州，东经河北三河达蓟州后，即进入古代卢龙塞道的前沿无终。《水经注》曰："（灅水）又西南迳无终山。"① 此条之灅水，即今河北省迁西境内的黎河，地名音转，千年传续，水道古今相合。黎河所经的无终山为卢龙名山。如笔者在《中国东北与东北亚古代交通史》中考定，无终山应在无终县境今河北玉田、迁西北部的凤凰岭一带②。当年燕王喜和后来曹操征乌桓都经古无终而入卢龙塞道。

（四）卢龙故塞。此段卢龙塞道，传续久远、地理复杂，需稍加详解。

《水经注》卷十四"濡水"条："濡水从塞外来，东南过辽西令支县北。……又东南迳卢龙塞，塞道自无终东出渡濡水，向林兰陉，东至清陉。……燕景昭元玺二年，遣将军步浑治卢龙塞道，焚山刊石，令通方轨。"③

---

① 《水经注》卷十四"鲍丘水"条，第342页。
② 王绵厚：《中国东北与东北亚古代交通史》，辽宁人民出版社2016年版，第81页。
③ 《水经注》卷十四"濡水"条，第344—345页。

郦注这一段文字，言简意赅、记述精准。所涉辽西、令支、卢龙、无终、林兰陉、清陉等地名，是考察卢龙古道千年史迹的准确坐标，于研究以下燕辽古道上的交通、部族、方国关系尤重，可逐一厘定之。

所谓"濡水从塞外来，东南过辽西令支县北"，是指濡水（今滦河）上源闪电河出汉代上谷郡塞外，东南流至辽西郡令支县北。已知令支县在今河北迁安，这与今滦河干流过迁安北境东南入卢龙县水道相合。

"又东南迳卢龙塞，塞道自无终东出渡濡水，向林兰陉，东至清陉。"此段讲濡水与塞道的关系，说明濡水过无终后方进入卢龙塞道。这与《三国志·魏武帝纪》中兵至无终方遇田畴"引军出卢龙塞"相符。而"渡濡水向林兰陉，东至清陉"，把塞道与林兰陉和清陉的东、西方位指证明确。这为本书多篇内容考断卢龙塞道交通地理和部族方国方位提供了基本坐标，其证史价值有如下各端：

其一，说明濡水（滦河）发塞外而东南入辽西郡，过无终县段为卢龙塞道。塞道过令支先后有林兰陉、清陉二隘口。前者为瀑河山口，后者为青龙河山口，此亦证实燕王喜东逃出今青龙河上游"清陉"（要路沟）的可靠性。

其二，证明了当年燕王喜东逃取传统的卢龙中道，即由青龙河北上清陉口路线。因为从本书第二章"燕辽出塞五道"可知，卢龙中道对应其东"傍海卢龙道（东道）"，而燕王喜东逃，则取经滦河下游古孤竹国（今卢龙）北行的大凌河古道。

其三，郦道元明确记述，卢龙塞道开通于"燕景昭元玺二年……焚山刊石"。这传递了重要历史信息，前燕元玺二年为公元353年，前燕早期"焚山刊石"亦应为信史。2010年秋，笔者与辽宁大学历史系王雅轩先生应盖州、熊岳邀请，考察辽南石棚、石盖墓及采石场遗迹。在一座石山上，经当地同仁引领，确见火烧巨石之灰痕和崩裂之巨石。故坊间传古人在无大型金属采石工具时，以烈焰堆烧山岩，又以急速喷水或冰雪骤降温度，使石材崩裂，或即"焚山刊石"之谓也。

（五）林兰陉与清陉在卢龙塞上的位置。考察燕王喜东逃卢龙塞道的交通节点，前引郦注的林兰陉和清陉在以往研究《水经注》的诸论中很少确指。笔者在对曹操北征乌桓交通地理的考证中指出，其出卢龙塞取"微径"奔袭乌桓白狼山，应取今滦河支流瀑河之潘家口即"林兰陉"而至渗津河上游。则位于其东的卢龙塞上的清陉，从今滦河另一支流青龙河与大凌河上游相接来看，应在今青龙河上桃林口。此即燕王喜所经也。

（六）建昌西要路沟。考察燕王喜出青龙河清陉古道的重要关隘，需首选位于青龙河与大凌河相接分水岭处今建昌要路沟。早年与朝阳博物馆邓宝学和喀左县文管所刘新民二先生共同发掘鸽子洞时即告知，建昌喇嘛洞附近的大凌河上游要路沟至今在山岩路面上存有十余厘米深的双轨车痕。2017年10月，笔者应邀去渤海大学历史文化学院讲学，崔向东院长又告知，近年他带学生亲赴要路沟，见山口隘路犹存，但旧车轨印迹却被盖在柏油马路下面。每忆此，笔者总为早年没能亲勘要路沟而遗憾。因为笔者分析青龙河与大凌河上游交界的要路沟，很可能就是《水经注》中郦道元记述的卢龙塞道上前燕元玺二年开凿的"令通方轨"的旧迹，也是当年燕王喜败逃辽东的必经之路，过要路沟北行几十里即接大凌河上游，往下即笔者亲自调查过的东大杖子和诸青铜器窖藏地点（见下节）。郦道元《水经注》中的这段记载，补充了《史记》《汉书》的不足，成为燕辽历史上一段重要信史的补证。自此"卢龙三道"方屡见后代史书，成为燕辽古史的地理名称之一。

（七）建昌东大杖子。这是过要路沟后，沿大凌河下行的第一要地，其遗址发现于20世纪80年代第二次文物普查之后。华玉冰等于20世纪末经多年发掘，发现了从春秋末期到战国末期的重要城邑遗址和墓地。2008年第三次全国文物普查期间，笔者会同辽宁省文物专家组专赴此地验收考察，观其为大凌河上游之一宽阔谷地，高大的夯土台基尚存，北临东大杖子村内外战国墓地丰富，出土有包括青铜短剑在内、具有燕式特点的陶器和铜器，其品级之高为辽西同时期所罕见。从出土文物看，遗物有燕文化和山戎文化的双重特征，笔者在《东北亚走廊考古民族与文化八讲》中考其为战国前后燕戎都邑。从其处于大凌河上游的交通要隘看，当为燕王喜出清陉（要路沟）后屯驻的又一要镇。观今东大杖子遗址如此庞大而遗物丰富，从春秋末到整个战国时期延续数百年而突然消失，其史因或与战国末秦将李信率大军经辽西大凌河古道东伐辽东灭燕时的战事平毁有关。

（八）东大杖子以下诸青铜器窖藏地。

自建昌东大杖子以下，进入了大凌河谷道的几处青铜器窖藏地，这是燕王喜败逃辽东的交通实证。以往人们受"西周祭祀埋藏说"误导，有所谓箕子、孤竹国埋藏的种种猜测，笔者早在《中国东北与东北亚古代交通史》和本书有关章节已详考驳议。如此众多沿大凌河谷的埋藏地，如此多种方国名臣铭器，又如北洞同样的青铜礼器多件共出一坑，这一切绝非某"方国"或部族酋长所赐、所有，而最可能是末代燕王喜东逃所携历代库府之所存。质言之，从亲历调查的喀左县北洞两处窖藏看（其他或举一反三），大凌河燕辽古道正是当年燕王喜败逃所经之地，其一路弃埋的痕迹斑斑可证。

（九）喀左大城子。从发现的青铜器窖藏分布看，今大凌河南源和西支（南大河）交汇的喀左大城子是节点坐标之一，因迄今在大城子以北的大凌河古道上无一件商周青铜器出土，而大城子以东经黑牛营子去义县南，古今为东西交通要途，可详见下述。

（十）义县花尔楼和七里河。由上条喀左县大城子东行，燕王喜行经黑牛营子一线以东，重要的史迹发现是义县花尔楼的商周青铜器。这一重要礼器的发现地，既无商周城址也无同时期的其他发现，而且当地的西周后魏营子类型也从无商周早期礼器发现。所以它的发现分析与下条北镇南的"燕王喜矛"一样，应为当年燕王所弃。至于花尔楼南百余里的七里河，则更是大凌河下游的古今交通重镇。早年在七里河镇开州村曾发现辽代开义县城址，而辽城建在早期遗址上，当地大凌河畔又曾出土从战国到汉魏乃至隋唐的遗物。笔者在早年（1990年）的《东北古代交通》中，曾考其地为隋唐东征营州道的怀远镇。对这一节点交通，2010年笔者应邀引领东北师范大学刘厚生先生的研究生一行，从北镇至义县考察奉国寺和万佛堂，驱车专经七里河一线，观其古今交通要冲之势，七里河一线历史上应即交通要地。本书在考证《水经注》中的大凌河水系地理时，将汉魏以来的七里河、开义县城址，推证为古汝罗城，此地或为更早的战国末燕王喜败逃所经之地。

（十一）北镇南廖屯及亮甲河。北镇南廖屯和亮甲河段，早在20世纪50年代就有古城发现。而证明当年燕王喜逃经廖屯亮甲河段的重要物证，是1996年在河滩沙土中出土的"燕王喜矛"。笔者因多年关注访察大凌河古道与燕王喜东逃的关系，在其发现伊始即考虑这一罕见"燕王喜矛"与《史记》等记载的燕王喜东逃的关系。笔者时任辽博馆长，于是次年（1997年）即亲带保管部征集组的同志驱车去北镇征集这件重要文物。重经这一辽西考古重地，进一步感到其出土燕王兵器绝非偶然，不可能由下级将士带"燕王"名款的兵器戍边，便益坚信此"燕王喜矛"必与大凌河窖藏一体，应为战国末燕王喜东逃所弃。因为据《中国文物报》2022年3月1日河北省"百年考古"报道，带"喜"的末代燕王兵器，之前只发现在燕下都遗址。今又发现于廖屯亮甲河段，或与燕王喜当年从燕都北逃时，中转驻扎或供给有关。

（十二）黑山县蛇山子。由义县廖屯东行百余里至今黑山县西南与北镇接界的蛇山子，早在20世纪上半叶，已被考古学家佟柱臣等调查发现，唯其地名一直未确认。循先贤足迹，1984年笔者再调查后曾初定为无虑县。尽管这一结论尚存异议，但其地的交通地理优势则无可替代。它是从辽西大凌河东指"辽泽之险"前的古今战备要地，故考辽东郡之"西部都尉"（无虑）和隋唐东征之怀远镇均置于此，也应是当年燕王喜跨辽泽之险前的驻地之一。

（十三）台安县孙城子。这一重要古城坐落于辽河西岸一公里处，早年已发现。2010年辽宁省"三普"期间，笔者与省文物专家组勘察，其据河之险，城址犹存，遗物丰富。对此城学界一致认定为辽东郡之"险渎县"。险渎者，名其辽河之险也。自战国以降，汉唐历次东征，取"辽泽中道"莫不经此途。从当代地理看，由此渡辽河，东经唐马寨至辽阳，乃为坦途。

（十四）首山。辽阳南首山，乃笔者桑梓之地，少时已登观。其地自汉魏以来两千年地名传续，不论司马懿征公孙氏还是唐太宗征高句丽，渡辽泽无不先登首山，至首山则辽东城（今辽阳）尽在彀中，此亦燕王喜当年必经之地。

（十五）辽阳。燕王喜败逃辽东的终点辽东郡治，古称襄平，在今辽阳旧城古今无异议。城北太子河，即以燕太子丹得名。《辽城望月》为唐太宗东征名作。如今确切出土的燕王喜和太子丹的遗迹、遗物，当推燕王最后的避难地太子河上的沙坨子岛及其出土的西周青铜器（现藏上海博物馆），唯二者均鲜为人知。前者岛上尚常可见战国兵器出土，可为北燕末世"残都"之证。后者近年有人以辽阳出土青铜器炒作为"箕子之都"，如同有人不深究辽西大凌河青铜器埋藏史因，而假托箕子之类的妄臆之说。

综上，本文以万言记述从齐桓公到燕王喜的千年燕辽交通史迹，特别对史论罕见的燕王喜东逃史迹进行历史钩沉。其交通史迹所及，从燕辽大地到长白山南系辽东地区斑斑可证。此即本书前言所说，燕王喜败逃辽东二千里的交通路径，涉及东北地区东西两大文化区。其中多项史迹可证而又有尚存模糊者，是值得21世纪"考古中国"重点关注的领域。

第九章 曹操北征『三郡乌桓』的燕辽交通地理考察

在汉魏之际中国东北的交通史和民族关系史上，最具震撼力和影响力的事件，是魏武帝曹操策马辽西白狼山，大破"三郡乌桓"后，从柳城旋师辽西碣石以观沧海的历史传奇。本章专门讨论这一历史名篇中存千年困惑的辽西古廊道史迹和交通文化，并对其所经燕辽大地古方国郡县进行寻踪。

第一节
曹操北征乌桓的历史背景

作为东胡后裔的辽西乌桓，是继东胡、匈奴之后与辽西鲜卑先后在秦汉之际"匈奴故地"兴起的草原民族。当汉武帝北却匈奴后，乌桓与鲜卑最先进入上谷、渔阳、右北平、辽西、辽东五郡塞外，对汉朝时降时叛。汉魏时期为稳固北边，乃设"护乌桓校尉"和"鲜卑校尉"于边地。东汉安帝建光元年（121年），辽西鲜卑首领其至鞬叛汉，先攻蓟北居庸关，云中太守成严战殁；接着又攻汉护乌桓校尉徐常于马城，度辽将军耿夔、幽州刺史庞参等发兵助战护乌桓校尉徐常，稍宁汉边。公元133年其至鞬卒，数年内，乌桓、鲜卑稍匿。公元127年耿晔重任护乌桓校尉，乌桓首领戎末廆等一度内附，并助汉防备鲜卑。

约在30年后的桓帝永寿元年（155年），环居辽东塞外的乌桓又叛汉。汉廷迁汉阳太守种暠为辽东太守，又加任为度辽将军，专防塞外的乌桓与鲜卑。种暠不辱使命，先抚而后兵，使乌桓、鲜卑等宾服，边郡安宁十数年。

桓帝永寿二年（156年），著名鲜卑首领檀石槐被推为"鲜卑大人"，在弹汗山登汗位，尽有匈奴故地，自此五郡塞外鲜卑与乌桓进入了强盛期。从当时的二部分地看，鲜卑檀石槐部主弹汗山至云中山之间的西部之地，而东部乌桓主要分布在本书所指的燕辽地区的右北平、辽西、辽东郡等塞外地区，史称"三郡乌桓"。汉朝则设抚安乌桓、鲜卑的辽东属国都尉以镇抚之。

至东汉末年建安中，在"三国""四方"（魏、蜀、吴和辽东公孙氏）并立的情况下，盘踞于辽西、辽东、右北平"三郡"塞外的部族中，以乌桓酋长丘力居部最为强大。其部众数万骑，"承天下乱，破幽州，略有汉民"。继其位总摄"三郡乌桓"的首领蹋顿，本为辽西乌桓大人丘力居从子，当其获取"三郡乌桓"的单于地位后，便从自己的部族利益出发，参与中原诸侯的割据斗争，曾与河北袁绍联合攻灭了割据右北平和辽西一部的公孙瓒，成为威胁曹魏中心所在邺城、许昌和幽、冀二州的主要北方部族势力。

官渡之战后，曹操占领今河北地区的幽、冀二州地。袁尚等人投奔蹋顿，并希望依靠乌桓的兵力重建自己的势力，同时不断南下侵扰。曹操欲安定后方，便需征讨乌桓。但诸将在廷议时都说袁尚只是败军之将，夷狄贪而无信又怎能为他所用，此时如果率军远征，刘备必然劝说刘表袭击许昌，若情况有变将无可挽回。独谋士郭嘉力劝曹操北征乌桓，他认为辽西遥远，胡人毫无防备，派兵突袭就可一战而下。而幽、冀民心尚未归附曹氏，袁绍曾有恩于乌桓，如果先南征刘表，得乌桓相助的袁尚就会乘机进攻河北，冀州会得而复失。曹操审时度势，采纳了郭嘉的建策，于是决定北征乌桓。当时曹操已迎汉献帝并将都城迁至今河南许昌，故曹操北征大军是从许昌北上。

为保证军队、粮草的顺利运输，曹操首先在河北开凿了"平虏""泉州"二渠，然后发兵许昌，北顺今滹沱河，经平虏渠再转接渔阳郡之泉州渠，一路水陆兼行而过幽蓟。当到达今天津蓟州区和河北玉田县的古无终国境后，郭嘉又建言：千里远袭，兵贵神速，军中辎重多而难以速行，不如留下辎重，率领轻兵走捷径，以达到出奇制胜的效果。这时正值雨季，渤海湾滦河下游泥泞不堪，乌桓还派兵镇守险要地带，曹军不能顺利通过。曹操向当地名士田畴问计，田畴认为这一带夏、秋两季常有水患，"浅不通车马，深不载舟船"。他向曹操献计北出卢龙，经平刚到达柳城。他分析道：建武以来，此道已有二百年断绝不通，可能还有"微径"可言。乌桓认定我必由无终进入辽西，一旦受阻，我军就会退兵，所以他们一定松懈无备。如果就势回军，北出卢龙塞经白檀绕行到平刚，再从平刚东进柳城，则路途便捷，蹋顿可不战而擒。曹操于是采纳了田畴之计，率军返回，他们立大木于水边，上面刻字："方今暑夏，道路不通，且俟秋冬，乃复进军。"[①]乌桓看到后误认为曹军已经返回，不再戒备。

从"无终"卢龙塞回军北上，曹操让田畴率部众前导，堑山堙谷500里，率军北走徐无山。曹军北出卢龙塞（今河北喜峰口西十余里的潘家口关），绕过白檀（河北宽城县药王庙古城）、平刚（辽西凌源市境），东指柳城（今辽宁省朝阳市南袁台子古城）。行军途中历尽艰难，曾方圆200里找不到水源，军中缺粮，杀马数千匹充作军粮。至距柳城还有200里的白狼山时，乌桓得到消息，袁尚、袁熙、蹋顿、辽西单于楼班、右北平单于能臣抵之等率数万骑迎战。八月，曹军登白狼堆（今辽西喀左县大凌河西岸的大阳山）与乌桓军相遇，乌桓人数众多，曹军重甲军尚未赶上，前军都是轻骑兵，左右都非常畏惧。曹操登高远眺，发现乌桓军阵容不整，于是令张辽为先锋率军进攻，在白狼山下大破乌桓。曹军斩杀乌桓首领蹋顿及各部大王，后胡、汉20万人先后投降。乌桓苏仆延和辽西、右北平部落诸首领从袁尚、袁熙等，均投奔辽东公孙氏。此战曹军获全胜。

归途由柳城南下途经辽西之碣石，曹操写下了千古名篇《观沧

[①] 《三国志》卷十一《魏书·田畴传》，中华书局标点本，1959年版，第342页。

海》："东临碣石，以观沧海。水何澹澹，山岛竦峙。树木丛生，百草丰茂。秋风萧瑟，洪波涌起。日月之行，若出其中；星汉灿烂，若出其里。幸甚至哉，歌以咏志。"这就是咏传千古的"碣石篇"。

第二节
曹操北征"三郡乌桓"的辽西古廊道和交通史迹考实

汉末曹操北征乌桓，是燕辽历史上一次由中原集结出塞的大规模军事行动，因而在汉魏辽海渤碣间的军事交通地理上占有特殊地位。记载这次集军出塞的，以《三国志》中的《魏武帝纪》和《田畴传》最为翔实，后代史书如《资治通鉴》等也间有追述。

（曹操）将北征三郡乌丸，诸将皆曰……今深入征之，刘备必说刘表以袭许。……惟郭嘉策表必不能任备，劝公行。夏五月，至无终。秋七月，大水，傍海道不通，田畴请为乡导，公从之。引军出卢龙塞，塞外道绝不通，乃堑山堙谷五百余里，经白檀，历平刚，涉鲜卑庭，东指柳城。未至二百里，虏乃知之。……八月，登白狼山，卒与虏遇。……公登高，望虏阵不整，乃纵兵击之，使张辽为先锋，虏众大崩。……九月，公引兵自柳城还。①

以往治东北史地者，多引据《三国志》以上诸文。然而对曹操北征"三郡乌桓"之交通地理的考证没有明确，多有歧义。本文以史书记载并参证历年考古发现的交通史迹，对曹操北征"三郡乌桓"的辽西道

---

① 《三国志》卷一《魏书·武帝纪》，中华书局标点本，1959年版，第29页。

作重点考察，从曹操出师和班师之不同路线，分别寻迹追踪。

一、曹军出师之道

曹操出师之道，据《三国志》记载，是建安十二年春发自河南许昌，夏五月"至无终"，即从今天津市蓟州区到河北省玉田县北境的"无终国"地。夏七月，至傍海之卢龙道，"引军出卢龙塞"。曹师至卢龙后，本拟出卢龙塞傍海道趋柳城。但因"塞外道绝不通"，方有无终名士田畴献策："旧北平郡治在平冈（刚），道出卢龙，达于柳城。自建武以来，陷坏断绝，垂二百载，而尚有微径可从。……若嘿回军，从卢龙口越白檀之险，出空虚之地，路近而便。"于是曹操采纳田畴之策："令畴将其众为乡导，上徐无山，出卢龙，历平冈（刚），登白狼堆，去柳城二百余里。"①

按《三国志·田畴传》，田畴为右北平郡无终人，深谙卢龙塞一带古道及傍海交通。其所谓"旧北平郡治在平冈（刚），道出卢龙，达于柳城"，是指汉魏时出卢龙塞，经右北平郡境，到达辽西柳城的古道交通。

所谓"自建武以来，陷坏断绝，垂二百载，而尚有微径可从"，是指东汉初建武以来，因塞外乌桓近塞和海浸水患，使"出卢龙，达于柳城"的辽西古道，"陷坏断绝，垂二百载"，但仍有"微径可从"。这微径，正是指田畴率众为向导，引曹师"从卢龙口越白檀之险，……上徐无山，出卢龙，历平冈（刚），登白狼堆"堑山堙谷五百里的山间小道，即所谓"卢龙西道"。即经今宽城县潘家口的"卢龙之险"，沿滦河支流瀑河进入大凌河上游支流渗津河的道路。

考察曹操率军北行的这条辽西古廊道，其交通地理变迁实际上在

---

① 《三国志》卷十一《魏书·田畴传》，中华书局标点本，1959年版，第342页。

《汉书》卷二十九《沟洫志》中已见记载："大司空掾王横言：河入勃海，勃海地高于韩牧所欲穿处。往者天尝连雨，东北风，海水溢，西南出，浸数百里，九河之地已为海所渐矣。"《汉书》所记"往者"辽西等地的"海浸"现象，据现代科学研究，至少在西汉以前的战国后期已经发生。其海浸应有多方面的地理和气候原因，直至东汉末仍未恢复。而曹操当时所经辽西傍海道的走向，即由卢龙塞向北历经白檀、徐无山、卢龙口、凡城、平刚和白狼堆等，以下分别考其史迹方位如次。

1. 白檀

据北魏郦道元《水经注》记载，汉魏白檀县应在濡水（今滦河）流域。《水经注》卷十四之"濡水"条注："又东出峡入安州界，东南流迳渔阳白檀县故城。"[①]可知白檀应为汉代渔阳郡故县，地当濡水东南流的下游。《汉书·地理志》白檀县注下有"洫水"，应即指濡水，白檀故县应在滦河中下游。今据河北省考古工作者调查考证，汉代白檀县城，应在今河北省兴州河南岸之滦平县小城子。则曹师所经之"白檀之险"，应泛指经由白檀县境即今河北滦平县境滦河支流与山道之险，非仅指经白檀县城。

2. 徐无山

古徐无山应为今燕山余脉，东连渔阳密云山，西连居庸口。从历史记载上看，应为今玉田县之东、青龙县之西，西晋时属北平郡境。《晋书·地理志》北平郡下领四县：徐无、土垠、俊靡和无终。其首县徐无当在今河北青龙县境。该徐无山以汉魏地理比定当近卢龙塞道，为今河北省青龙县与宽城县交界的都山。这里正是青龙河与瀑河的分水岭，登此山则由青龙河北转瀑河潘家口即废卢龙塞，也是当年曹师转路所登卢龙塞之前的徐无山一线。

---

① 《水经注》卷十四"濡水"条，第345页。

3. 卢龙口

卢龙口应指卢龙古塞隘口。郦道元《水经注》载："濡水又东南迳卢龙塞，塞道自无终县东出渡濡水，向林兰陉，东至清陉……"①郦道元所记为汉魏出卢龙塞的故道东段。从《水经注》的记载看，卢龙塞作为出无终的塞道，并非一条交通隘口，而是由今玉田县古无终东出，渡濡水（今滦河）达于卢龙塞为干道，再溯其支流青龙河（玄水）东北，至今长城桃林口至要路沟的古清陉口。这正是《水经注》中"卢龙东越清陉至凡城二百里许"的又一古道。

田畴导引曹军从卢龙口越"白檀之险"。这里的"卢龙口"非"清陉口"，因为此时清陉口已"陷坏断绝，垂二百载"，而应是今卢龙西北瀑河上卢龙道西塞道的路口，即田畴所说的"尚有微径可从"。这出"卢龙口"所取之"微径"，应指经"徐无山"之险，沿青龙河西支，道出河北省迁安东北的建昌营、七道河隘口，经稍西的瀑河交通隘口，或即"林兰陉"，然后过今建昌要路沟，东北行转向右北平郡大凌河上游的白狼县（今喀左黄道营子）之白狼山及白狼道（大凌河南支上游古道）。

4. 平刚

平刚为西汉右北平郡治。考察曹军北征"三郡乌桓"的行军路线，其中"历平冈（刚）"很值得审读。从田畴引军"出卢龙塞""历平冈（刚）""登白狼堆"而直指柳城的方向看，曹师实际并未到达平刚，只是途经平刚县界（南部）。

从古今自然交通地理看，由今河北潘家口一带出卢龙口（瀑河隘口），经宽城县东北行，首先进入辽宁省凌源市西南青龙河上游的刀尔登一带。而刀尔登是连接青龙河谷上游与大凌河西支上游沟门子一线和

---

① 《水经注》卷十四"濡水"条，第345页。

北出三十家子一线的古今交通枢纽,在汉魏时代右北平郡内的交通地理中占有十分重要的地位。其往北连接辽西大凌河上游古道,从当代考古发现看,在枢纽地区的刀尔登一带南北有多处汉、魏城址或遗址,其中主要有凌源市北营子汉代遗址、头道河子汉魏古城等。特别是刀尔登镇头道河子村小河西的青龙河左岸台地上,经勘察至今有周长约五百米的古城址,其遗物的时代从战国到汉魏时期,延续较长。其城址虽规模不大,但雄踞青龙河西转折之处。由此北行可达汉右北平郡治平刚,前期在今宁城西南,其间距离仅150里。由此东行,进入大凌河支流渗津河谷道(古称石城川)的渗津河下游与大凌河交汇处,即达古白狼山(今喀左县大阳山)。可见这座雄踞古卢龙口北端,位于平刚、白狼之间的交通重镇,应是古代沿青龙河、瀑河北行,而又东入渗津河和大凌河谷道的三个古交通枢纽之一。故知建安十二年(207年)曹操北征乌桓途中的"历平冈(刚)",当指溯青龙河经瀑河卢龙险至今凌源南一带历平刚县南境,然后东沿渗津河谷道,直驱今喀左县大阳山即古白狼山,最终至柳城(今朝阳南)。

5. 白狼山与白狼城

曹军"历平冈(刚)""登白狼堆",正是沿青龙河上游,过凌源刀尔登,东入渗津河谷道(石城川水)再东行登大阳山(白狼山)之行,同时也是"白狼山之战"曹军进攻方向。

曹师经田畴引导在白狼堆阵斩乌桓蹋顿单于以后,其向东北行直趋柳城的故道,即今大凌河古道的北段。据《三国志·魏武帝纪》所载,曹操出师之道的行程为:夏五月至无终,七月至卢龙塞,八月登白狼堆,秋九月"引兵自柳城还",冬十月登碣石、观沧海。自卢龙北行柳城,前后历时百余日,驱五百余里。其军旅所经交通,以今日地理考察实为:从"卢龙口",沿青龙河西支而上,经今辽西凌源市南,再由青龙河谷入渗津河谷道。然后东行登今喀左县大阳山(白狼山),斩乌桓蹋顿单于后,又沿大凌河古道向东北行,最后到达辽西朝阳南袁台子古城，即汉魏之柳城。以上是曹操北征乌桓出师之道的基本交通地理实况，这条出师之道，也是《后汉书》记载的辽西太守赵苞"垂当到郡，道经柳城"的辽西白狼水古道。

6. 凡城

曹操征乌桓所历凡城，在其后三燕与中原诸雄角逐中多次出现，应为军事重镇。从靠近白狼城的大凌河古道推断，又从20世纪80年代以来笔者的实地考古发现看，凡城应在今渗津河上游凌源三家子与瀑河左岸一带。那里的几处古城出土了从夏家店下层文化遗物到汉代的筒瓦和板瓦，其地在瀑河与大凌河支流渗津河古道冲要，交通枢纽地位极其重要。

二、曹操回师之道

建安十二年（207年）秋九月，曹操北征"三郡乌桓"后"引兵自柳城还"的交通路线，史书中记载较少。可借以考察的文献记载，主要有《三国志·魏书·武帝纪》："九月，公（曹操）引兵自柳城还。"另外于《魏武帝集》中《碣石篇·冬十月》亦有文"孟冬十月，北风徘徊。天气肃清，繁霜霏霏"。同集《碣石篇·观沧海》记载了东汉建安十二年孟冬十月曹操征乌桓回师途中，确实有"东临碣石，以观沧海"的仆仆征途，与出征时出卢龙、历平刚的古道，显然是两条不同的路线。

关于曹操北征乌桓的回师交通路线，尽管史籍阙如，但参证考古发现，结合几次亲历考察，迄今已有可能追寻其基本交通走向。其中最明确的地理坐标，可根据考古发现和《水经注》"濡水"条确认以下各点。

1. 柳城与马首山

柳城故县是曹操北征"三郡乌桓"的终点，也是回师的起点。前文已指出，据20世纪80年代调查可知，在今朝阳南袁台子。由柳城溯大凌河南行，过大柏山（古马首山）而至建昌境的敖木伦河上游，进入建昌县巴什罕和绥中县六股河上游交接的辽西之"碣石道"。据《汉书·地理志》，今大柏山即古马首山，参柳水即十二台营子段大凌河。据辑本《元一统志》卷二记载，柏山在"兴中州（朝阳）南三十里"，古今地名相传。

2. 由柳城南下的碣石与碣石道

碣石为辽西著名古迹，以秦始皇、汉武帝和曹操之名而蜚声四海。唯其如此，对碣石古今的考索格外纷繁。经近年考古发掘，辽宁省考古工作者提出，秦汉辽西碣石应在今辽宁省绥中县万家镇墙子里村南海中之"姜女石"。此处早在明清游记中已有人提及，唯不为时人所重。清初谈迁《北游录》记载："过（山海关）八里则欢喜岭，孟姜女石在岭南二里。远见天桥柱者，汉武帝登碣石望海，当山顶大石如柱也。"也就是说，早在三百多年前，清人已指称山海关外八里的欢喜岭南之"姜女石"为古碣石。通过古碣石的傍海道即为碣石道。

3. 由柳城南行辽西碣石古道上的现代考古发现举要

汉代辽西郡柳城故址和秦汉碣石宫地址的确认，为曹师北伐乌桓交通地理的考察提供了重要依据。在由辽西柳城南至碣石即绥中县海滨的交通线上，历年来发现的文物古迹也为确认这条交通古道的走向提供了具体实证。

从辽西陆路看，由朝阳县南袁台子村汉柳城出发南行，陆路有两个方向分途：一是西南溯大凌河干流，可至大凌河上游的白狼山和白狼县。这是曹操出师征乌桓时，"登白狼山""东指柳城"的出师之道。二是由袁台子东南行，缘大柏山东麓，离开大凌河谷，顺八道河子南下，去往辽西滨海碣石之道，是为曹操回师之道。这一路上的考古遗迹，已经勘察的依次有：

（1）袁台子以南的南双庙子汉墓群，南至单家店、水泉村、兴隆沟村，均发现有春秋战国之际的古山城址。这一路古代城址多分布在从十二台河南行小凌河支流羊山河的沿河交通道两侧。其中单家店公路西侧有城子山，山上有战国至汉魏的古城址。

（2）城子山往南行，这条古代交通线进入羊山河流域。其交通道上最大的古城，是今羊山河西岸朝阳县羊山镇五佛洞汉魏古城。这座古城位于羊山河右岸的交通要道，地理坐标为北纬41°10′、东经120°20′。城址内出土有汉代至晋代的绳纹板瓦、筒瓦等建筑遗物，显然是由大凌河南支流十二台河去往小凌河北支流羊山河谷道的又一交通重镇，亦应为当年曹军驻地。

（3）由羊山镇五佛洞古城溯小凌河上游西南行约三十里，在小凌河西岸有黑牛营子古城。该城址紧靠小凌河左岸，现仅存纵横150米，但分布有汉魏至辽代的绳纹板瓦等大量遗物。由黑牛营子古城再南行瓦房子镇，至下平房一带，翻越小凌河与六股河上游分水岭——海拔八百余米的吕家梁山，沿六股河上游西南陆行，到达今建昌县娘娘庙乡。在这段由小凌河上游黑牛营子进入六股河上游的古道上，最明确的古城址是建昌县二道湾子乡后城子遗址。它坐落于小凌河与六股河上游的交通衔接地带，在古代交通地理上的地位尤为重要，应当是一座交通城镇。

（4）后城子稍西，则为建昌县巴什罕乡土城子古城。该城年代较早，为一处战国至汉代古城。后城子和土城子均地控六股河上游交通孔道，西边靠近辽西著名的黑山。黑山为松岭余脉，自古为大凌河上游与六股河的天然分水岭，古时也应是两河流域交通孔道的天然分界线。黑山西侧为出青龙河口（古清陉口）进入大凌河上游的古卢龙道的北端；黑山之东侧为沿六股河和小凌河上游，由辽西傍海北去柳城的另一沿河重要陆路通道。

（5）靠近傍海处最重要的考古遗存和交通地理坐标，是发现于今辽宁绥中县北六股河下游腰古城寨的汉城址和石河下游山海关西南八里古城村之古城遗址。前者地处辽宁省绥中县六股河西岸崔家河沿附近。

腰古城寨村古城残存南北长约250米，东西宽200多米。经20世纪60年代发现和笔者1984年与王明琦、刘谦先生实地考古调查，夯筑土城墙高二米，城内已辟为耕地，但分布大量汉代的灰陶和红褐陶绳纹陶片及砖瓦，是迄今为止在六股河下游傍海交通道上发现的最大一座汉代古城。从自然地理上看，腰古城寨东临六股河，北靠龙王山，南濒大海，是汉魏时期控扼辽西傍海陆路交通道的枢要地区。经由该古城西南行数十里，即可到达上述辽西古碣石、临渝等傍海交通重镇。

（6）地处今辽宁绥中万家镇古"碣石"西南二十余里的河北省秦皇岛境的古城。古城地处今山海关西南十里的古城村东北，城址下临西沙河即石河故道西岸。石河应即东汉以后的古渝水，则古城当为东汉临渝。经1984年考古调查，在古城村东北一处叫城子里的台地上，仍分布大量卷云纹圆瓦当和菱格几何纹空心砖残块等东汉遗物。城址呈方形，四周夯土墙俱在，直径300米。从其地理位置和出土遗迹考察，该城是东汉以后的辽西郡临渝县城，亦即后来隋唐时的渝关和渝关守捉驻地。汉魏时期，由柳城南至辽西碣石后，再沿傍海道西南行，至卢龙以前的首关应是今山海关西南十余里的临渝县故城，即东汉西迁的临渝县治。

（7）进入今秦皇岛市的抚宁区后，即西汉絫县（东汉并入临渝县）以西诸地。由临渝县西行百里，即古孤竹国所在的卢龙县。根据《水经注》记载推断，卢龙城始筑于建安曹操北征之后。

总之，上述这条汉魏时期由柳城南下的傍渤海碣石道，以考古发现连线即开始于朝阳县南袁台子，沿十二台河进入小凌河上游和六股河上游的巴什罕古城。接着顺六股河而下，经绥中腰古城寨后，往西南行到达万家镇金丝屯古城和姜女石遗址（碣石）。过碣石后，则经过今河北秦皇岛市山海关区古城村古临渝县城，又西经卢龙所筑新城。这条古交通线上的古城遗址连接不断，从时代上看上启战国，中经汉魏，下至隋唐，在辽西古代交通史上具有承汉魏古道，开契丹、奚、室韦等草原之道的意义。悠悠数千载,沧海变桑田,英雄曾策马,余音留狼山。其交通文化流传有绪,在长达二千年的东北亚前沿辽西环渤海交通史上,具有重要意义。

第三节
曹操征乌桓的历史追思

在结束此章时，我们需要反思曹操北征乌桓在汉魏时期辽海和东北亚交通地理、民族关系及社会文化史上的意义。特别是对其史迹的考实，以往罕见。而其历史意义，归纳起来主要有如下三点：

其一，曹操北征"三郡乌桓"，"堑山堙谷五百余里"，重新开启了卢龙塞古道，继承和进一步开拓了由"渔阳""无终"至右北平郡和辽西郡这条先秦以来的古代交通要道。特别是进一步打通了卢龙塞平刚至白狼、柳城之间的辽西交通孔道，在中国东北特别是辽海交通历史上，树立了开拓性的人文丰碑。直至三燕慕容皝伐后赵蓟城时，仍取此道出古北口历平刚道，史称"诡路出其不意"[1]。

其二，在汉末边域诸侯迭起、部族纷争的形势下，这次北征乌桓稳定了右北平、辽西边郡。在扫平"三郡乌桓"后，曹操审时度势，未发兵攻辽东公孙氏，而是"引兵自柳城还"。这一决策，无论对边境的稳固，还是对北方民族文化的进一步交融，都发挥了超出"白狼""柳城"之战本身的历史作用，并为扫除袁氏地方割据势力，重新统一北方奠定了基础。

---

[1] 《晋书》卷一〇九《慕容皝载记》，中华书局标点本，1974年版，第2821页。

其三，曹操北征乌桓虽然只有数月，但在辽海地域文化中却留下了经久不朽的篇章。在传世的东汉末文学作品中，称雄一时的"建安文学"名家，至少有两位代表人物留下了与辽海相关的文墨，且都与北征"三郡乌桓"和辽海渤碣直接相关。从文化史上看，建安文脉传布辽西，更是汉末与平定"三郡乌桓"并重的辽海文化盛事。其一是北征乌桓前，曹操之子曹植留下的《谏伐辽东表》，其二是曹操平定"三郡乌桓"、"自柳城还"后留下的《碣石篇》和《表论田畴功》。其中曹植的《谏伐辽东表》首次提出："辽东负阻之国，势便形固，带以辽海。"其"势便"者，多指辽海水陆交通之便；而"带以辽海"，更是第一次将辽河流域冠以"辽海"之名。这比后来为学术界引为辽海地名圭臬的《魏书·库莫奚传》中"及开辽海，置戍和龙"[①]的历史记载，要早上三个世纪，实为"辽海"文化冠名的真正先河。

因此，曹操北征乌桓应是汉季燕辽彪炳史册的大事。

总之，本章以《水经注》和《三国志》等记载为线索，追述曹操北征"三郡乌桓"的交通地理，结合考古调查实践进行了史迹钩沉，为这一妇孺皆知、饮誉海内的"东临碣石，以观沧海"的魏武征行，勾勒出古今鲜为人知的交通史迹。曹操北征"三郡乌桓"，发自许昌、邺城，北经幽州、卢龙，是途经渤海之卢龙塞和大凌河古道的一次完整军旅之行，它对我们考察燕辽古道有典型的坐标意义。

---

① 《魏书》卷一〇〇《库莫奚传》，中华书局标点本，1974年版，第2223页。

第十章 关于辽西红山古国与燕亳方国的文化反思

本章的写作，缘于笔者20世纪80年代开始对大凌河的考古调查和对辽西燕亳方国问题的思考。近因则是2019年底，笔者接到沈阳城市学院辽河文化研究院栾薇女士代表学院提出的邀请，希望就辽河文明在中华文明发展中的历史地位发表一些看法，并作为"辽河文明论坛"的主旨发言。对笔者来说，这一"命题作文"犹如棋盘上过了河的卒子一般。因为几十年来涉猎和学习的专业领域主要是历史时期的东北考古与古民族，对远古文明所知甚浅。但栾薇老师一再邀约，希望笔者就这个问题略抒己见。盛情之下，笔者也尝试一次"班门弄斧"。于是从庚子（2020年）之春居家期间开始，就这一问题略作思考。鉴于这一论题与本书立意的"辽西古道方国"的早期历史关系重大，甚至具有奠基意义，所以尽管在内容上有些重复，还是作为终篇收入本书。

第一节
五帝时代的红山古国文明
在中华文明起源中的先导意义

以红山文化为代表的古国文明的概念确立于20世纪80年代，当时苏秉琦先生在《中国文明起源新探》中提出的"古国—方国—帝国"文明发展三部曲的论断，迄今为学界所共识。其中关于古国文明的概念，原书表述为以红山文化代表的古国文明，说明了西辽河流域"早在五千年前已经产生了植基于公社又凌驾于公社之上的高一级的社会组织形式"[①]。经过近40年来以西辽河、老哈河和大凌河为中心，以牛河梁遗址为代表的一系列考古发掘，学术界已基本公认，这一"古国文明"在中国北方文明起源中具有先导性的文化代表意义。具体体现在如下方面。

一、带有礼制建筑性质的大型积石冢群及其埋葬礼俗

迄今为止，红山文化聚落址发现较少，所以冢、庙、坛向来是红山文化研究的重点。其中发现数量最多的是积石冢，它具有三个与一般史前氏族部落墓葬不同的特点：

---

① 苏秉琦：《中国文明起源新探》，香港商务印书馆1997年版，第78—79页。

其一，从牛河梁等地已发现的几十处积石冢来看，其显著的结构特征是在墓上封土后积石成冢。其结构一般为三层，由外向内层层叠起积石，平面有方形、圆形、前方后圆形等。在石冢界墙内，又多竖置有成排的红山文化标志性器物之一——受仰韶文化庙底沟类型彩陶影响的泥质红陶——外带黑、白彩勾旋纹、花瓣纹相间的"筒形器"。有的学者称"那些上下贯通的筒形陶器，被红山人认为是可以帮助亡灵回归到祖先神那里去的一种具有通道功能的神器"。可见，红山文化时期的墓葬已经超出了一般的公共血缘氏族丧葬习俗，而具有诸多"古国"文明标识，由自然崇拜发展至部落共尊的"祖先崇拜"为主的高等级礼俗。

其二，历年红山文化积石冢的发掘报告显示，根据积石冢的结构可以明显分出中心大墓、台阶式积石墓和普通积石石棺墓等不同等级。显然，中心大墓绝不是一般氏族成员的葬地，而是属于当时社会上层掌握部族管理权的酋长、族长或主宰宗教权力的上层核心人物。这种脱离了红山社会的普通成员而居于权力高位阶层的存在，反映了红山社会进入了苏秉琦先生所指的"高于公社"的古国阶段社会初期的政治现实，具有了古国雏形。

其三，冢与坛结合，是红山文化积石冢又一具有原始礼制意义的"古国"文明标识的考古学表征。这一考古学现象的本质内涵，正如某些考古学家指出的，反映了红山文化古国文明在生与死的观念中已经超出了氏族社会"灵物"自然崇拜的阶段，进入与祭坛联系在一起的"祖先（至上女神）崇拜"阶段。而这种产生于氏族部落社会成员较自觉信奉祖先为"至上神"的高级形态观念，在世界范围的人类历史发展中，多应处于私有制和家族制出现的文明国家形态的前夜，而这正与苏秉琦先生论述的古国阶段社会形态相吻合。

二、以"女神庙"为代表的专门独立祭祀性建筑——"古国"神坛

与积石冢并为红山文化文明起源标志的，是具有"祖先崇拜"意义的专门独立祭祀性建筑"女神庙"。20世纪80年代当女神庙刚刚在牛河梁发现时，苏秉琦先生就指出，"辽宁发现的五千五百年前的'女神庙'……'女神'是由五千五百年前的'红山人'模拟真人造的神像，而不是由后人想象创造的'神'，'她'是红山人的女祖，也就是中华民族的'共祖'"。郭大顺先生也总结道："中国古代以祖先崇拜为主要祭祀礼仪，商代已有非常发达的对祖先崇拜的考古发现……现将这一传统观念追溯到五千年前（红山文化），是可以理解的。这也是中华文明起源的一个极为重要的特点。"这也是"商源辽河"的主要理由。

三、以"玉熊龙"或"玉猪龙"为代表的"唯玉为葬"习俗反映出红山文化古国礼制观念凸显北方特色

红山文化玉器的发现和对玉文化的阐释，向来被学界关注，是标志古国文明的又一重要方面。不管学术界把这种玉龙命名为"玉猪龙""玉熊龙"还是"玉鹿龙"（笔者赞同"玉熊龙"而联想到"有熊氏"），其实质都改变不了红山人已经迈过了氏族早期的"泛神"自然崇拜，而进入到与"祖先崇拜"对应的阶段。即如著名考古学家张光直先生指出的，反映人类社会进入有专司"神巫"而沟通"天、地、神、人"间的"通天"神灵——代表幻化熊龙形的高级崇拜阶段。

在考察红山玉文化的"古国文明"意义时，还有一个应当引起人们特别注意的现象，即一种看法认为，迄今为止大部分红山玉器的玉料来自以岫岩为中心的辽东山地。2011年7月，在岫岩召开的"岫岩玉与中国玉文化学术研讨会"上，与会专家取得共识：岫岩透闪石玉是我国开发和利用最早的玉料，从而奠定了岫岩玉在中国玉文化发展史上的先

导地位。有人据此断定，辽西红山玉料来自"岫岩玉"。

但与之不同的另一个应引人关注的现象是，考古发现在辽东岫岩玉的产地，5000年前当地部族并没有形成"玉文化"的中心，辽东地区同期也从无"红山玉龙"一类发现。而真正的玉文化中心，却发生在千里外的医巫闾山以西、辽西上辽河流域的红山文化区。这一考古学现象如何解释？经2014年笔者与杨靖天先生等实地初步访查，红山玉料并不应来自辽东岫岩，而应属于辽西当地的"无根石"（见《中国文物报》2014年12月19日）。这种疏见的提出，也许需要更多的后续发现印证。但一个应当理性思考的问题是，在5000年前缺少玉文化传统和雕琢玉器工艺技能的长白山南系的辽东部族，如何会在自己不生产的情况下，反而向辽西地区"输出玉料"？或者"红山部落"专门派人来辽东"开采玉料"（且不论当时有无开采手段）？即使是主张红山文化的玉料"采自岫岩说"者，包括红山文化牛河梁考古报告书中，也仅举玉材硬度等等自然要素证明，对其他当时、当地的社会人文、交流方式、生产条件等，均无涉及与合理科学解释。总之，这种现象作为红山古国研究的难点之一，涉及生产方式的诸多问题，可能还需要考古学家去探究。

第二节
以夏家店下层文化为代表的辽西燕亳文化，是夏商北土燕山以北燕辽地区早期土著方国文明的重要代表

对发现于20世纪30年代并在20世纪60年代以赤峰夏家店命名的夏家店下层文化，最初曾以"龙山文化北系"等名流行学术界。20世纪80年代后以辽宁为主的学术界的主流意见是其属于"先商文化"。笔者在世纪之交提出不同看法：该文化虽当夏商西周初，但不应是"先商文化"，而是先秦文献和铜器铭文中辽西（上辽河—燕山北）土著的"燕亳"文化。这里从辽西青铜时代方国文明的研究角度重申其说，以就正于关心这一问题研究的同道。

其一，夏家店下层文化的分布区与先秦燕亳所处"夏商北土"的宏观地域方位吻合。经过近半个多世纪连续的考古发现，夏家店下层文化的分布范围已明确。著名学者李伯谦先生在《先商文化探索》中即认为"其分布范围，北面过西喇木伦河，南面到拒马河，西至宣化盆地，东抵医巫闾山"。郭大顺先生在《辽宁文化通史》中的界定亦大体相同："它的分布范围，北至西拉木伦河一带，东以辽河以西的医巫闾山为界，西部包括北京地区在内，南部达到拒马河一带。"这里的北京地区，应如张忠培先生所指的，是燕山以北与承德接界的夏家店下层文化的壶流河类型，在河北宣化盆地。而这一大的区位地理正在燕山北当

时黄河中下游的夏商文化中心的正北部，即本书所述燕山、七老图山的"三河谷地"。与文献相证，此足称为"夏商北土"之"燕亳"。对这一文化地理和古民族地理的定位，对研究"燕亳"的族系方位尤为重要。它不仅佐证了《左传·昭公九年》"肃慎、燕亳，吾北土也"的可靠性，而且与林沄先生《"燕亳"和"燕亳邦"小议》中的"燕貊之国"考证亦相印证，即早在西周初铜器铭文中在夏商之北方已有"北土燕亳"。而持夏家店下层文化为"先商论"者，却无一条先秦文献或铭文可证其方位的可靠性。此论断所引的傅斯年先生"商之兴也从东北来"，迄今未见文献与考古学确据。

其二，夏家店下层文化与燕亳方位，在中国东北先秦时代土著"三大族系"的分布区系中亦可以准确界定。因为迄今为止，中外学术界从文献与考古学的印证上基本公认，在中国东北相当于夏商早期青铜时代大的民族区系，以医巫闾山为界可分为东、西两区：东部有长白山以南的"濊貊文化区"（包括辽东南貊和西南的西团山文化）和长白山以北的"肃慎文化区"，而在医巫闾山以西，以早年《东北通史》所说为代表，通称为"东胡"与"山戎"文化区。实际上，真正奠基在夏商之际而早于后进入上辽河流域北亚蒙古人种的草原民族——"东胡"系部族，并具有代表性土著特征的，当属本文所说的土著燕亳文化即夏家店下层文化。《燕亳、北戎与东胡》[①]中已经指出，以东北考古中的先秦文化来说，只有北土"燕亳"才是燕山以北夏商周三代真正有代表性的早期土著民族文化。以往传统东北史研究中的辽西东胡系草原民族，其实是西周末至春秋战国时期，才由北方草原进入辽西而成为该地主宰。所以所谓夏家店上层文化其实是外来文化。这一对中国东北早期民

---

① 王绵厚：《燕亳、北戎与东胡——夏家店下层文化与上层文化的区系类型与族属论析》，中国科学院考古研究所编：《二十一世纪的中国考古学——庆祝佟柱臣先生八十五华诞学术文集》，文物出版社2006年版。

族文化区系分布的重新历史定位，有别于传统看法，但与上述燕亳分布在燕山以北和辽河上游的古民族地理完全相合，并可以在当代考古发现中找到根据。

其三，对夏家店下层文化和燕亳的认证，在考古学上的诸标志性文化要素方面再举证。

除在从上述文献记载、文化地理、存在时空框架和古民族区系分布等宏观方面界定了夏家店下层文化与"燕亳"的联系外，笔者拟在2006年《燕亳、北戎与东胡》一文基础上，从微观考古学的诸文化因素中选择以下几方面，再重新考察夏家店下层文化和燕亳文化的主要联系及其在考古学上的合理因素。

1. 夏家店下层文化存在的时间（距今4000—3200年）与商周之际已见于文献的燕亳基本吻合。因为武王克商（公元前1046年）之前早已存在的北土燕亳，应是早于西周建国时的夏商二代燕亳，这与已发现的夏家店下层文化的晚期已经接近。特别是笔者调查过的赤峰尹家店和北票康家屯等地的夏家店下层文化药王庙类型石城址，多属其晚期。对此，李伯谦先生在《先商文化探索》中早已指出："据^{14}C测定，夏家店下层文化的早期约与二里头晚期同时，其晚期……药王庙类型和大坨头类型则均延至商代晚期将分别被魏营子与围坊三期文化代替。"李伯谦先生明确指出了燕山以北晚期药王庙类型的夏家店下层文化，已经"延至商代晚期"，而文献中商周之际的燕亳时空范围与其对应得十分准确。而且，近年在辽河上游赤峰等地进行"三普"时，又发现了稍晚于同类已知夏家店下层文化且与大凌河流域的魏营子类型等接近的遗址。这使得在考古学文化编年上，将夏家店下层文化与燕亳的时空衔接更具有时代的合理性，解决了考古学一度有人认为"下层文化"与西周年代间有缺环的困惑。

2. 迄今为止，夏家店下层文化以山地石城为标志的北方聚落形态，在早于它的辽西红山文化和小河沿文化等，均找不到来源——红山文化至今尚无城址发现，也在夏家店上层文化中找不出继承性。而自21世纪以来河套地区石峁古城同期稍早石城的大量发现来看，有理由认为，辽西"下层文化"的石城主要是受石峁文化的影响。这说明这是一种在燕亳存在的时空中，上辽河流域独立发生的并有石峁因素影响的土著文化。它与夏家店下层文化的"燕亳式"陶器、北方式青铜器和石磬等乐器等同为方国土著文化的典型代表。

3. 考古学上被公认为夏家店下层文化的代表性陶器，如尊式鬲（盂形鬲）、燕式鼎和折腹盘等，特别是彩绘的器物，在当地的红山文化均找不到直接来源，也与"先商"文化不同。这些遗存的特征诚如李伯谦先生所说，"均不见于早商文化"。特别是带"断弦绳纹"的三足器，不见于红山等同类遗存，而在大部分夏家店下层遗址、墓葬中都有发现，并在陶质、制法和纹饰方面与晋南东下冯等夏墟遗址的同类器物基本相同。从"聚落考古"和"边疆考古"的角度，反映了燕山以北的这支土著文化与燕南中原文化的"双向交流影响"关系。

4. 将夏家店下层文化比定为燕亳文化的诸考古学要素，在中国北方民族考古学文化区系地理的时空上可与文献印证。对于始见于《左传·昭公九年》中"肃慎、燕亳，吾北土也"的历史定位，首先应从"方国"概念方面确认。"方国"或"邦国"的概念，在西方或称"酋邦"。在中国除甲骨卜辞有"炎（燕）"的记录外，还有铜器铭文及最早见于《逸周书》卷六《明堂三十五》的记载："周公相武王以伐纣，夷定天下……天下大治，乃会方国诸侯于宗周。"这里的"方国"与"诸侯"并列，或指与周初诸侯国对称的"五服"之四方部族"方国"。而当时"吾（商周）北土"的"燕亳"，正是北方诸方国之一。这一北方"方国"，李伯谦先生解释为"王国"，如从西周初陈璋铭壶中的"燕亳邦"铭文看也可称"邦国"。其次需要解读的是，文献中的燕亳是单称还是复称，因为学术界过去常有人把该句解读为"肃慎、燕、亳，吾北土也"。这一问题在林沄先生的《"燕亳"和"燕亳邦"

小议》中得到了明确解决。该文根据对燕国铜器陈璋壶上"匽亳邦"的精审考释，证实"匽亳"即"燕亳"，"匽亳邦"即"燕亳之国"，从而为文献中"燕亳"的存在和族称找到了考古学证据。再次是"吾北土"的宏观方位，与上一条联系考虑，应在"先燕"故地的今燕山以北上辽河流域。关于这一点，即使持"先商说"的郭大顺先生，也肯定燕亳确应在"燕山以北"。这一"邦国"时空界定，对其族系的定位亦关系重大。可见，无论从时空分布、考古内涵、民族地理还是印证文献来看，"燕亳说"均足成一论。而持所谓"先商论"者，除了引现代学者如20世纪40年代傅斯年先生的"商之兴也自东北来"的推想外，只有引南北朝后《晋书》等慕容鲜卑氏自我标榜的"颛顼之墟说"，其他拿不出如西周铜器铭文的"燕亳邦"和早期历史文献的一条确证，也就是在当代考古学上如李伯谦先生分析的，拿不出"先商"根据。

迄今发现的夏家店下层文化，无论早、中、晚，其石城聚落无一可达到几十万平方米，而且普遍特点是布局无规则，以自然石块垒筑、堆筑，城门方位、数量多不确定。城中如石峁和陶寺一类具"中轴方矩式"的"宫城"建筑面积达百万平方米的更少见。这种现象是文化差异还是考古发现有限？笔者认为可能是前者，值得持续关注。

第三节
对辽河文明的"红山古国"和"燕亳方国"在中华早期文明形成中历史地位的理性思考

从区域文明发展的角度,透视燕山以北燕辽文化区的考古发现,似乎可总结以下几点。

其一,红山古国与黄河流域仰韶文化中晚期的文化互动。从20世纪80年代前后辽西红山文化牛河梁、东山嘴遗址被发现开始,考古学界就有人将黄河流域河南、陕西的仰韶文化,与上辽河的红山文化进行比较研究。近半个世纪的考古发现与研究证明,将6000年以前的仰韶文化特别是中晚期仰韶文化,与辽西距今5000年前后的红山文化,作为中国北方两支有互动关系的中华文明"曙光"时期的代表性地域文化,具有合理性。特别是仰韶中晚期的泥质红褐陶、以黑彩为主的彩陶工艺和以云纹或拟云纹为主的勾连纹传统,表现了"古国初期"黄河和上辽河先民共有的北方文化传统,黄河流域文化经过山西汾河与燕山南永定河到上辽河,与早期燕辽文化互动。因这方面许多专家已有深论,恕不赘言。这里只谈一点:红山和仰韶文化中晚期的文化互动,证明了至少在5000年前,上辽河和黄河流域的文化已经穿越燕山、太行山等山脉,形成广泛的互动和交流;而从上辽河流域的红山文化陶器较少接受本地更早的兴隆洼文化的刻画纹而多素面红陶的特征来看,似乎在二者互动中,由黄河北渐的仰韶文化庙底沟彩陶更多地影响了红山文化,而不是相反,把红山文化作为"五帝之源"。

其二，燕山以北4000年以前的辽西夏家店下层文化，不是所谓传统的"先商文化"，而是同期进入文明国家阶段的先秦文献中的燕亳方国文化。因上节已考述，此不复论。在今后的考古实践中，该文化的重中之重是探索发现有无陕西石峁古城一类更高等级的城邑遗存中心。

其三，燕亳方国时期，由上辽河越燕山连接桑干河、汾河、黄河的文化通道进一步开拓和互动发展。早在20世纪80年代初期笔者启动《东北古代交通》编写时已初步提出，辽西大凌河古道是通向燕山以南和河北围场坝上草原的燕辽门户和早期民族文化通道。近半个世纪的研究发现证明，这是一个理性的认识。特别是进入21世纪后的20余年里，继河南洛阳二里头和山西陶寺、东下冯等距今4000年前后的重要遗址被发现，尤其是被列入"2019年十大考古发现"的河南淮阳平粮台城址和陕西神木石峁古城的重要发现，让人们对中夏地区从龙山晚期到夏商早期城址文化的认识进一步升华。正如著名历史学家方国瑜先生在《论中国历史发展的整体性》中说："王朝的疆域，并不等于中国的疆域；王朝的兴亡，并不等于中国的兴亡。"本书所记的"孤竹国"，就经历了商周二朝兴亡。笔者以为，应当以这种"大史观"审视"燕辽方国"及其文化。特别是平粮台城址早期中轴线方正规范的城垣和石峁古城规范的门址、巨大的台基、恢宏的夯筑城垣、具有瓮城雏形的石砌护城墙以及石础雕刻图像（见《中国文物报》2020年5月8日）等，这一切都为历史上的五帝和夏商早期城市文明提供了真实的考古确证，使《史记》记载的"五帝"和"三代"向信史迈出关键一步，可以说已踏进了门槛。而与之同时期的辽西燕亳（夏家店下层文化）也正经历着从古国向方国的过渡。但夏家店下层文化陶艺中较少继承红山文化，而更多具有陶寺、东下冯等灰褐绳纹或抹划纹及三足器等特征。特别是晋南陶寺特点的彩绘陶直接影响了"下层文化"，应该是上辽河流域早期青铜文化跨越燕山，从大凌河南源和西源进入桑干河（永定河），再过五台山，与河洛以及汾、渭等中州夏商早期文明互动交流的实证。唯需指出，与豫东平粮台和陕北石峁等同期古城相比，辽西燕亳（夏家店下层文化）已发现的古城址在布局、规制、结构、筑法上尚逊色。这不仅是合理的，而且证明了中华文化多元一体总体格局，在由"多元"汇聚为"一体"进程中存在区域性的不平衡性。正如著名考古学家李伯谦先生指出："距今5500—4500年这个阶段，无论是北方的红山文化、东南的良渚文化，还是中原的仰韶文化，都已发展到苏秉琦先生所说的'古国阶段'，但它们所走的道路、表现的形式并不相同。"这就是笔者认同的李伯谦先生将夏家店下层文化与"先商"区别、"多元一体"中以黄河为中心"多元不平衡发展"的中华文明形成的辩证史观。

　　质言之，笔者认为应理性认识辽河文明与黄河文明、长江文明的关系，正确解读燕辽文化区，解读古代方国文化的土著本质内涵及其与中原文化的关系。如中华文明探源工程所指出的，三者在地域上南北互动发展，构成中华文明的"多元一体"总体格局。但长江、辽河及中华其他边域的古代文化，不应该是夏商文化的核心区，而应是不同区域的"多元中心"，如后代史籍所称的齐鲁文化、巴蜀文化、幽燕（含辽海）文化、荆楚文化等多个区域文化。即越来越多的考古发现证明，夏商早期文化的本源如同司马迁所论，仍在以河洛（包括汾、渭）为中心的黄河中下游地区。这样客观性的全局认识，包括本书论定的燕山以北"三河流域"方国文化的地域性或民族属性，并不必要与"先商"或"五帝"直接挂钩或自诩夏商本源。但这丝毫不贬低包括辽河文明（含大凌河、滦河）在内的中国北方区域文化的历史地位，反而能正确地反映中华文化圈在"多元一体"的历史进程中，显现出的"多元中心、不平衡、向心型"发展生生不息的内聚动力。

附录

附录一：
河北省卢龙县孤竹历史文化遗存考察报告

郝庆云　薛顺平

2021年12月30日和2022年1月12日，东北大学秦皇岛分校民族学研究院郝庆云、穆釜臣、龚志祥、吴佳亮等教师和徐梓宸等民族学硕士研究生组成的中华传统文化调研团队，两次赴河北省卢龙县进行中华传统文化遗存考察调研。本次调研在卢龙县政协副主席单婵姝同志，秦皇岛诗词文化研究会会长、卢龙县原政协副主席张富祥先生，秦皇岛市科学技术局原党组书记、中国孤竹文化研究中心主任薛顺平先生精心细致的组织安排和专业性的讲解下，高效地完成了以孤竹国遗迹为核心的历史文化调研任务。

卢龙县调研路线大体为先城南蔡家坟北岭（考证为孤竹宫殿、夏宫），再南至塔子峪，隔河眺望河中雪峰岛，再南至塔子峪无名山口，由此东行至霍家沟、黄岭，查看人工壕沟，再循阳山南麓直至刘田庄左右山谷孤竹文化园及下寨乡古代先民开凿贯通饮马河、教场河的人工河七里河（可能为《禹贡》"夹右碣石入于河"之河，即饮马河—七里河—青龙河）。因时间及路线误差，卢龙城南平顶山未能踏查，只能遥望凝视。另外，在单婵姝副主席的带领下，师生们参观了卢龙民俗博物馆、非遗展馆、孤竹博物馆、尊胜陀罗尼经幢和永平府古城等。

在卢龙县政协秘书长王立宏主持下，调研团队与卢龙县有关人士进行了座谈交流，县政协副主席单婵姝向师生们全面介绍了卢龙县传统文化，就文旅结合、文化产业振兴等问题与师生进行研讨，并希望多方力量联合起来，把千年孤竹文化脉络研究清楚，讲好孤竹文化故事，助力卢龙乡村振兴。民族学研究院郝庆云教授介绍了东北大学秦皇岛分校及民族学学科学术研究人才培养情况，强调服务区域文化建设、弘扬区域人文精神是高等学校的社会责任和使命。民族学研究院计划在"民族文化得以传承发扬"和民族文化产业化方面进行思考研究，有序地开展城乡村庄社会历史文化调查，因而选择卢龙县作为民族学专业田野实践教学基地，希望通过双方共同努力，将民族文化资源转化为可持续利用开发的文化产业资本，为社会活动增加历史文化价值。

一、卢龙县历史与现状

卢龙县位于河北省东北部，燕山南麓，明长城脚下，面积961平方公里。据清光绪重修《永平府志》和民国二十年（1931年）重修《卢龙县志》载，卢龙县名始见于隋代，开皇十八年（598年）设立卢龙县，治所在今卢龙城北三十里处。卢龙历史悠久，殷商时期为孤竹国，春秋战国时期卢龙地属燕国，卢龙境内出土的战国刀币、布币可再现当时社会经济的繁荣。秦并六国，其地属辽西郡。今之县名，乃从古号。曹操北征乌桓，曾在此屯兵筑城，即古平州城，是今卢龙古城之初始。后有北平郡、永平路、永平府，民国时期称卢龙县。明清鼎盛时有"京东第一府"之称，为中国古代北方的重要核心地带。

今卢龙县隶属于秦皇岛市，位于东经118°46′至119°08′，北纬39°42′至40°08′之间。东距秦皇岛市60公里，西距唐山市70公里，周边与抚宁、昌黎、滦州、迁安、青龙五区县为邻，是环京津冀渤海经济圈枢纽地。102国道、京哈高速在境内东西贯穿，西与北京相距210公里，东与秦皇岛港相距60公里，交通便利。卢龙县人民政府驻卢龙镇，辖12

个乡镇，548个行政村，42万人（2020年），总面积961平方公里，耕地面积60万亩。2016年12月7日，卢龙县被列为第三批国家新型城镇化综合试点地区。

卢龙县地处属低山丘陵区，地势北高南低，呈阶梯状自西北向东南倾斜，海拔22.7—626.6米，绝对高差593.9米，最高点在刘家营乡北尖山槐，最低点在蛤泊镇阎深港村北深水港。境内主要有滦河、西洋河、饮马河水系共18条河流。

二、孤竹国遗踪——蔡家坟遗址的考察

在浩如烟海的中华史册中，关于孤竹国的记载和赞誉不绝，只因两位千古传颂的圣贤伯夷和叔齐出生于此地，他们留下了千古佳话"夷齐让国""叩马谏伐""耻食周粟""首阳采薇"等。孤竹国在哪里？一说在辽宁朝阳，一说在河北迁安，一说在河北滦州，一说在河北卢龙。近些年来，越来越多的"证据"将孤竹国国都指向卢龙。1956年以来，河北省文物考古队先后在该县发现细石器、红陶器物、青铜器等商朝文物。2009年，卢龙"玄鸟生商的传说"被河北省政府批准为第三批非物质文化遗产。同年6月，卢龙被中国文联、中国民协授予"中国孤竹文化之乡"称号。2010年初，河北省第三次文物普查将蔡家坟村北岭确定为商代遗址。此后，经过当地学人多方考证，发现北岭还曾被称为"孤子城"，并曾出土大量的青铜器、陶器、石器等，加之蔡家坟就在今卢龙县城南12里，且靠近玄水（青龙河）和濡水（滦河）两河汇流处的河道，地理位置与文献记载契合度较高，判定这里极有可能就是存续千年之久的孤竹国国都所在地。最早持孤竹国都"蔡家坟论"的是卢龙县委原副书记、中国孤竹文化研究中心主任薛顺平，在其所著《千年孤竹国都锁定蔡家坟村》中对北岭进行了生动的描绘。2011年2月，来自秦皇岛、唐山的30多位学者对蔡家坟北岭进行了实地考察，发现11个文化层，一些代表殷商时期的绳纹陶片、鹿角化石，甚至还有灰炭点和夯

筑城墙的灰迹。考察过后，很多专家学者都对孤竹国在蔡家坟表示认同。2013年春，经国家文物局批准，河北省文物研究所、中国人民大学历史学院和卢龙县文物保护管理所组成联合考古队，对蔡家坟遗址进行了历时3个月的田野作业，发掘发现灰坑、房址、灶台、墓葬等诸多遗迹，初步确定为孤竹国遗址。

正是基于此，蔡家坟遗址成为本次调研的主要目标。我们怀着敬畏之心和探寻的渴望在卢龙县政协副主席单婵姝和秦皇岛市科技局局长、中国孤竹文化研究中心主任薛顺平的带领下，分别于2021年12月30日和2022年1月12日两次考察了孤竹国遗址所在地蔡家坟村。蔡家坟遗址位于河北省卢龙县卢龙镇蔡家坟村北岭，地处青龙河与滦河交汇处。遗址所在的台地大体呈南北走向，长约280米，宽约160米，遗址西侧为滦河，南侧和东侧被沙金河围绕。遗址北约2公里为青龙河汇入滦河处，遗址地表平缓，现为耕地，保存状况较好。该地因清朝兵部尚书蔡士英葬于此并形成了蔡氏家族坟地而得名。蔡氏祖坟虽然早已拆毁，但建筑用材仍散落在农户，还有一块完整的石碑。

蔡家坟一带群山相连，空间狭小，虽然它被划定在"二水交汇处"（即玄水——今青龙河和濡水——今滦河）"县南十二里"范围内，却很少有学人留意这里。一次机缘巧合，薛顺平初次来到蔡家坟村，竟被北岭台地震撼到了——北岭就像凸起的半岛，更像驶向大海的航母，地表平展如镜，三面河水环抱。在原来青龙河、滦河交汇后的正常水位时，这里东、南、西三面均高出水面近10米，东面、南面自下而上全是厚土，西南角和西面是岩石山体，北岭台地不足百亩。沙金河从东南方向流至北岭北端，然后以柔美的曲线转身，向南、向东南、再向南，接着转身，向西北又向西南流去，汇入北岭西侧南流的滦河。沙金河在蔡家坟村域分明呈现着一个优美的"S"形，内包村落，外托北岭。北岭同样高度的平地、坡地，向北和东北还连接着大片区域，只不过不是今日蔡家坟村的属地。细观北岭东南方位的土层断面，发现距离地表1米上下的位置，明显有几个含有石头、白灰、木炭的层面，下面的厚土分层明显且颜色不同，杂有黑色、赤色、黄色、白色、青色等各色石头。

蔡家坟与远山下的村庄之间，两河交汇后的河面宽广。

蔡家坟北岭考古队考古发掘报告摘要如下：

2013年6月下旬至今，对遗址进行了考古发掘。共布设5米×5米探方20个，发掘总面积500平方米。经过3个半月的科学、细致的考古工作，已经掌握遗址的年代序列，发现了多种遗迹现象，出土了各类文物，简要介绍如下。

依据地层堆积情况并结合对出土遗物的初步分析，可将蔡家坟遗址划分为五个发展阶段：

第一阶段，新石器时代晚期。未发现遗迹，但是发现了这一时期的地层。出土遗物主要是陶片和石器。陶片多呈红色、红褐色，夹细砂和云母，较薄，素面为主，表面多经过磨光。同时还出土数量较多的石核、石叶和石片。

第二阶段，夏至早商时期。尚未发现这一时期的遗迹和地层，但是在晚期的地层和遗迹内发现了属于这一时期的陶片，多为泥质陶，薄胎，质地坚硬，饰绳纹。

第三阶段，商周之际。发现了属于这一时期的房址、灰坑、窖穴。陶器口沿流行花边装饰，出现交叉排印的绳纹，器形有鬲、甗、罐、钵等。青铜工具和装饰品也有发现。

第四阶段，西周时期。发现了房址、地面灶、灰坑，素面陶器比较重大，流行横鋬耳。发现了与冶铜、铸铜有关的遗物和堆积，如发现了坩埚残片、石范等。

第五阶段，春秋战国时期。以土坑墓和瓮棺葬为主，墓葬形制简单，出土遗物较少。少数墓葬中有随葬品，瓮棺葬具多可复原。其中一些墓葬中随葬动物骨骼。

遗迹情况：

瓮棺，7个。有的有简易墓坑，有的没有墓坑。由两个或更多的大口圜底夹砂陶瓮对接或套接而成，内葬儿童，无随葬品。

土坑墓，31个。形制简单，均为长方形竖穴土坑墓。有3种墓向，以北向和东北向为主，东向的只有1座。其中东向墓葬最早，东北向次之，北向最晚。多数墓葬没有随葬品。

灰坑，100多个。以圆形、直壁的平底坑为主，少量不规则坑。出土大量陶片和动物骨骼。其中一些是窖穴，另一些是垃圾坑。

房址，30多座。保存状况很差，多数只有灶、柱洞或小部分居住面，因此无法了解其完整结构。发现一处保存较完整的房址，圆形，有大的中心柱洞，周围有一圈小柱洞。

遗物情况：

地表采集到铜镞、小铜钉、绿松石、纺轮等器物。发掘出土物以陶片为主，还有少量铜器、石器、骨器和动物骨骼。陶器的质地有夹砂陶和泥质陶两类，器型有鬲、甗、罐、钵、盆、瓮、豆、壶、纺轮等。纹饰以绳纹为主，还有附加堆坟、压印三角纹等。铜器有刀、针等工具，还有耳环等装饰品。骨器有锥、针、簪、镞等。石器有斧、刀、磨棒、镞、砺石等。动物骨骼数量较多，初步判断有鹿、猪、狗等，还有大量鱼骨。

新石器时代晚期和夏代已经有人类在此生活，商周时有30多处房址和100多处灰坑，说明此处是一个很有规模的部落。

薛顺平先生认为2013年经国家文物局批准的蔡家坟考古发掘，虽然给出了模棱两可的结论——孤竹国遗址，却没能做出孤竹城（宫殿遗址）的判断。解释有二：一是没有城墙（城墙是舶来标准，殷墟就没有城墙）；二是地方太小（但殷墟宫殿虽不是这种形制，也是这样大小和模样）。尤其是地下几米深的石头房址没能表示识见。据薛先生新近考证发现，蔡家坟北岭台地已发现的五色石头及所在点位，与《神异经·中荒经》中对黄帝帝宫的记述准确对应，五方、五色配五行，连同其他考据，推断这里是孤竹宫殿。蔡家坟北岭遗址很复杂，极有可能上层是孤竹国都城宫殿，及至当今地表。蔡家坟北岭究竟隐藏着多少历史奥秘？他说这里的"虎头唤渡"早就是卢龙古八景之一。沙金河环抱北岭形成优美的"S"形，极似殷墟的洹河，其为蔡士英安葬的墓地，也符合古人所称的风水宝地，更符合研究专家对殷墟堪舆学上的解释。

　　商是我国历史上第一个留下文字记载和大量王朝实物的朝代。商代初年，许多部落和部落联盟形成了地区性社会组织"方国"。文献记载，孤竹为墨胎氏，建于夏末，兴于殷商。从立国到灭亡存续940多年（约前1600年—前660年）。"夷齐让国""耻食周粟"等成语典故源自孤竹国。传统观点"孤竹在河北卢龙"，《汉书》和《水经注》两条信史可证。据《汉书·地理志》令支县条记："令支，有孤竹城。"此条的辽西郡令支县，在今河北省渤海西岸的卢龙县境。郦道元的《水经注》"濡水"条记载："南流迳孤竹城西，右合玄水。"此条的"濡水"和"玄水"，古今考证明确：前者为滦河，后者为其支流青龙河。《管子·小匡》记载："（桓公）北伐山戎，制泠支，斩孤竹。"这条史料反映了令支与孤竹均在齐桓公北伐山戎的路线上。从汉代《史记》和后代若干文献记载的方位来看，孤竹应为滦河下游的卢龙一带，是滦河之滨最早的诸侯国之一。这里被认为是"冀东地区文明史的开端"、中华仁德思想发源地之一。孤竹国的统治范围应为以今卢龙县为中心的滦河入海处小盆地及附近区域，包括今卢龙、抚宁、迁安、迁西、滦州的连片地区。

　　卢龙县唐以后属"平州"。据《平州石幢记》载："平州古城，今之北城是也，南城辽人筑之。"金代，卢龙古城曾被改为"南京"。《永平府志》载，明洪武初年（1368年），沿袭元代旧制，卢龙属中书省永平路。明洪武四年（1371年）卢龙古城为永平府治，应兵事之需，遣指挥费愚将原来"月牙城"向东拓建，周九里十三步，高三丈，内充夯土，外砌砖石，雄伟之势，几倍于前，因是拓城，故形成了"三山不显，四门不对"的独特格局。东门曰迎旭，南门曰德胜，西门曰望京，北门曰拱辰，并有"东门金鸡叫""南门推车换伞""西门牛虎斗""北门铁棒槌"的美妙传说。清因明制，仍设永平府，属直隶省顺天巡抚。卢龙城自明景泰年间至民国二年（1913年），上下500年间，累经修葺，始终保持完整坚壁，有"京东第一府"之美誉。民国二年裁府为永平县，后改为卢龙县。至此，历经明清两代的永平府建置宣告废止。永平府古城现存南门、西门、西门瓮城、西水门及部分城墙共1100米。

秦皇岛市卢龙县辖境内的蔡家坟村等孤竹国遗存、唐代陀罗尼经幢、永平府古城遗址等历史遗存昭示着卢龙地域文化的悠久厚重，从地域文化角度实证了中华文明仁礼文化及中华民族多元一体理论，诠释着中华民族共同体意识的思想源泉和华夏上古文化的深层内涵。

附录二：
再辨孤竹国与"西周祭祀埋藏说"

——从辽西大凌河古道窖藏青铜器说起

笔者在2021年11月21日的《辽宁日报》上读到《魏营子出土青铜器补齐文化断层》长篇专文，文中引著名考古学家郭大顺等人的研究成果，对这些辽西出土青铜器的时代、性质和埋藏背景进行了探讨，提出了"殷遗民埋藏说""箕侯埋藏说"及土著部族如"孤竹国埋藏说"等。特别在文章结尾明确结论："孤竹国在喀左。"此外，文中写道：

记者来到埋藏青铜器的喀喇沁左翼蒙古族自治县北洞村探访。著名的"父丁孤竹罍"就出土于村南的山脚下。

同记者一起探访的葫芦岛市地方文化研究会会长张恺新介绍，"父丁孤竹罍"肩部有一对兽形耳，各衔一环，下腹近底处高浮雕一牛首形鼻。考古学家郭大顺推断，此罍铸造时间距今约为3300年，属于商代晚期的器物。通过考证"父丁孤竹罍"铭文和族徽，专家得出结论：此件青铜器是孤竹国的国君"亚微"为"父丁"所制。

已故著名古文字学家、青铜器专家、故宫博物院副院长唐兰曾根据铭文确定："喀左属孤竹国无疑。"著名历史学家李学勤更直接将其中两个铭文字释为"孤竹"。

郭大顺也认为，"父丁孤竹罍"是孤竹国的青铜器。从喀左地区发现的这批青铜器来看，喀喇沁左翼蒙古族自治县确实与孤竹国有关。唐朝杜佑的《通典》中记载："营州柳城县，古孤竹国也。"以后的《锦州府志》《大清一统志》等书，均从此说。清朝学者吕调阳的《〈汉书·地理志〉详释》中记载："喀左东北二十五里，有元利州城，盖所谓孤竹国也。"

上文引证已故著名学者唐兰和李学勤等前辈的话，佐证"孤竹喀左说"。5年前笔者在《中国东北与东北亚古代交通史》中，曾从大凌河古道考古及出土的战国铜钵角度分析，提出大凌河古道上的青铜器应为"燕王喜东逃辽东埋藏说"。该书出版后的5年来，"辽报"此文是笔者看到的一篇明确支持大凌河青铜器"孤竹埋藏说"的专文，这使笔者对自己的看法重新进行反思。笔者对这一问题的思考，是从20世纪80年代初启动《东北古代交通》开始的，特别是1984年在时任朝阳博物馆馆长邓宝学先生的陪同下考察北洞窖坑以后，经历近30年才由质疑到行文。而"西周祭祀埋藏说"已作为"定论"写入《中国大百科全书·考古学》。也就是说，《中国大百科全书·考古学》喀左铜器窖藏条采用发掘报告结论，亦肯定其性质为"西周初年燕国祭祀山川时埋藏"[1]。对这一权威看法提出异议，于笔者真属"班门弄斧"。这次看到"辽报"文后，再次引起笔者对"燕王喜东逃辽东埋藏说"的反思。所以，这篇短文作为已往论述的补充，以"再辨"的形式专门就辽西青铜器是否为"孤竹埋藏说"再予讨论，属于笔者对该问题的重新反省。至于其他部族埋藏说等，不再重复。明辨于此或可举一反三，请方家指正。

上引"辽报"文在论证今喀喇沁左翼蒙古族自治县与孤竹有关（甚至同地）时，除了以一器铭文为证外，所引文献和依据都是唐代以后对古书的注释和近代以来有关学者对史志的推论。而对唐以前的《史记》《汉书》《水经注》，包括《管子》等早期史籍，证明孤竹在今卢龙境，无一条引证。这就对古史研究方法提出一个根本性问题，究竟以更早时代的史料为主,还是以后代注疏或解释为主?如孤竹问题,是以北魏郦道元的《水经注》为据,还是以唐杜佑的《通典》认为营州(今朝阳)属孤竹国为据?笔者认为显然应以《史记》和《水经注》为准,况且郦注对孤竹城的山川水系指证明确,而杜佑只属推测。质言之,证史的基本原则,不是先设定结论,再去找符合本论的证据;而应是倒过来,必须先有可靠史据,然后据以分析出结论。对古地理的研究尤其必须如此。如近人主张的"先商东北说"和"商源辽河说",从丁山到傅斯年等一些大家,也很少引据《史记》和《虞夏书》《商书》《周书》等早期信史,而多仅以后代史书"傍证之",这就使其"商之兴也自东北来"(傅斯年)等,很难有可靠信据。而至于上文引证唐兰等大家以喀左出"孤竹"铜铭器认定"孤竹在喀左",如果唐先生知道身后发现了卢龙"孤竹"城址和迁安出"箕子"铜器,而北洞有战国钵与商器共存,恐断不会有斯论。当代任何专家的某一具体结论,均应视为"一说",而不宜作为"史证"。这里笔者想到学术大家梁启超在《清代学术概论》中所说"孤证不为定说",而大凌河古道上的"孤竹铜器"不仅是孤证,而且同窖藏更有西周以后铜器和战国时"铜钵",此证就不是孤证,而属于反证了。当辨如此。

一、传统的"孤竹在河北卢龙"辨析

传统的"孤竹在河北卢龙"的历史真实性和可靠性,是确认孤竹地望的关键。"辽报"文在无据否认这一传统说法的前提下,将孤竹北推至辽西,作为孤竹等埋藏的唯一依据。这里就提出一个重要前提:孤竹在卢龙有何根据?笔者在《中国东北与东北亚古代交通史》等已早有论析,这里再举《汉书》和《水经注》两部信史为据。据《汉书·地理志》"令支县"条记:"令支,有孤竹城。"[2]

此条的辽西郡令支县,在今河北省渤海西岸的卢龙县境,古今历史地理界已经公认。而与之印证的,更有郦道元的《水经注》"濡

水"条记载："南流迳孤竹城西，右合玄水。"[3]此条的"濡水"和"玄水"，古今考证明确：前者为滦河，后者为其支流青龙河。按《汉书·地理志》和《水经注》记载，汉以前孤竹城（孤竹国）在今滦河下游以东与青龙河交会的卢龙县地是准确的。近年来，这一地望的确认又得到河北省考古发现的证明（见下文）。

在讨论孤竹地望时，笔者想到近代的"疑古"与"尊古"之争。疑古派常以假设推论为先。这亦不足为怪，但至少应如胡适先生说的"大胆假设、小心求证"。如果在没有求证前就以"推向辽西"为据，显然为治史大忌。为此，笔者还是相信班固和郦道元的明确记载。

二、齐桓公北伐山戎至孤竹，亦证明孤竹在今河北卢龙地

与《汉书·地理志》和《水经注》相印证，更早的有《管子》等记载。春秋时期齐桓公北伐至令支、孤竹，也应以滦河下游的卢龙为确。这一业内人士熟知的历史事件，发生在公元前7世纪。传世《管子·小匡》记载："（桓公）北伐山戎，制泠支，斩孤竹。"[4]这条史料反映了令支与孤竹均在齐桓公北伐山戎的路线上，而且位置邻近。这正与上条所引《汉书·地理志》和《水经注》记载的令支与孤竹方位堪合。证明当年齐桓公伐山戎，走的正是辽西与河北的傍海卢龙古道，即途经孤竹国的辽西走廊道（详见《中国东北与东北亚古代交通史》）。如是，以上三种信史互证，对孤竹国、孤竹城的真正方位，应当是有确据的史料证实，它绝非一般推论可同日而语。

三、当代考古发现对孤竹方位的确认

关于孤竹地望的研究，传统的"卢龙说"确是主要靠上述信史记载。可喜的是，当代考古发现已与文献相印证。一年前《辽沈晚报》资深记者张松同志来居舍共议《东北考古六十年》时谈到，他在石家庄河北省博物院参观得知，近年河北省考古工作者已在卢龙县境发现相关遗

址，并在石家庄河北省博物院的展览中正式展出了城址照片。我分析该遗址（城址）的发现及其性质，学术界肯定有不同意见，就像大凌河古道发现的青铜器窖藏遗址的时代、性质、功能等如上述尚莫衷一是一样的，何况是对卢龙境内一早期遗址的认定？但有一点可以明确，这一遗址是迄今为止滦河下游唯一可以与前述所引《管子》《汉书》《水经注》等记载印证的重要发现。而且可与其历史印证的文献，绝不止本文所引的三条（仅举要例）。这无疑比至今毫无一条明确文献记载的"孤竹北进辽西喀左说"更具有不可忽视的实证意义。

此外，进入21世纪后，在2011年河北省迁安市召开的孤竹国文物保护会议上，多数专家认为在卢龙县城南新发现的蔡家屯商周遗址，无论从遗址的规模、出土遗物等方面判断，还是与《水经注》记载的方位及早年发现的北魏墓志对临县"肥如"的定位相佐证，考其为古"孤竹国（城）"皆具有可靠性，而且《汉书·地理志》记载："辽西令支县有孤竹城，盖即商之孤竹国，周之令支、孤竹二国也。"由此进一步分析可知，当时孤竹部族封国，绝达不到从卢龙到喀喇沁左翼蒙古族自治县、朝阳间。至于喀喇沁左翼蒙古族自治县发现的困惑学术界近半个世纪的带"孤竹"铭文器及孤竹国"迁都"的种种猜测，不辩自可迎刃而解。

四、古孤竹方国的方位和地理范围

卢龙县境早期遗址的发现，可为进一步分析古孤竹方国的方位和地理范围（其实暂无遗址发现也可据文献分析）提供证据。所以，在考察孤竹国地望时，要考虑其地域范围。前文提到的"孤竹北进辽西喀左说"推测中，没有举出任何文献和考古学依据，只是推想。其唯一的依据是一件铜器上有"孤竹"铭文。这种孤证的不可靠显而易见。铭文器是可携带的礼器，其发现地不一定代表主人居地或领地。众所周知，吉林省长白县发现蔺相如剑、辽宁抚顺发现吕不韦矛等，均不代表二人分别到了长白、抚顺两地。所以研究孤竹地望，必须回到商周之际"封国"的历史实际中，不宜以想象代替历史真实。那么历史真实是什么呢？首先需要看当时以卢龙为中心的孤竹国地域范围。因为商周的部族封国和方国一般缺少封域记载，故应先看卢龙与铜器出土地喀喇沁左翼蒙古族自治县的基本里距。无须详勘，仅据后来《三国志》魏武帝北伐乌桓记载，至少"堑山堙谷五百余里"[5]。而据著名史家钱穆的《国史大纲》第一编第三章第二节"周初之封建"记载，西周初年，不要说对商末出走的伯夷、叔齐所封的孤竹国，即使是更直系的封国，其领地范围也极为有限[6]。如在河南一地的封地，就有齐、许、申、吕等多个"国"（详见原书），每个封国的实际范围多在一二百里间。又据《左传·哀公七年》记载，夏禹时"执玉帛者万国"[7]。这说明当时的"国"都很小。另外，当代考古发现遗迹明确的山东鲁地的邾国等，实际范围也在百里左右。简言之，当时的孤竹国范围，推测也不应超过卢龙近处一两个县的范围。所以，将孤竹国"北推至辽西"的假设，并无实据，它混淆了商周封国与春秋战国时期列国的基本历史概念。退一步说，即使孤竹国北推到喀喇沁左翼蒙古族自治县，孤竹君为什么放着眼前的卢龙一带名山大川不祭，偏偏去祭祀近千里之外的大凌河？这种反常规的可能性，都是"祭祀埋藏说"者无法解释的。

五、关于孤竹国或"殷遗民"祭祀埋藏的非礼制内因

对这一问题的质疑，早在1984年我与邓宝学馆长调查北洞现场后就已产生。后来在《中国东北与东北亚古代交通史》和《东北亚走廊考古民族与文化八讲》中，都有专门论析，不拟赘述[8-9]。本文总结性地指出一种现象，就是在辽西地区发现的铜器窖藏中，无一处所谓"祭祀坑"是符合商周礼制规范的。乱埋非礼制，恰恰证明了拙论"丢弃埋藏"的合理性（当然证据并非此点）。有人可能为此辩说，非礼制说明当地"殷遗民"或部族不懂"周礼"，但另一种现象如何回答：不懂礼制的部族，有什么理由在一个"祭坑"同埋五件相同器物？他们又是如

何得到燕侯自用青铜重器和商代国宝的？诸如此类，我认为只有燕王喜历代库府所藏青铜器可以持之有据，其他诸论均经不起推敲。

假设按"辽报"文章总结的"父丁孤竹罍证明孤竹在辽西"的结论，实际上有以下存疑尚未解决：

其一，如果《水经注》等确证孤竹城在今河北卢龙，有何确据其方国领地到辽西喀喇沁左翼蒙古族自治县？

其二，立国卢龙的孤竹，为什么不在本地祭祀山川而远涉千里之外的大凌河祭祀？同一坑中为何有与该时代不符的器物？

其三，如北洞两个坑，为什么同祭五件相同铜器？符合哪条礼制？

其四，为什么北洞三米内同时挖两坑？有何先秦祭祀先例？

其五，如果北洞以外的埋藏坑同为孤竹国埋，那为什么带"燕侯"自作铭文的铜器，变成了孤竹方国的"祭器"？

其六，如假设这几批青铜器均为孤竹国所有，而非历代燕王库府所藏，那么有何理由解释如此多的跨时代（即使不承认战国铜钵也至少有商周二代）礼器在同一窖藏坑内共存？如何"赏予"部族方国？那带有"伯矩"等其他方国族徽的铜器又如何变成了"孤竹器"？

诸如此类，绝不是一个孤竹国或殷遗民的推想能解释的。如是，留给历史的绝不是合理答案，而是适得其反。

最后要说明的是，这篇文章由拜读《辽宁日报》的专文引起，既不想重复已有的更多论述，也不敢自诩正名。作为读后对以往疏见的再反思，希望得到同仁和方家指正。

参考文献：

［1］中国大百科全书总编辑委员会《考古学》编辑委员会，中国大百科全书出版社编辑部.中国大百科全书·考古学［M］.北京：中国大百科全书出版社，1986：248.

［2］班固.汉书·地理志［M］.颜师古，注.北京：中华书局，1963：1625.

［3］陈桥驿，叶光庭，叶扬.水经注全译［M］.贵阳：贵州人民出版社，1996：501.

［4］谢浩范，朱迎平.管子全译［M］.贵阳：贵州人民出版社，1996：326.

［5］陈寿.三国志［M］.裴松之，注.北京：中华书局，1959：29.

［6］钱穆.国史大纲［M］.台北：联经出版事业公司，1998：42-49.

［7］王守谦，金秀珍，王凤春.左传全译［M］.贵阳：贵州人民出版社，1990：1516.

［8］王绵厚，朴文英.中国东北与东北亚古代交通史［M］.沈阳：辽宁人民出版社，2016：50-140.

［9］王绵厚.东北亚走廊考古民族与文化八讲［M］.哈尔滨：黑龙江人民出版社，2017：28-46.

（此文原载《渤海大学学报》2022年2期）

附录三：
辽西三大考古问题刍论

——敬答北京大学刘绪先生

导言：考古学界同仁悉知，自20世纪80年代以来，在中国考古学"区系类型"理论指导下，关于从新石器时代到早期青铜时代的地域区系文化分区有两个主流看法，即以苏秉琦先生为代表的"六大分区法"和严文明先生的"八大分区法"。这都涉及燕山南北和上辽河流域，苏秉琦先生称为"燕山南北长城地带"，严文明先生称为"燕辽文化"。本文结合近半个世纪以辽西大凌河和老哈河地区为主的考古践行，对这一燕辽文化区中的三大考古问题，即大凌河古道与燕辽文化区的定位、夏家店下层文化与燕亳、大凌河古道窖藏青铜器的埋藏性质等，再进行梳理讨论。同时涉及该区域自然地理的"三山四水"，考古学的夏家店上、下层文化，民族地理的燕亳、山戎、东胡、孤竹等历史定位等，阐发一家疏见，供方家指正。

壬寅年（2022年）最后校完新著《燕辽古道与部族方国研究》，窗外已是枫红葵香的晚秋。回忆半个多世纪以辽西大凌河和老哈河地区为主的考古践行岁月，那里不仅是笔者从业的启蒙地，而且是留下困惑和思考的热土之一。而从考古学的角度，从20世纪80年代开始笔者始终没有离开

"辽西三大考古问题"。现结合新著的"十论",再作反思式的小结。

辽西三大考古问题主要涉及红山文化的属国性质和红山玉料的来源、夏家店下层文化究竟是先商还是燕亳和大凌河古道青铜器埋藏是"西周祭祀埋藏"还是"燕王喜东逃辽东埋藏"。

一、大凌河古道与燕辽文化区

这两个命题之所以合为一体,是因为二者具有内在联系。现将其要点分述如次。

其一是大凌河古道。业内人士熟知,这一问题是笔者关注最早的问题之一,起于20世纪70年代笔者开始在北票丰下、喀左鸽子洞二次发掘和敖汉旗大甸子、赤峰各旗县的考古调查(详见《东北考古六十年》),继其后为20世纪80年代初《东北古代交通》启动时重新调查大凌河古道交通,思考并提出了"大凌河古道"的学术命题。鉴于这一问题已见诸多专论,并在《燕辽古道与部族方国研究》正文中有专章,此不复赘述。本文拟从大凌河历史文化遗产意义的角度,略谈疏见。

事情缘于2020年初,时任辽宁省文物考古研究院副院长李龙彬同志来舍征询辽宁"考古中国"的规划设想。笔者提议关注三大块:辽东青铜文化与高句丽起源及辽南汉墓、辽西大凌河历史文化、辽中医巫闾山辽陵。单就辽西而论,大凌河历史文化遗产至少有几个重点时期:一是红山古国,二是燕亳方国,三是秦汉帝国,四是三燕鲜卑,五是隋唐营州。质言之,大凌河古道这个历史文化遗产占辽宁"考古中国"的"半壁江山"。而从文明溯源的角度,人们无疑要从"红山古国"说起。唯笔者对该文化了解甚浅,仅从其宏观历史定位发点拙见。首先,在研究红山文化在中华大文化格局中的地位时,人们多将其与黄河流域的仰韶、龙山(早期)和长江流域的良渚文化相比。从文献记载看,如司马迁《史记·封禅书》记载:"昔三代之居,皆在河洛之间。"证以笔者亲自考察过的河南登封王城岗、郑州商城、洛阳二里头及山西陶寺等夏商早期城邑，确信五帝与三代中心在河、洛、汾当为信史。与之对应，以辽宁为主的一些学者推红山文化的辽河上游为"五帝"或"颛顼"旧壤，到底根据为何？乃值得思考。如承认红山玉龙为"熊龙"，牛河梁女神庙泥塑残迹中有"熊爪"痕迹，则将位于燕山以北的"红山古国"与古史传说的北方"有熊氏"相联系，是否比"黄帝说"在史证上更切近实际？另外就诸如大凌河古道上辽西红山文化玉料来自辽东"岫玉说"这一写进正式考古报告的主流看法，笔者在2014年有赴辽西的有限实地调查，在当地确有"准玉质"石材发现（见当年12月《中国文物报》）。它启发考古工作者进一步在辽西山地、河谷寻觅玉料来源的必要性。与之横向比较，在与红山文化中晚期相当的辽东岫岩地区——该地属双坨子一期文化区——百年的考古，尚无一件红山玉器出土。在这一缺乏玉文化传统的部族区，如何在5000年前向辽西部族输出玉料？诸如此类，本文作为思考提出的与大凌河古道有关的辽西考古问题，显然值得深入反思。而有关"燕亳"问题可见以下专论。

其二是与大凌河古道有关的燕辽文化区。笔者在《地域文化研究》2022年第4期已有专论。本文补充的重点在于强调必须重视该文化区由"山系、水系、族系（考古文化）"三大要素交织形成的特殊意义。

上述关于燕辽文化区三大结构要素的理念，与长白山区系文化一样，都形成于21世纪初《中国长白山文化》一书的编写，所以被笔者合称为"中国东北的东西两大对应文化区"。鉴于对东北文化区的认识，现在存在、可能将来较长时期仍存在不同看法，这里只就个人的初步认识谈几点疏见：

第一，从考古学上产生燕辽文化区的设想，如开头讲基于20世纪80年代的大凌河考古调查实践，理论上则主要受20世纪90年代前后业师严文明先生中国考古学"八大文化区"中的"燕辽区"启发。

第二，与确认"长白山文化区"一样，确认燕辽文化区也有自然地理和人文地理两大基石。前者即在《地域文化研究》2022年第4期《论燕辽文化区》中指出的"三山四水"（燕山、七老图山、努鲁儿虎山和大凌河、老哈河、滦河、永定河），这"三山"分别为"四水"发源地和分水岭，而"四水"均独立汇入渤海，所以宏观上的燕辽文化区可视为"傍渤海文化圈腹地"。后者的人文地理基础是传世文献和金石可证的青铜时代几大部族人群，主要有燕亳、山戎、东胡，包括孤竹方国等，这些是从夏商到战国燕辽文化区存在的历史平台。

第三，当代燕辽文化区的考古学载体，是公认的分布于"三山四水"间的考古学文化，如夏家店下层文化、夏家店上层文化、大坨头文化、魏营子文化、雪山类型等。这些考古学文化有一些共性，就是原生性、土著性和地域性。对它们的性质、族属、关系的研究，尽可以见仁见智，但它们证明了燕辽文化区的存在，应当是不容轻易怀疑的。这也是本文将其列为辽西三大考古学问题之首的学理所在。

二、夏家店下层文化与燕亳

业内人士悉知，笔者辽西三大考古问题之二"夏家店下层文化燕亳论"，正式提出在21世纪之初《高句丽古城研究》出版时，但关于它的困惑和逐渐认识却在此20年前。因为在此之前（包括时至今日），辽宁学术界夏家店下层文化的"先商说"一直是主流，包括认为商代青铜器的花纹也起源于夏家店下层文化的彩绘陶。而本人对该文化性质的认识过程有几个阶段：其一是1984年以前，对该文化接触有三次实践：1972年北票丰下发掘四个月；1975年在刘观民先生引导下考察敖汉旗大甸子出土文物（刘不持"先商说"）；1982年刚开始《东北古代交通》编写，赴朝阳与邓宝学馆长调查大凌河交通道，经刚发掘的建平水泉遗址，发现除丰下绳纹陶外，尚有少量被后来郭大顺先生命名的"魏营子类型"素面红褐陶。而省外的一次实践，是1984年夏笔者在吉林大学古文献研究班结业时，由同班马洪路学兄先陪同参观了周原和宝鸡市青铜器博物馆，又一起经山西太原返京（他当时在考古所工作），途中由笔者提议参观了临汾博物馆。洪路是安志敏先生的研究生，对这段考古比笔者熟得多。他同意自己老师的观点，认为夏家店下层与龙山文化有关，并详细介绍了馆里展示的陶寺遗址出土陶器。这次参观使笔者回忆十年前与刘观民先生参观大甸子时，他也不认同夏家店下层文化"先商说"，反而认为龙山的陶器与夏家店下层文化有更多联系。

笔者确信夏家店下层文化非"先商论"，是1990年读过业师、著名考古学家、夏商周断代工程首席专家李伯谦先生为纪念北京大学考古系成立三十周年发表的论文《论夏家店下层文化》。该文系统分析了下层文化的要素，结论是夏家店下层文化既不是商文化北进，也不是商文化北源，"与商文化并无直接承袭演化关系"。在以后的十余年中，笔者因为主要从事高句丽研究，未能再深入思考。直到2005年退休后应同窗佟伟华之邀，为祝贺佟柱臣先生八十五岁寿辰而撰写《燕亳、北戎与东胡》，才正式提出夏家店下层文化的"燕亳说"。在回顾对这一问题的认知过程后，拟对夏家店下层文化（简称"下层文化"）为燕亳的学理依据归纳如下。

其一，"下层文化"分布的民族区域地理，与燕亳所处地域相合。这一问题现今在学术界基本取得共识，即历史上夏商北土之燕亳应在"燕山以北、医巫闾山以西"。关于这一点，即使是持"先商论"的郭大顺先生，在《龙出辽河源》等著述中也肯定燕亳在"燕山之北"。而在这一区域青铜文化早期遗存中，非"下层文化"莫属。这一定位也与笔者对东北大区域的民族布局相合。因为所谓"东北文化区"，实际上在医巫闾山东西存在两大不同文化区：东部为"长白山文化区"，即赵宾福先生说的"长白山—千山文化带"；西部则是燕辽文化区，即赵宾福先生说的"燕山—大兴安岭文化带"。而我认为，"下层文化"代表的燕亳，是早期青铜时代燕辽文化区的核心部族，与北部草原民族有别。

其二，"下层文化"存在的时空，与历史上的燕亳存在吻合。以往考古学界存在的一个普遍误解，认为"下层文化"年代在距今4000~3200年（《水泉报告》），与《左传·昭公九年》记"武王克商……肃慎、燕亳，吾北土也"对照，认为其文化下限与"武王克商"

有一二百年"缺环"。这里舍去考古学测年代的误差因素，仅就上举李伯谦先生的论文已指出，"下层文化"晚至商末周初。林沄先生在上世纪《"燕亳"和"燕亳邦"小议》等专论中也举西周初年"陈璋壶"铭文为例，证明周初仍有"燕貊（亳）之国"。近年考古发现证明了二位先生论断的正确性。这里仅举上面提到的建平水泉"下层文化"遗址为例：据辽宁大学考古系张星德教授介绍，近年辽宁大学师生连续在这里考古发掘，不仅发现了城址和围壕等重要遗迹，而且发现了典型"下层文化"与稍晚（一般被定为西周初）的"魏营子类型"共存或叠压。这与40年前水泉首次发掘后笔者与邓宝学先生调查的发现可印证，也与上举林沄先生著文的铜器铭文相印证，说明西周初年至少在大凌河流域仍存在燕亳，进一步夯实了"下层文化"与燕亳关系的基础。这一辽西下层后续的魏营子类型，笔者在《燕辽古道与部族方国研究》中称为西周时"后续燕亳"文化。

其三，"下层文化"的考古学内涵与燕亳的可比性。上述从时空二维举证了"下层文化"与燕亳同域的合理性，以下拟举考古学文化内涵作进一步分析，因这一问题以往已有论述，故仅略举聚落形态和陶器特点加以分析说明。

首先是聚落形态（城址）。"下层文化"发现、定名以来的几十年考古实践证明，其是典型的以城址为代表的聚落，以石城为主，中晚期出现土城。以笔者从20世纪70年代以来先后调查过的敖汉旗大甸子、城子山、建平水泉、赤峰尹家店、北票康家屯、凌源盖子山等地点看，这类下层文化城址多在几千平方米到几万平方米之间（十几万平方米以上很少），其石城多不规范，城垣多以自然石块垒筑，方向与门址亦多无定式，有的有马面式建筑，晚期土城呈规范方矩，但罕见夯筑且规模不大（如水泉）。"下层文化"上述城址的特点，与笔者21世纪初供职在国家文物局第三次文物普查项目组前后亲自调查过的河南登封王城岗、郑州商城、新密古城寨、洛阳二里头和山西陶寺等从几十万到几百万平方米、有中轴对称格局的庞大的夏商早期城址，形成巨大的考古学反差。这使"下层文化"的"先商论"或"商源说"，在聚落考古面前难圆其说。相反，"下层文化"的这种缺少当地文化（红山文化）渊源的石城，却可以在近年发掘的河套地区4000年前的"石峁古城"中找到某些联系和渊源。

其次是陶器类型。分析"下层文化"的陶器特点，尽管在造型等方面与夏商有相似之处（如鬲、鼎、甗），但诚如李伯谦先生所分析的，与典型的商代陶器并"无直接承袭演化关系"，而有自己的地域（民族）特殊性。特别是断弦绳纹的"筒式鬲"和黑地"彩绘陶"，在当地红山文化中均找不到源头——后者被"先商论"者作为商代青铜器花纹的来源（笔者亦曾信从过）。但笔者在1984年和2005年两次参观临汾博物馆和陶寺遗址后，认为"下层文化"本土的这两种陶器，与陶寺和近年石峁古城出土的同类陶器更相近。如果一定将商代铜器花纹与这类"彩绘陶"花纹挂钩，陶寺彩陶花纹更典型并与早商地域更接近，不必到中间隔着"山戎文化区"的燕山以北寻找"先商之源"。相反，笔者认为从"陶寺陶艺"和"石峁石城"两地考古文化与"下层文化"的近缘关系看，应当深层次思考4000多年前晋中和河套地区部族，经由汾河上游连接永定河和老哈河上游"文化廊道"，进入本文所指"燕辽文化区"的渠道及早期北方方国文明北上交流影响的特殊意义。

总之，本节从时空框架和考古学内涵等方面分析了"下层文化"与燕亳比证的合理性，不敢奢谈正名，只提示学术界关注燕辽文化区这一曾被忽视的"燕亳方国"。

三、破解大凌河古道青铜器窖藏之谜

对这一问题的思考，与前两个问题有相似过程，均在20世纪80年代开始质疑反思，正式提出在世纪之交。业内人士熟知，主要针对原发掘报告、后写入《中国大百科全书·考古卷》，认为大凌河窖藏青铜器为

"西周初祭祀埋藏"，或所谓"箕子""孤竹"方国埋藏说，进而提出"战国燕王喜败逃埋藏说"。鉴于后一种说法自《中国东北与东北亚古代交通史》正式提出后已渐趋明朗，本文不再重复论证过程，仅选取旧论的几大疑点作剖析解谜。

其一，北洞二号坑的"铜钵"断代是关键。

之所以把这条作为首条，是因为对铜钵的时代一开始就有不同看法。笔者第一次看到该实物是1976年与姜念思奉派去朝阳、喀左，由邓宝学馆长陪同在县文管所调查文物时。乍看，与拿到省馆的同出铜器在造型、纹饰等方面均不同，查询当年的考古发掘简报，解释这件素面铜钵（实是战国器）其"源陶器形制"。当时我二人对商周铜器断代知之甚少，相信了简报作者的"西周祭祀说"。

对这处北洞窖藏性质和时代真正产生怀疑是8年后的1984年10月。当年《东北古代交通》启动编写，笔者因公去朝阳，与邓馆长再次赴十二台营子、北洞、安杖子调查。这次是有备而来，当我们在当地村民的带领下登上窖藏所在的笔架山后，才发现不高的小山上相距几米竟挖了几乎大小相同的两个坑。如果是"祭祀山川"，则具有礼仪性和专一性，有什么理由"双坑祭祀"？而且对照简报照片发现，当时一号坑同埋五件罍，二号坑的素面小钵则放在典型的西周铜簋内，二者时代反差明显。

这次北洞现场的实地调查，虽然对"西周祭祀埋藏"产生了更大的质疑，但因当时关注点在大凌河古道交通史迹，对窖藏性质未能深究。对这一问题的重新关注是《中国东北与东北亚古代交通史》出版后的2018年12月14日，因为笔者在书中明确提出大凌河青铜器为"战国末燕王喜败逃辽东弃埋说"而引起同行关注。当天北京电视台记者在笔者学生都惜青的陪同下专门来鄙舍，就北京燕都出土青铜器与大凌河古道出土青铜器的关系进行专题采访。笔者向他们介绍了大凌河青铜器发现的来龙去脉，同时谈了自己对燕王喜败逃辽东交通路径的考证。此后不久，从为笔者《中国东北与东北亚古代交通史》作序的北大学兄信立祥处得知，这次采访还有北京、河北、辽宁的多位专家，其中包括北大教授刘绪，笔者于是将北洞的那件铜钵照片传给刘先生，他很快回电话说，那件钵不仅不是西周，连春秋也到不了，这与当年铜器窖坑清理人之一方殿春认为该钵为"战国晚期"不谋而合。刘绪先生（已作古）是继业师邹衡先生后公认的青铜时代考古学家，他的意见坚定了笔者"战国埋藏"的信念。尽管直到今天"西周祭祀说"者仍漠视这件铜钵的断代，但我相信"实践是检验真理的唯一标准"，同样适用于考古学。

其二，辨"箕子埋藏说"。

与"西周祭祀说"几乎同时有"箕子埋藏说"，其唯一理由是窖藏中有带"箕侯"铭文铜器，而认真读过《史记·宋微子世家》者知道，至少在武王在世时箕子已东迁并封朝鲜侯，而同时窖藏又出"燕侯器"。基本的历史常识是，"燕侯"只能出现在武王之后的成、康以后。所以大凌河的箕子铜器，与其东迁无关，只能是后人带来。

历史真理的必然性，有时存在于偶然性当中。真正的"箕子东迁"所带青铜器发现于笔者调查北洞以后的2013年。当年11月，在河北省迁安市东南马哨村同时出土三件商末青铜器，其中一件有"箕"字铭文（见当年《文物报》）。这处出土的重要性，还体现在同时发现商周遗址和陶片。故笔者在《燕辽古道与部族方国研究》一书中，将其列为箕子东迁真正的驻留地之一。将这两处具有不同背景的铜器发现比较，识者不难领悟，早年所传"箕子"在喀左、朝阳云云，完全是一种臆断。

其三，辨"孤竹埋藏说"。

该说在近年"箕子埋藏说"稍敛后热度不减，直到2021年11月的《辽宁日报》上，仍有署名专家论"孤竹国在喀左"。其根据如箕子一样，是当地出土"竹侯"青铜器。且不说持此类立论者忽而箕子、忽而孤竹本身认知的不确定性，只近年的考古发现便为"孤竹"诸说提供了重要的反证信息。

2021年底，早年笔者曾指导在朝阳、赤峰二地考古调查实习的东北师大博士生、现东北大学秦皇岛分校教授郝庆云院长来访，介绍自2011年以来在卢龙县南十余里蔡家坟北岭发现的"孤竹国"系列遗址，出现包括遗址地层、青铜器、陶片等，并介绍2013年中国人民大学师生发掘的11个文化层和建筑遗迹等情况。这与笔者40年前调查辽西走廊交通道后结合《水经注》等考得的"孤竹国在卢龙县南"的大方位吻合（见1990年《东北古代交通》第一章）。对新发现的孤竹国遗址，学术界仍存不同意见，但至少为大部分河北考古专家认同。而少数不舍"孤竹喀左说"或坊传的"孤竹迁都说"者，只是将严肃的历史研究变成了文学遐想。

其四，大凌河古道窖藏青铜器真实历史背景的文献依据。

这一问题在辨明了以上三条，特别是确认了"战国铜钵"后，可迎刃而解。鉴于在《东北古代交通》等多部论著中，已引证《史记·燕召公世家》记载公元前226年秦攻下燕都蓟城后，燕王喜和太子丹"徙居辽东"，诚为信史，不复赘言。仅从入卢龙塞进入大凌河古道的几处铜器窖藏地点分布看，凡亲自调查者会发现，其路径清晰。而且离开大凌河谷道东行至今义县、北镇，北镇南廖屯河谷1996年"燕王喜矛"的发现，可谓燕王"东逃坐标"。1997年，笔者为求真谛，与馆里同仁驱车北镇途经铜器出土地，观其既无城址也远离长城戍边道。如此燕王重器，非俗间可得。从交通路径上，正与大凌河古道横向相连。如笔者在与北京电视台介绍燕王喜东逃路线时所说，此乃其败逃的"千古金石佐证"。

行文至此，对辽西三大考古问题的追忆式疏解已近万言。最后想用几句话结束这篇浅论。笔者对辽西三大考古问题的逐渐思考，发端于几十年前以交通史迹为主的考古践行。同任何事物都有两重性一样，好的方面是关注了各"线性文化遗产"的纵横关系，缺欠的是多属地面调查。对各类史迹的观察、判断难免肤浅和偏误，敬请识者指正。另这篇"刍论"，是2018年笔者接受北京电视台采访后不久，与北京大学刘绪先生交流"大凌河古道青铜器窖藏"后所作，在本书中刊出，也算作笔者对刘先生的纪念。

附录四：
东北地域文化研究中的"三足鼎立"

——刍论长白山文化、燕辽文化与秦汉东北史

从2018年承担国家社会科学基金重大专项《长白山区系考古与民族论纲》，到《东北考古六十年》和《燕辽古道与部族方国研究》，笔者先后完成百余万字的三部专著。但还有一个未解的心结，那就是与三部拙著有关联的、如何从宏观上看待尚无定论的"东北文化区"。就个人的有限认识看，尽管在十年前就刍议过"东北三大地域文化"，但至今对三者关系缺乏实质的比较。近年在完成上述三部专著基础上，渐进地形成一种新的认识：从宏观和原生性地域文化的视角看，在中国东北"三大地域文化"即"辽河文明、长白山文化、草原文化"中，前二者具有土著和原生性，而后者属外迁型。而从原生性特点的角度，如果以医巫闾山为地理分界，以"秦开却胡"后的秦汉二代为历史界标，那么在秦汉帝国以前，"辽河文明"真正的奠基期是红山古国和燕亳方国时期。由是，从地域文化、考古文化、古民族文化的"三维视野"，综观东北文化区的代表性支撑点，应当是长白山文化区、燕辽文化区和秦汉东北史。以下分别作浅识疏论。

一、长白山文化区

这一文化命题，笔者在2021年出版的国家社会科学基金项目简本《长白山区系考古与民族要论》（以下简称《要论》）中的"总论"中，已经谈了要点。作为东北亚核心区域的"原生型特点文化区"，它值得重点关注的要点有如下各端：

其一，长白山区系的自然地理和人文地理双重因素在该区文化形成中的特殊性。这不是过去人们所谓"自然地理决定论"的肤浅理解，而是审视任何一个地域文化的理性思维。环境、资源和文化地理的决定因素是一切文明研究的基础。从迄今的考古发现看，长白山区系从南到北，从庙后山、金牛山，到黑龙江、乌苏里江的抚远小南山遗址，至少在40万年、30万年到几万年前，已有人类活动，而且是东北亚早期"玉资源"发现和利用较早的地区之一。这与过去主要靠《山海经》等记载"大荒之中有山，名曰不咸"不同，人们对其文脉的认识显然也因此"延长了历史轴线"。

其二，与上述相关，如笔者前在《要论》等指出，从文化地理综合自然地理和人文地理的视角，山系、水系、族系"三位一体要素"是从纵横二维观察长白山区域文化的正确切入点。这三者也是东北亚大陆除日本列岛外，从古至今影响这一区域文化特性的决定因素。

其三，进入青铜时代（民族形成）以后，如《要论》等初步分析，长白山区系的"三大土著部族"即濊、貊、肃慎的历史定位尤为重要。特别是"濊貊"，在20世纪以前相当长的时期，一直处于认识的"连举模糊期"。笔者在世纪之交分别从高句丽和夫余两大"血缘近族"起源的文化角度，提出"南貊北濊说"："南貊"主要指以辽东"二江、二河"为中心的貊族，汉以后为高句丽所继承，对鸭绿江左岸的青铜时代"支石墓文化"亦有深刻影响，反映长白山区系文化的一体性；"北濊"则以西流和北流松花江（今拉林河）为中心，汉代以后为夫余所继承，同样对图们江流域的青铜文化有直接影响。这一定位超出了20世纪对长白山文化和高句丽、夫余起源的传统看法。

其四，与上三条相关的是应当重视与族系相关的山系考古学分区，即如张忠培先生所指"亲族考古学文化分区"中的"山系坐标"，《要论》等主要是指长白山区系中的横向龙岗山脉和牡丹岭。前者龙岗山脉，主要表现是山南为辽东貊系的双坨子（双房）文化、马城子文化、新城子文化（龙头山类型），与山北濊系的西团山文化、东团山文化（老河深类型）分界。后者牡丹岭，主要是西团山文化与岭北莺歌岭文化、团结文化的分界，而且对日本海沿岸的沃沮文化产生影响。这样以龙岗山脉和牡丹岭基本分界（非绝对化）的山系分区，如果符合长白山区系的考古学实际，则长白山文化区南、中、北三个区域的文化和民族对应的谱系可条分缕析，诚待考古发现不断补充和修正。

二、燕辽文化区

对这一文化区的定位，首先涉及对东北文化区的总体认识。有的学者如郭大顺先生，从考古学角度提出了统一的"东北文化区"的概念；也有学者如赵宾福先生，同样从"夏至战国"时期考古学视角，提出存在长白山—千山文化带和燕山—大兴安岭文化带二区。笔者在《要论》中初步提出，从中国东北"三大地域文化"的角度，排除外来的草原文化而从考古和民族学的原生型文化区看，东北应以医巫闾山为界，存在长白山文化区和燕辽文化区两大主体文化区。进而在《地域文化研究》2022年第4期草撰《论"燕辽文化区"》一文。该文的宗旨是认为燕辽文化区与其对应的长白山文化区，是东北地区两大原生性文化区，二者具有同样的山系、水系、族系和考古学文化四大要素组合。燕辽文化区则主要表现为"三山（燕山、七老图山、努鲁儿虎山）""四水（大凌河、老哈河、滦河、永定河）"。

以"三山四水"为载体，燕辽文化区在考古、民族学上最受关注的是在进入青铜时代"方国"后的夏家店下、上层文化（及与之相关的大坨头文化与魏营子类型）。这一文化从初期发现、正式命名至今近一个世纪，但直至2021年《中国文物报》为纪念其命名60周年而汇集国内代表性研究专家数十人笔谈时，对它的分区、属性仍未有实质上的共识。简要回顾20世纪对该文化的考古学定位，主要有张忠培先生的"下层文化壶流河类型"、李伯谦先生的"药王庙类型"、郑绍宗先生等的"夏文化北支"、韩嘉谷和卜工先生提出不宜把"燕南类型"归入"下层文化"而另立"大坨头文化（围坊三期）"等，以及辽宁学者的"先商文化"。这一期间，明确指出夏家店下层文化既不是商文化北源也不是商文化北进的，是李伯谦先生1990年为纪念北京大学考古系成立三十周年而发表的《论夏家店下层文化》一文。受其启发，笔者在2006年为庆祝佟柱臣先生85岁华诞时受其女北大同学佟伟华邀请，撰有《燕亳、北戎与东胡》一文。该文结合20世纪70年代参与北票丰下发掘和先后调查敖汉旗大甸子、建平水泉、赤峰尹家店等"下层文化"遗址和墓地，提出"夏家店下层文化为夏商北土燕亳说"。这一疏见的核心观点是夏家店上、下层文化虽分布地域有重合，但时代与族属不同。"下层文化"及后续魏营子文化统属北土燕亳；而"上层文化"南不过七老图山，族系为后进入辽西的东胡系。与其关联的是，笔者赞同前举韩嘉谷先生等所谓夏家店下层文化的"燕南类型"应从"下层文化"中分解出来，归于山戎系统的大坨头文化及其"围坊三期文化"。

上述从世纪之交到2022年《论"燕辽文化区"》近20年对夏家店文化的探索，尽管可能在相当长的时间里不一定取得共识，但对研究燕辽文化区的重要性在于，它对如何看待继辽西红山文化后的燕山以北、上辽河以南的考古学文化与部族方国布局，对燕辽地区燕亳存在的历史定位及其与中原夏商之际已知的二里头、陶寺、石峁等文化的关系（笔者认为"下层文化"主要受陶寺和石峁文化的交流影响），旁及对燕辽地区方国布局的估价，如本论中涉及大凌河古道青铜器绝非所谓"孤竹方国埋藏祭祀"之辨等，而且对秦汉东北史中的民族谱系研究，比如如何看待东胡源流和山戎文化等，都具有全局影响。

三、秦汉东北史

把秦汉东北史作为东北地域文化的"三足鼎立"之一，可能在学界会有异议。前二者长白山文化和燕辽文化区均属地域文化类型，在文化地理上（含考古与民族）具有横向比较关系，而秦汉东北史属区域断代史性质，如何在学理上能与前二者并列为"三足鼎立"？这一问题实际上在30年前笔者出版《秦汉东北史》后就思考过多年。这一尝试的研究构想，主要是从三者在东北地域文化（包括考古学与民族文化）中的历史地位出发，可谓"跨界文化比较"。其基点主要有如下三条：

其一，三者在文化地理的时空框架内具有延续性。本文所指的和《长白山区系考古与民族要论》《燕辽古道与部族方国研究》二书记述的时限都在东北亚区域的青铜时代和早期铁器时代（汉与汉以前），因此二书在时段上实际涵盖了秦汉东北。所不同的是，二书从研究的视野上看，集中在地域文化、考古文化、民族文化，而秦汉东北史应横向扩展为社会历史和人文领域的诸多方面（参见笔者所著《辽宁文化通史·秦汉卷》），可见三者的交叉关系已存在于内涵中。

其二，从中国东北和东北亚的客观历史发展阶段看，国内外学术界有一个共识：无论是长白山文化区还是燕辽文化区，由青铜时代"方国"（王国）向统一郡县制"帝国"的转变，都发生在公元前3世纪的战国燕秦后期，完成于西汉中期的汉武帝时代。比如在《长白山区系考古与民族要论》和《燕辽古道与部族方国研究》中记述的辽东濊貊系统大石盖墓和青铜短剑文化，辽西同期东胡、山戎系的夏家店上层文化，包括朝鲜半岛的支石墓文化，它们退出东北亚历史舞台的下限，也都在公元前3世纪至前2世纪初近百年的秦汉时代。如笔者在《东北考古六十年》中所收的《我与秦汉东北史研究》一文所指，"秦开却胡设五郡"具有东北亚地域史上的"节点坐标意义"。

其三，如上所说，秦汉东北史实际上应从燕昭王时"秦开却胡"开始，而在医巫闾山两侧的长白山文化和燕辽文化，其最终接续和融合者实际上是燕秦汉文化。这种带有从"方国"向"帝国"转型标志的文化表征表现在多方面，其中基本的标志可归纳为三点：

一、如笔者在《秦汉东北史》等论著提出，从秦开却胡后，燕昭王在东北修筑长城障塞、设五郡开始，到秦统一郡县制的完成，为"汉文化圈"或"汉郡文化"确立的标志之一。而汉武帝以后，玄菟郡等"汉四郡"的开设，与西北"河西四郡"的开设一样，都是汉帝国在中国北方（含东北）疆域最后的确立期。

二、在人文典制方面，由于文献中涉及东北边域较少，且由于地貌气候等原因，东北地区很难有简册等考古发现，但从少量的陶器铭文和封泥中已可窥见秦汉典制通行东北郡县的实例。仅举二例：一是浑河沿岸沈、抚之间的青桩子战国至西汉古城，出土有秦始皇"廿六年"刻字陶量和带"都官"刻字的板瓦。前者反映了度量衡的统一，后者则应当是辽东郡"中部都尉（都官）"的官署定制。二是在辽西大凌河的朝阳十二台营子，发现带战国"酉城都"和西汉"柳城"的陶铭，证明该地从战国到秦汉地名和官制的演化。举一反三，推而广之，这二例可代表东部长白山文化区和西部燕辽文化区从前述青铜时代"方国"向秦汉"帝国"转变中，建置、官制乃至文字、度量衡等多元文化的演变轨迹，形成了一条隐见的"文化链条"。

三、东北区域长白山文化、燕辽文化和秦汉东北史在民族谱系上的连续性是三者接续衔接的另一个历史标志。笔者前在《长白山区系考古与民族要论》中提出，战国以前的"南貊"与"北濊"，入秦汉以后，分别为高句丽与夫余所继承，而且一直到唐时的渤海国，传续千年。在辽西的燕辽文化区，战国以前的东胡、燕戎等同样为秦汉以后的匈奴、鲜卑等代替。尤其是后者，史直接发展为"三燕鲜卑"与契丹。其东西两大区域的族系渊源，其实影响到明清时期。

综上所言，回归到本文主题，这一疏见或是一家之言。从东北亚大区系"文化圈"的视域观察，以自然地理、文化地理、民族谱系对应考古学文化和传世文献、金石、陶铭，似乎可存此陋见，以备斧正。

附录五：
谈文化地理学的人文价值

——写在《燕辽古道与部族方国研究》一书后

癸卯（2023年）菖节之时，笔者整理完成了《燕辽古道与部族方国研究》的书稿，此前一年，笔者完成了《东北考古六十年》，二书中多处提及山川地理、建置地理、民族地理、交通地理、文化地理等，可统谓"社会人文五地理"，涉论对应夏商周的"五方土"之制、道家的"五行"甚至佛教的"五明"等传统文化，可称文化地理学。对于前四种自然和人文地理，笔者自诩在这两部论著中，乃至包括三年前的《长白山区系考古与民族要论》中，均有所涉猎和讨论。唯对"文化地理"这一更深邃的文化命题，只在行文中多次引用，而没有专门阐释。这一文化命题，冯天瑜先生定义为"研讨文化空间性分布的学科"。而笔者认为，恰恰是文化地理学源远流长、涵盖广泛、意义重大，故专就文化地理学的人文价值再作疏论和解读，以作为近年来几部论著的"续篇"。

一、文化地理学及其论著是传统文化中与经史并重的"显学"

首先想到这一问题，是与笔者几十年的学习和从业经历有关。即在自己从弱冠习文读史，特别是进入北京大学习读考古专业后，感到历来先师先贤传道、著述涉猎和引据的文化地理典籍，可与经史比肩的只有文化地理类。从最早的《尚书》、"三坟五典"，到《山海经》《水经注》、诸史《地理志》及《寰宇通志》《读史方舆纪要》《天下郡国利病书》等，这些可统称为文化地理学的先典，无不超出自然和人文地理范畴而成为具有百科全书性质的经典。现代考古人类学进一步证明，古代地理名称决定族氏、姓氏、国氏。中外历史哲学（含宗教）中的"天、地、人"三观，仰观于天，俯察于地，其中最贴近人类生命之源和文化之根的，非生存依托之地理莫属。以上是从宏观上窥识人文地理的重要性。从文化典籍的角度，除正史地理志和方志外，以笔者习读较多的文化地理名著《山海经》和《水经注》为例，稍作解读。

对于《山海经》，由于其文化源头悠远，属于积年传录的性质，故坊间多以"怪异之书"视之，对其误解颇多。其中排除自远古传说的一些口传史迹名物外，实际上它的主体是以"海内诸经"的文化地理视野，保留中华先民从"盘古开天""结绳祭天"到"禹甸八荒"分野的天地、物种、民俗、生态、语言、民族、方术等，无愧"人文百科全书"。读《山海经》除需读大量名物，还应认真读东晋名儒郭璞的精注。如郭注《海内西经》"貊国"条"在汉水东北"，从其注"今扶余国，即濊貊故地，在长城北，去玄菟千里"可知，书中"汉水"的繁体"漢"，乃古"潦水"之传误。一字之差，谬以千里，由此可寻真正的辽东"貊国"方位（详见专文）。

至于说到《水经注》，它的百科全书功能已为学术界所公认。名为注《水经》，内容实含山经、民族、地理、掌故、方国、典制、人物、建置等人文全典。仅以笔者《燕辽古道与部族方国研究》一书引证的"孤竹国"和"濡水"（今滦河）条的内容为例，涉及几十处民族、方国、郡县、掌故内容，从商末伯夷、叔齐辞孤竹国君"饿死首阳山"的方国地理，到"箕子东迁"的交通路径；从齐桓公伐山戎、斩孤竹的"救燕"史迹，到曹操征乌桓的"卢龙故塞"；从燕王喜"东逃辽东"的卢龙要径，到前燕鲜卑的"卢龙刊塞"，纵贯近1500年，旁涉历史人物、山川地理、交通险关、部族方国几十条。区区一水一塞所涉即如是，则全注千余条水系之人文赅备博大精深可知，真"窥一斑而知全豹"。

二、文化地理学与天文历法是传统汉学的"天地二仪"

《周易》等先典的"仰以观于天象，俯以察于地理"等，已具有文化地理的历史奠基意义。中国传统文化讲求"经世致用"的传统学理观，天象与地理也是人类最早萌生和驾驭的宇宙观。当代考古发现证明，至少从长江流域的良渚，到河洛地区的陶寺、二里头遗址，已确知具有观象、测地和"地法中轴、五方"的观念，并在中心都邑设计中付诸实践，这是一个划时代的人文革命标志。这种文字产生以前的"人文之学"，是人类自觉认识宇宙的启蒙标志和人文学科的"始祖"。笔者认为从人类认识自然的角度看，在学会用火和制陶后，在国家形成前，舆地学、天象学和祖先崇拜三项，是早于文字功能的"三大人文之祖"。而其中具有理性观念的早于文字的"文化地理学"，又是最贴近人类生活、最能够反映人类生命依托的人文标志。越来越多的考古发现证明，早期人类的文化交流、部族迁徙甚至方国兴衰，除生存竞争外，最终的原因是地理环境的改变（气候也落地在环境中）。以此为根系，方有陆续出现的大禹治水、祭祀天地、供奉"社稷"等。古今中外，"社土之神"为人文之本，也是国家祭礼的根本。在西方杂以宗教，在东方杂以王权，此乃百世不变之宗。从这个意义上说，现代学理意义上的"文化地理学"，可称之为"人文之本"和"百科之源"。正如黑格尔说，文化地理是民族精神表演的场地。

三、文化地理学形成了跨自然和人文的最早"人文学派"

以上二节主要从文化地理的历史地位和社会（学术）功能的角度，浅议文化地理的学科地位。本节拟从人文学科的意义上进一步窥识其文化意义。

　　文化地理与人文学派的关系是一个既古老又前沿的问题，唯此也增加了它的复杂性。说其古老，是至少从商周以来，以《尚书·禹贡》为代表的元典已成专学；说其前沿，是将"文化"与"地理"对接，随着现代考古学的发展和考古学逐渐凸显出"学科交叉"的趋势，在理论和实践中提出了许多崭新的学术课题。以"文明"和"文化"起源为例，传统的西学重视古典哲学和宗教；东方则重视儒、道和经史。而处于两者"地缘之本"的文化地理认识，虽然都"只缘身在此山中"，却都存在认知上的不足。以探索中华文明起源为例，直至今日，中国现代的"疑古派"以及西方的"新汉学"有一个共同契合点，就是否认《尚书·禹贡》《尧典》等和《史记·夏本纪》的可靠性，这是包括考古学在内的当代文化地理学或人文地理学面临的巨大挑战——在这一点上，文化地理学与考古学具有相同历史使命。不要说6000年以上的仰韶文化，仅从5000年以来的良渚、陶寺、二里头、石峁文化来说，其几百万平方米的中心城邑和"宫城"遗址的存在，早期金属作坊的发现，成熟的玉礼器传统，以及陶寺、二里头早期成熟的"蛇形龙"信仰图腾的确立等，与《尚书·尹诰》和《史记·殷本纪》等记载商汤"败西邑夏""绌夏命，还亳"等相证。即当代考古学证明的先商（汤以前）在漳河以南郑州为中心的登封王城岗、新郑古城寨，"西邑"的虞夏在河洛之晋南陶寺、二里头，也就是文化地理与考古学勘合，"（早商）汤东夏西"的文化地理与考古学可以印证无疑。聊可欣慰的是，上述主要遗址（如登封王城岗、郑州商城、殷墟、新郑与新密及山西陶寺、洛阳二里头）笔者自20世纪80年代以来从文化地理的角度均有亲历观览，这使笔者从学生时代对《史记》中"昔三代之居皆在河洛之间"的记载深信不疑。文化地理对中华早期文明的"证史价值"，于此可见端倪。

　　行文至此，在对文化地理的人文价值做一回顾后，回归本题。从人文学派的角度看，中国历史上最早的学派当属"禹贡学派"。尽管这一学派正式命名在近代，但如恩格斯所说的我们迄今只有"唯一的科学历史学"来看，按照章学诚"六经皆史"的说法，至少从孔子撰述《六经》开始，《尚书·禹贡》与"坟典"已成专学。以后接踵而来，从《连山》《归藏》，到《山海经》学、《水经注》学（郦学），文化地理学经久不衰。如开篇讲，从人文学术的源头追溯，文化地理是文字产生以前唯一与"天象历法"同时产生于新石器时代中期（仰韶前后）的"文明先导"，可谓是具有文明奠基意义的"人文之本"。直至明清以来的"桐城学派"，乃至齐鲁学、巴蜀学、敦煌学等，无一不有"文化地理"的烙印。推而广之，从中华文化源头看，地理不仅如开头讲的决定中华族氏、姓氏、国氏，而且遍及一切传统人文领域，包括诗词歌赋。传诵千古的《两京赋》《滕王阁序》《岳阳楼记》与《黄鹤楼记》，包括脍炙人口的"飞流直下三千尺，疑是银河落九天"和"黄河之水天上来"等名句，凡此种种，不胜枚举。如果没有岳阳楼、黄鹤楼，没有八百里洞庭和长江、黄河（壶口）的文化地理依托，一切都会黯然失色。每忆及此，笔者总感念与文化地理有关的先贤，如创立禹贡学派的顾颉刚先生的箴言："民族与地理是不可分割的两件事。"这也是笔者平生向学问道的座右铭。总之一句话，文化地理的深厚人文底蕴和传承价值应当是世代精读的一部"大书"。

四、文化地理学在构建区域边疆学中的意义

在谈这个问题之前，首先想谈谈对"区域边疆学"的认识和构想。21世纪初，笔者先后承担《中国长白山文化（考古编）》《长白山区系考古与民族论纲（要论）》《燕辽古道与部族方国研究》等项目。三者在本质上都是边疆史地（考古）学，而且主要涉及东北边疆问题。于是考虑如中国这样一个边域广袤、民族众多的国家，真正有针对性和实践价值的"中国边疆学"必须建立在成熟的"区域边疆学"（含海疆）的分支基础上。而区域边疆学从根本上讲是边疆历史学（含考

古）、边疆民族学和边疆地理学，这三者决定和影响着应用的"边政学"和"边策学"。而在构成区域边疆学的上述三大基础学科中，边疆历史考古学和边疆民族学，最终离不开边疆地理学的依托和平台，这就是边疆地理学的人文属性，古今中外概莫能外。学术先贤早已注意到了这一点，这里仅举近代"禹贡学派"创始人之一顾颉刚先生一句话："要作真学识，民族和地理是不可分割的二种。"其中民族实在是自古以来边疆一切社会问题的瓶颈。而"民族与地理"等同于广义的"文化地理"，在边域则是"区域边疆学"的主要社会要素，自然也是区域边疆学大厦的基石，这一切不过是文化地理学人文价值的表征之一。

  文章千古事，得失寸心知。这篇短文对文化地理人文价值的理解，可能在理论上是肤浅的，在释例上属拘虚之见。作为书后感言，尚请方家指正。

后 记

当笔者最后一次校完《燕辽古道与部族方国研究》书稿时，已临近2024年。感谢辽海出版社的马千里、郎晓川、张越等同志两年来付出的巨大辛劳。2024年对笔者来说有两个特殊意义，一是八十耄龄，二是考入北京大学整整六十年。这部小书的出版，算是对这两个人生"节点坐标"的纪念。放在十章以后的五篇"附录"，除郝庆云教授的调查报告外，都是书稿交付出版社后，笔者近一年时间校改书稿时的随感。因为与"燕辽文化区"特别是重新认识"东北文化区"关系密切，所以考虑在不改变原书章节目次的情况下，作为补充的一组内容附于其后，也算是笔者最近的"反思"，尚希方家赐正。